*Walter Eberlei*

*Afrikas Wege
aus der Armutsfalle*

*Afrikas Armutsfalle* ist real. Vielfältige strukturelle Hindernisse begrenzen die Entwicklungschancen des Kontinents. Sub-Sahara Afrika ist und bleibt das Armenhaus der Welt. Doch *Afrikas Wege aus der Armutsfalle* sind ebenso real. Während einige Länder des Kontinents in jeder Hinsicht stagnieren oder zurückfallen, sind seit einigen Jahren aus vielen anderen Ländern beachtliche Entwicklungsfortschritte zu berichten. Dazu zählen ein anhaltend hohes Wirtschaftswachstum sowie signifikante Fortschritte im Kampf gegen Armut und für eine menschenwürdige Entwicklung. Zwar verpasst die aktuelle Weltwirtschaftskrise diesem Trend einen schwerwiegenden Dämpfer, doch langfristig aufhalten, so die Prognose, wird sie ihn nicht.

Soziale und wirtschaftliche Fortschritte in Afrika werden ganz entscheidend durch eine armutsorientierte Politik afrikanischer Regierungen beeinflusst. Und diese hat sich in den vergangenen zehn Jahren in vielen Ländern deutlich verbessert. Die neue Qualität von Regierungspolitik fällt nicht vom Himmel. Sie hat ihren Ursprung in der Demokratisierung Afrikas in den späten 1980er und 1990er Jahren und dem Entstehen einer lebendigen Zivilgesellschaft. Eine starke politische Öffentlichkeit schafft heute eine Binnennachfrage nach entwicklungsorientierter Politik und setzt die Mächtigen unter Handlungsdruck.

Internationale Entwicklungszusammenarbeit kann diese Trends stärken, gerade in Zeiten der Krise. Bisher hat sie aber nicht genug dazu beigetragen, demokratisches Regieren und armutsorientierte Politik in Afrika zu unterstützen. In jüngster Zeit angestoßene Reformen tragen jedoch dazu bei, die Wirksamkeit von Entwicklungszusammenarbeit zu erhöhen.

*Der Autor:*

*Walter Eberlei,* Dr., Professor im Fachbereich Sozial- und Kulturwissenschaften der Fachhochschule Düsseldorf und gelernter Journalist. Er beschäftigt sich seit über zwanzig Jahren mit Entwicklungspolitik in Forschung und Lehre, aber auch in der Praxis: als Mitarbeiter, Berater und Gutachter von staatlichen und nicht-staatlichen Organisationen der Entwicklungszusammenarbeit. Zahlreiche Forschungsaufenthalte führten ihn in den vergangenen zehn Jahren in eine Reihe afrikanischer Länder.

Walter Eberlei

# AFRIKAS WEGE
## AUS DER
# ARMUTSFALLE

Brandes & Apsel

Sie finden unser Gesamtverzeichnis mit aktuellen Informationen
im Internet unter: www.brandes-apsel-verlag.de
Wenn Sie unser Gesamtverzeichnis in gedruckter Form wünschen,
senden Sie uns eine E-Mail an: info@brandes-apsel-verlag.de
oder eine Postkarte an:
Brandes & Apsel Verlag, Scheidswaldstr. 22, 60385 Frankfurt a. M., Germany

1. Auflage 2009
© Brandes & Apsel Verlag GmbH, Frankfurt am Main
Alle Rechte vorbehalten, insbesondere das Recht der Vervielfältigung und
Verbreitung sowie der Übersetzung, Mikroverfilmung, Einspeicherung und
Verarbeitung in elektronischen oder optischen Systemen, der öffentlichen
Wiedergabe durch Hörfunk-, Fernsehsendungen und Multimedia sowie der
Bereithaltung in einer Online-Datenbank oder im Internet zur Nutzung
durch Dritte.
Lektorat: Cornelia Wilß
Umschlag und DTP: Franziska Gumprecht, Brandes & Apsel Verlag Frankfurt a. M.
unter Verwendung des Gemäldes *Calabass,* 1997, von Andry Kashivi aus:
*Bushman Art*, Arnoldsche Art Publishers. Stuttgart 2002.
Foto Umschlagrückseite: Nina Schröder
Druck: Impress, d.d., Printed in Slovenia
Gedruckt auf säurefreiem, alterungsbeständigem und chlorfrei
gebleichtem Papier.

Bibliografische Information der Deutschen Nationalbibliothek:
Die Deutsche Nationalbibliothek verzeichnet diese Publikation in der
Deutschen Nationalbibliografie; detaillierte bibliografische
Daten sind im Internet über http://dnb.ddb.de abrufbar

ISBN 978-3-86099-611-9

# Inhalt

| | |
|---|---|
| Verzeichnis der Textboxen, Abbildungen und Tabellen | 7 |
| Abkürzungsverzeichnis | 9 |

1. Umbrüche und Aufbrüche: In Afrika viel Neues — 11
2. Entwicklungspolitische Weichenstellungen zur Millenniumswende — 17
   - Die afrikanische Armutsfalle öffnen: Alte und neue Debatten — 18
   - Verabschiedung der Millenniumsentwicklungsziele — 26
   - Einführung nationaler Strategien zur Armutsbekämpfung — 31
   - Meilensteine einer neuen Entwicklungszusammenarbeit — 34
   - 1999 – 2009: Grundlegende Veränderungen? — 37
3. Eine Dekade sozio-ökonomischer Umbrüche in Sub-Sahara Afrika — 39
   - Ökonomische Trends — 39
   - Soziale Trends — 42
   - Zwischen Stagnation und Fortschritt — 58
   - Macht die Weltwirtschaftskrise alles zunichte? — 62
4. Armutsorientierte Regierungspolitik — 67
   - Die neue Rolle des Staates — 68
   - Demokratische Regierungsführung: Konzepte und Debatten — 75
   - Theorie und Wirklichkeit: Verbesserte Regierungsführung? — 83
   - Armutsorientierte Regierungspolitik – eine Zwischenbilanz — 98
5. Armutsorientierte gesellschaftliche Entwicklungen — 111
   - Eine neue Generation partizipativer Prozesse — 112
   - Zivilgesellschaft in Afrika – Akteure der Armutsbekämpfung — 116
   - Zivilgesellschaftliche Beteiligung in PRS-Prozessen — 122
   - Zur Funktion zivilgesellschaftlicher Einflussnahme — 127
   - Wirkungen zivilgesellschaftlicher Arbeit — 129

| | |
|---|---|
| 6. Armutsorientierte Entwicklungszusammenarbeit | 139 |
| Armutsbekämpfung als Oberziel: Nur schöne Worte? | 140 |
| Die neuen Prinzipien: Rhetorik oder Realität? | 147 |
| Stärkung von demokratischer Regierungsführung | 158 |
| Mehr finanzielle Mittel – auch durch Budgethilfe | 165 |
| Wirkungen der Entwicklungszusammenarbeit | 176 |
| 7. Die Armutsfalle öffnen | 181 |
| Quellenverzeichnis | 187 |
| Länderregister | 199 |
| Die Staaten Arikas (Karte) | 200 |

# Textboxen

| | | |
|---|---|---|
| 1 | Was ist Armut? | 20 |
| 2 | Die Millenniumsziele der Vereinten Nationen | 27 |
| 3 | Das Menschenrecht auf Entwicklung | 30 |
| 4 | Die Prinzipien der Pariser Erklärung über die Wirksamkeit der EZ | 35 |
| 5 | Armutslagen weltweit | 43 |
| 6 | Ghana – die sozio-ökonomische Erfolgsgeschichte in Afrika | 46 |
| 7 | Schwache Datenlage | 47 |
| 8 | Die Gruppe der failed/failing states | 69 |
| 9 | Wie die Weltbank Governance in Äthiopien bewertet | 81 |
| 10 | Neues NGO-Gesetz: Damoklesschwert über äthiopischer Zivilgesellschaft | 97 |
| 11 | Die Wirkungskette: input, output, outcome, impact | 99 |
| 12 | Ghana: Schwache Dezentralisierung behindert Armutsbekämpfung | 100 |
| 13 | Armutsorientierte Regierungspolitik – Beispiele | 108 |
| 14 | Armutsbekämpfung ohne Empowerment der Armen? | 120 |
| 15 | Kritische Begleitung durch sambische Zivilgesellschaft | 123 |
| 16 | Gebereinfluss auf die Politik Sambias | 149 |
| 17 | Eigenverantwortung versus Konditionalitäten? | 152 |
| 18 | Gesellschaftliche Beteiligung – kein Aspekt von country ownership? | 154 |
| 19 | »Entwicklung aus einem Guss«? | 158 |
| 20 | BMZ-Förderung von Good Governance | 162 |
| 21 | Deutschland: Mit fragwürdigen Schuldenerlassen zum 0,7-Prozent-Ziel? | 166 |
| 22 | Bundesrechnungshof billigt Budgethilfe | 173 |
| 23 | Budgethilfe für Ghana | 174 |
| 24 | Unabhängige Evaluation der britischen Entwicklungszusammenarbeit | 179 |

# Abbildungen und Tabellen

Abbildungen

1 Der PRS-Zyklus 33
2 Partizipation und Rechenschaftspflicht in Ghana, Sambia und Äthiopien 92

Tabellen

1 Millenniumsziel 1: Armut und Hunger halbieren 44
2 Millenniumsziel 2: Grundschulbildung ermöglichen 48
3 Millenniumsziel 3: Geschlechtergerechtigkeit 51
4 Millenniumsziel 4: Kindersterblichkeit reduzieren 52
5 Millenniumsziel 5: Müttersterblichkeit senken 54
6 Millenniumsziel 6: HIV/AIDS, Malaria u. a. bekämpfen 56
7 Nachhaltigkeit der PRS-Prozesse in Afrika 60
8 Nachhaltige Armutsorientierung zeigt Früchte 61
9 Regierungsführung und Armutsorientierung 62
10 Afrikanische Länder im APRM-Prozess 89
11 Förderung der Teilhabe armer Bevölkerungsgruppen am Wachstum 103
12 Übersicht über zivilgesellschaftliche Akteure in PRS-Prozessen 119
13 Zivilgesellschaftliche Beteiligung in PRS-Prozessen in Afrika 126
14 Entwicklungshilfe in Prozent des Bruttosozialprodukts 167
15 Die größten Empfänger Programmorientierter
   Gemeinschaftsfinanzierungen in Sub-Sahara Afrika 171

# Abkürzungsverzeichnis

| | |
|---|---|
| APRM | African Peer Review Mechanism |
| AU | African Union |
| BMZ | Bundesministerium für wirtschaftliche Zusammenarbeit und Entwicklung |
| BTI | Bertelsmann Transformation Index |
| CAS | Country Assistance Strategy |
| CBO | Community Based Organisations |
| CIDSE | Coopération Internationale pour le Développement et la Solidarité |
| CPIA | Country Policy and Institutional Assessment |
| CRDA | Christian Relief and Development Association |
| CSP | Country Strategy Paper |
| CSPR | Civil Society for Poverty Reduction |
| DAC | Development Assistance Committee |
| DFG | Deutsche Forschungsgemeinschaft |
| DFID | Department for International Development |
| EC | European Commission |
| EED | Evangelischer Entwicklungsdienst |
| EFJA | Ethiopian Free Journalists Association |
| EPA | Economic Partnership Agreement |
| EU | European Union |
| EZ | Entwicklungszusammenarbeit |
| GKKE | Gemeinsame Konferenz Kirche und Entwicklung |
| GTZ | Gesellschaft für Technische Zusammenarbeit |
| HIPC | Heavily Indebted Poor Countries |
| HDI | Human Development Index |
| IDA | International Development Association |
| IMF | International Monetary Fund |
| IWF | Internationaler Währungsfonds |
| IPC | International Poverty Centre |
| JAS | Joint Assistance Strategy |
| JCTR | Jesuit Centre for Theological Reflection |
| KfW | Kreditanstalt für Wiederaufbau |
| MDG | Millennium Development Goal(s) |
| NDC | National Democratic Congress |

| | |
|---|---|
| NEPAD | New Partnership for Africa's Development |
| NPP | National Patriotic Party |
| NRO | Nichtregierungsorganisationen |
| OECD | Organization for Economic Co-operation and Development |
| PAF | Performance Assessment Framework |
| PANE | Poverty Action Network of Civil Society Organizations in Ethiopia |
| PBA | Performance Based Allocation |
| PEAP | Poverty Eradication Action Plan |
| PEMFA | Public Expenditure Management and Financial Accountability |
| PGF | Programmorientierte Gemeinschaftsfinanzierung |
| PRGF | Poverty Reduction and Growth Facility |
| PRS | Poverty Reduction Strategy |
| PRSP | Poverty Reduction Strategy Paper |
| PSMRP | Public Sector Management Reform Programme |
| SACCORD | Southern Africa Centre for Constructive Resolution of Disputes |
| SADC | Southern African Development Community |
| UN | United Nations |
| UNCTAD | United Nations Conference on Trade & Development |
| UNDP | United Nations Development Programme |
| UNICEF | United Nations International Children's Emergency Fund (jetzt: United Nations Children's Fund) |
| VENRO | Verband Entwicklungspolitik deutscher Nichtregierungsorganisationen |
| WGI | Worldwide Governance Indicators |
| WSK-Rechte | Wirtschaftliche, Soziale und Kulturelle Menschenrechte |
| ZGO | Zivilgesellschaftliche Organisation(en) |

# Kapitel 1

# Umbrüche und Aufbrüche: In Afrika viel Neues

Sub-Sahara Afrika gilt vielen als hoffnungsloser Fall. Krisen und Katastrophen, Kriege und Konflikte, Krankheiten und Korruption. Die Afropessimisten haben viele gute Argumente: Es gibt keine Region mit so vielen menschenverachtenden Despoten und so schwachen Regierungen. Keine Region mit solchen Plagen biblischen Ausmaßes wie der HIV/AIDS-Pandemie oder der rasanten Ausbreitung der Wüsten. Keine Region mit so wenig Anschluss an die Weltwirtschaft und so wenig Gewicht in der Weltpolitik.

Kein Zweifel, Sub-Sahara Afrika steht vor schier unüberwindlichen Herausforderungen, deren größte das Elend ist, in dem Hunderte von Millionen Menschen ihr Dasein fristen. Acht von zehn Afrikanerinnen und Afrikanern sind nach ökonomischen Kriterien arm. Die meisten von ihnen kämpfen täglich um ihre Existenz. Jedes zweite Kind, das weltweit an vermeidbaren Ursachen stirbt, stirbt in Afrika. Die *Armutsfalle*, auf ewig verschlossen, scheint das afrikanische Schicksal zu sein.

Doch verdeckt durch all die täglichen schlechten Nachrichten vom Katastrophenkontinent zeichnen sich in den vergangenen Jahren in einer ganzen Reihe afrikanischer Länder erstaunliche Entwicklungen ab. Die erste Dekade des 21. Jahrhunderts wird durch überraschende Umbrüche und Aufbrüche geprägt, durch Trends, mit denen vor zehn Jahren kaum ein Beobachter gerechnet hätte:

- Nachdem Afrika über Jahrzehnte fast ausnahmslos mit einem wirtschaftlichen Null-Wachstum oder gar schrumpfenden Volkswirtschaften leben musste, erzielen eine ganze Reihe von Ländern seit einigen Jahren Wachstumsraten von jährlich vier, fünf oder sechs Prozent. In den Jahren 2004 bis 2007 lag sogar das durchschnittliche Wachstum für die gesamte Region bei sechs Prozent – das sind Werte, die Sub-Sahara Afrika seit den frühen 1970er Jahren nicht mehr erreicht hat. Seit dem Jahr 2000 wachsen die afrikanischen Volkswirtschaften auch erstmals seit 20 Jahren wieder schneller als die Bevölkerung. So wurden zwischen 2004 und 2007 im Durchschnitt

Sub-Sahara Afrikas signifikante Steigerungen des Pro-Kopf-Einkommens von jährlich über drei Prozent erreicht.
- Während die Lebenserwartung der Menschen in Sub-Sahara Afrika in den 1990er Jahren erstmals seit Jahrzehnten gesunken war, vor allem aufgrund der HIV/AIDS-Pandemie, wurde dieser negative Trend inzwischen gestoppt. Seit 2006 steigt sie wieder.
- Nachdem die Armut in Sub-Sahara Afrika Ende der 1990er Jahre ihren historischen Höhepunkt erreicht hatte, sank der Anteil der in *extremer* Armut lebenden Menschen in der Region in den Jahren 1999 bis 2005 von 58 Prozent auf 51 Prozent. Sie liegt damit noch immer weit über den Armutsraten anderer Weltregionen. Gleichwohl könnte sich Ende der 1990er Jahre eine Trendwende ereignet haben.
- Diese Annahme wird auch durch den *Index der Menschlichen Entwicklung* bestätigt, der vom Entwicklungsprogramm der Vereinten Nationen (UNDP) vorgelegt wird. Nach den jüngsten Zahlen hat sich dieser Index, der Daten über Lebenserwartung, Bildung/Alphabetisierung und Pro-Kopf-Einkommen kombiniert, zwischen dem Jahr 2000 und 2006 für die Mehrheit der Länder in Sub-Sahara Afrika positiv entwickelt.

Diese Trends fallen nicht vom Himmel. Sie sind das Ergebnis eines entwicklungspolitischen Neuanfangs in Sub-Sahara Afrika. Entwicklungspolitik im Afrika der 1980er und 1990er Jahre zeichnete sich im Kern durch drei Elemente aus. Erstens waren dies die massiven und blaupausenartigen Interventionen von Weltbank und Internationalem Währungsfonds (IWF) in der Ära neoliberaler Strukturanpassung. Zweitens prägte eine Fülle von unkoordinierten und unterschiedlichen Konzepten der internationalen Entwicklungshilfegeber diese Zeitspanne. Ein unverkennbares drittes Kennzeichen jener Jahre waren politische Eliten, die sich an den ohnehin knappen staatlichen Ressourcen bereicherten und ihre Macht damit absicherten, ohne durch die internationalen Geberorganisationen und noch weniger durch innergesellschaftliche *checks and balances* davon abgehalten zu werden. Unübertroffen hat Nicolas van de Walle (2001) diese Phase als *politics of permanent crisis* charakterisiert. Als »verlorene Dekaden« gingen die 1980er und 1990er Jahre in die Chroniken Afrikas ein.

Dem ersten Jahrzehnt des 21. Jahrhunderts wird dieses Etikett nicht angeheftet werden. Die Entwicklungsprobleme Afrikas sind zwar weiterhin gigantisch: schwache staatliche Strukturen, fragile Demokratien, krisenanfällige wirtschaftliche Dynamiken und die weit verbreitete extreme Armut. Gleichwohl – die politischen Ansätze zur allmählichen Überwindung einer jahrzehntelangen Stagnation haben sich mindestens in Teilen des Kontinents in starkem Maße verändert.

Drei zentrale Neuerungen sind zu verzeichnen: Erstens ist eine neue Rolle des Staates in der Entwicklungspolitik zu konstatieren. Zwei lange Jahrzehnte hatten IWF und Weltbank in Afrika den Abbau staatlicher Kapazitäten erzwungen – stattdessen sollten »die Märkte« als Allheilmittel für alle afrikanischen Leiden dienen. Mitte der 1990er Jahre setzte ein Umdenken ein, das dem Staat wieder die zentrale Akteursrolle für nationale Entwicklungsprozesse zuschreibt. Dies wird ganz besonders in der strategischen Armutsbekämpfung deutlich. Darunter werden hier die 1999/2000 eingeführten Prozesse auf der Basis einer Armutsreduzierungsstrategie *(Poverty Reduction Strategy, PRS)* verstanden. In Sub-Sahara Afrika wird dieser Ansatz inzwischen von 34 Ländern verfolgt (Stand: Frühjahr 2009; Ausnahmen sind neben Mitteleinkommensländern wie Botswana und Mauritius im wesentlichen chronische *failed/failing states*).

Zweitens sind in der Politik der internationalen Entwicklungszusammenarbeit weitreichende Veränderungen zu erkennen. Wesentliche Neuerungen sind ein zumindest teilweiser Abschied von neoliberalen Denk- und Handlungsmustern, die konsequente Ausrichtung von externer Hilfe auf Armutsbekämpfung und auf nationale Entwicklungsstrategien sowie die Harmonisierungs- und Koordinierungsansätze der internationalen Geberorganisationen untereinander.[1] Die gemeinsam von Regierungen in Süd und Nord verabschiedete *Millenniumserklärung (2000)*, die *Erklärung von Paris über die Wirksamkeit der Entwicklungszusammenarbeit* (2005) sowie der *Aktionsplan von Accra* (2008) gelten als Meilensteine dieser Reformen. Das im 21. Jahrhundert als skandalös angesehene Problem der extremen Armut wird damit von Regierungen in Nord und Süd als gemeinsame politische Herausforderung begriffen.

Neu vor allem ist aber, drittens, dass diese Politik in den Gesellschaften Afrikas zunehmend eingefordert wird. Gesellschaftliche Akteure messen ihre Regierungen heute nicht mehr (nur) an hehren Worten, sondern an ihren Taten. In den vergangenen zehn bis fünfzehn Jahren haben sich in den meisten Staaten Sub-Sahara Afrikas lebendige, politisch artikulierte und einflussreiche Zivilgesellschaften ausgebildet. Natürlich ist die Geschichte gesellschaftlicher, nicht-staatlicher Akteure viel älter und knüpft teilweise an vorkoloniale gesellschaftliche Organisationsformen an. Doch erstmals in der afrikanischen Entwicklungsgeschichte kann von Zivilgesellschaften mit signifikantem po-

---

[1] Der Begriff »Geber« (oder Entwicklungshilfegeber, Geberorganisation) lehnt sich an die international gebräuchliche Formulierung *international donors* an (in jüngerer Zeit nennen sich die Geber selber lieber *development partners)*. Gemeint sind mit dem Oberbegriff der Geber alle Regierungen der Industrieländer, die Mittel der finanziellen oder technischen Entwicklungszusammenarbeit (EZ) zur Verfügung stellen (= bilaterale Geber), sowie alle multilateralen Organisationen der EZ, z. B. Weltbank, UN, Europäische Kommission.

litischen Einflusspotenzial gesprochen werden. Ganz besonders aktiv sind zivilgesellschaftliche Organisationen in den sozio-ökonomischen Entwicklungsprozessen des Kontinents. Mit staatlichen Stellen und internationalen Gebern kooperieren sie bei der Umsetzung von sektoralen Entwicklungsprogrammen, unter anderem in den Bereichen Bildung und Gesundheit. Auch die politische Bearbeitung wichtiger Querschnittsthemen – zum Beispiel der Geschlechtergerechtigkeit – lebt von den Impulsen, Forderungen und Beiträgen zivilgesellschaftlicher Stimmen. Auf politischer Makroebene sind diese Akteure seit einem guten Jahrzehnt in die Politik der strategischen Armutsbekämpfung vieler Länder eingebunden.

Diese drei zentralen politischen Trends – so die Kernthese des Buches – haben eine wesentlich verbesserte Voraussetzung dafür geschaffen, Armut in Sub-Sahara Afrika wirkungsvoll zu bekämpfen. Trotz zahlreicher Widersprüche und halbherziger Umsetzungen sind erste Früchte des neuen Ansatzes erkennbar. Anhand zahlreicher Beispiele lassen sich mögliche *Wege aus der Armutsfalle* studieren.

Das folgende Kapitel 2 zeichnet wesentliche entwicklungspolitische Weichenstellungen zu Beginn des 21. Jahrhunderts nach. In Kapitel 3 werden die in Sub-Sahara Afrika feststellbaren sozio-ökonomischen Trends der vergangenen Jahre analysiert. Dabei wird auch die Frage zu diskutieren sein, ob die aktuelle Weltwirtschaftskrise die mühsam erarbeiteten Erfolge eines Jahrzehnts zunichte machen kann. Die dann folgenden drei Kapitel analysieren die genannten politischen Prozesse: die Neudefinition und Re-Aktivierung des Staates (4), das politische Erwachen von Zivilgesellschaften (5) und die Neuausrichtung internationaler Entwicklungszusammenarbeit (6).

Das vorliegende Buch basiert vor allem auf Forschungen, die von der *Deutschen Forschungsgemeinschaft (DFG)* gefördert worden sind, für die der Autor hier seinen ausdrücklichen Dank aussprechen möchte.[2]

---

[2] Als Fallbeispiele in dem DFG-geförderten Forschungsprojekt *Poverty Reduction Strategies: Paradigmenwandel der Entwicklungspolitik?* wurden Äthiopien, Ghana, Sambia und der Senegal intensiver untersucht. Darüber hinaus hat der Autor in den vergangenen Jahren empirische Studien in Uganda, Kenia und Tansania durchgeführt. Das Forschungsprojekt und damit auch dieses Buch konzentrieren sich auf die ärmsten Länder in Sub-Sahara Afrika, die sogenannten Niedrigeinkommensländer (diese finden sich alle in Tabelle 7 auf Seite 60). Wenn im folgenden von Afrika oder Sub-Sahara Afrika die Rede ist, sind damit in der Regel die 40 Länder dieser Gruppe gemeint, während die Länder mit stärkerer Wirtschaftskraft (die Mitteleinkommensländer wie zum Beispiel Südafrika, Botsuana oder Mauritius) hier nicht oder nur am Rande behandelt werden.

Zutiefst zu Dank verpflichtet ist der Autor allen Interview- und Gesprächspartnern in Afrika. Ihre Gastfreundschaft, ihre Zeit, ihre Offenheit und ihre Kompetenz ist unverzichtbare Grundlage dieser Publikation.

Der Verfasser dankt ferner seinem Team in der *Forschungsstelle Entwicklungspolitik* der Fachhochschule Düsseldorf – insbesondere Valérie Franze, Judy Müller-Goldenstedt, Magdalena Pac und Vera Vorneweg – für die hervorragende Unterstützung in der Erfassung und Sichtung der inzwischen nahezu unüberschaubaren Fülle an Daten, Dokumenten und Veröffentlichungen zum Themenfeld.

Um die Lesbarkeit des Buches zu verbessern, wurden Quellenverweise auf das wissenschaftlich notwendige Minimum begrenzt. Ausführliche weiterführende Hinweise, Detailverweise, Länderbeispiele, Datenanalysen, ein umfangreiches Glossar sowie vertiefende Teilstudien zu einzelnen Aspekten finden sich auf der Webseite des Autors zum Buch: www.eberlei.de/afrika

# Kapitel 2

# Entwicklungspolitische Weichenstellungen zur Millenniumswende

Das 20. Jahrhundert endete für Sub-Sahara Afrika im Bankrott – zunächst einmal im wörtlichen Sinne. Der Regierungsgipfel der sieben wirtschaftsstärksten Länder der Welt (G-7) bestätigte im Juni 1999 die völlige und nicht aus eigener Kraft zu überwindende Überschuldung des Kontinents und läutete Schuldenerlasse für ärmste Länder in bis dahin nicht gekannter Höhe ein.[3]

Doch die Zuspitzung der afrikanischen Krise drückte sich nicht nur in wertlosen Schuldscheinen aus. Die Volkswirtschaften des Kontinents lagen insgesamt danieder. Das Wirtschaftswachstum wies seit vielen Jahren ein »Null-Wachstum« oder gar negative Werte aus. Während das Bruttosozialprodukt in der Region in den 1970er Jahren auch pro Kopf zumindest leicht gestiegen war, wurden die 1980er und 1990er Jahre in vielfacher Hinsicht zu *verlorenen Dekaden*: Das Pro-Kopf-Einkommen ging seit 1981 bei etwa gleichbleibendem Bevölkerungswachstum zurück. Kein Wunder also, dass die Zahl der Armen in Sub-Sahara Afrika unaufhaltsam anstieg – das Heer der in extremer Armut lebenden Menschen vergrößerte sich von 213 Millionen zu Beginn der 1980er Jahre auf etwa 381 Millionen Ende der 1990er Jahre. Der Anteil der extrem Armen an der Gesamtbevölkerung erreichte Ende der 1990er Jahre mit über 58 Prozent seinen historischen Höhepunkt.[4]

---

[3] Die *Heavily Indebted Poor Countries (HIPC) Initiative* schloss auch einige wenige ärmste Länder in Asien und Lateinamerika mit ein, richtete sich aber vor allem an Sub-Sahara Afrika.

[4] Gemessen an der 2008 von der Weltbank revidierten, auf 1,25 USD angehobenen Einkommensgrenze für *extreme* Armut (Chen/Ravaillon 2008, 35). Darüber hinaus wurden weitere 25-30 Prozent der Bevölkerung als arm eingestuft. – Die sozioökonomische Katastrophe in Afrika wurde durch eine menschliche Tragödie der besonderen Art verstärkt. Die AIDS-Pandemie hatte einen erheblichen Anteil daran, dass die Lebenserwartung in Sub-Sahara Afrika in den 1990er Jahren erstmals seit vier Jahrzehnten wieder sank – in manchen Ländern um mehr als 20 Jahre!

Doch der Bankrott war nicht nur ein Bankrott Afrikas. Er dokumentierte auch das Scheitern internationaler Entwicklungspolitik. Das Versagen oder doch zumindest die äußerst magere Erfolgsbilanz der entwicklungspolitischen Ansätze der 1960er bis 1990er Jahre wurde allerdings nicht öffentlich erklärt, schon gar nicht von der Weltbank, dem IWF oder den Regierungen der Industrieländer. Das Scheitern der bisherigen Ansätze drückte sich vielmehr in einer Vielzahl von grundlegenden Reformen und Veränderungen aus, die zumindest eines zeigten: So wie bisher konnte es nicht weitergehen.

## DIE ARMUTSFALLE ÖFFNEN: ALTE UND NEUE DEBATTEN

Den Veränderungen zur Millenniumswende gingen intensive internationale Diskussionen in den 1990er Jahren voraus, die durch verschiedene Entwicklungen befördert wurden: Die Demokratisierung in Afrika zu Beginn des Jahrzehnts öffnete Spielräume für gesellschaftliche Debatten über Entwicklung. Das Ende des Kalten Krieges bot auch Gebern die Chance, frei(er) von ideologischen Vorentscheidungen über Entwicklungsfragen nachzudenken. Das offensichtliche Scheitern der neoliberalen Strukturanpassung verlangte nach neuen Konzepten. Eine Reihe von UN-Konferenzen rückte das Thema soziale Entwicklung wieder in den Vordergrund. Die Weltbank als internationaler entwicklungspolitischer Vordenker sah sich heftiger Kritik ausgesetzt. Insgesamt geriet die Entwicklungspolitik in den Industrieländern angesichts der wachsenden Armut in Afrika unter zunehmenden Druck, Wirkungen zu belegen und ihre Arbeit zu legitimieren. All dies führte zu einem grundlegenden Diskurs darüber, wie Armut in Afrika und in anderen ärmsten Ländern der Welt wirksamer zu bekämpfen sei.

Dabei wird die internationale Diskussion über Armut, ihre Ursachen und Lösungsperspektiven seit mindestens fünf Jahrzehnten geführt. In den 1950er und 1960er Jahren dominierte dabei in Wissenschaft und Politik zunächst die Vorstellung, die »Unterentwicklung« Afrikas, Asiens und Lateinamerikas und die damit verbundene Massenarmut sei auf eine historisch rückständige Entwicklungsstufe zurückzuführen. Auf dieser Stufe, so die Annahme, versagten traditionelle wirtschaftliche und politische Institutionen in der Aufgabe, die wachsenden Bevölkerungen mit notwendigen Gütern zu versorgen. Die *Modernisierungstheorie* empfahl entsprechend den Technologie- und Kapitaltransfer von Nord nach Süd, um so Entwicklungsprozesse im Süden anzustoßen, deren Erfolg über kurz oder lang auch die Armut beseitigen könnte. Nicht zuletzt ausgelöst durch die Dekolonisation und die wachsende Bedeutung der Entwicklungsländer in den Vereinten Nationen, aber auch durch das Entstehen einer kritischen Sozialwissenschaft verschob sich die Diskussionslage in den 1960er Jahren. Nun wurden die Ursachen von Armut und Unterentwicklung nicht mehr (nur) innerhalb der Länder des Südens gesucht, sondern in wachsendem Maße in ihrem internationalen Umfeld. Die *Dependenztheorie* verwies auf die Ausbeutung der Entwicklungsländer durch die Industrieländer und die *Entwicklung der Unterentwicklung* (André Gunder Frank) durch Kolonialisierung und das sich daran anschließende ungerechte Weltwirtschaftssystem, deren Handels- und Finanzmechanismen die Entwicklungsländer stark benachteiligten. In den Vereinten Nationen forderten die Entwicklungsländer eine »neue Weltwirtschaftsordnung«. Ein noch immer lesenswertes Dokument jener Phase ist der 1980 veröffentlichte Bericht der *Nord-Süd-Kommission* (»Brandt-Bericht«).

In den 1980er Jahren schwang das Pendel zurück. Fehlende interne ökonomische Reformen, ineffiziente Staatsunternehmen, eine hohe Verschuldung von Regierungen, die mangelhafte Integration in den Weltmarkt – diese und andere reale Phänomene wurden von den Verfechtern einer neoliberalen Marktlogik als Kernprobleme der Entwicklungsländer identifiziert. Die Industrieländer (insbesondere die USA, Großbritannien, Frankreich, Deutschland und Japan) nutzten ihren Einfluss auf die Weltbank und den Internationalen Währungsfonds, um über diese multilateralen Organisationen Strukturanpassungsprogramme der Entwicklungsländer zu erzwingen, die einer neoliberalen Linie folgten. Diese zeigten allerdings insbesondere in den ärmsten Ländern wenig wirtschaftlichen Erfolg und verschärften die Armut vielfach. Seit den 1990er Jahren – und insbesondere seit dem UN-Weltsozialgipfel in Kopenhagen 1995 – differenzierte sich das Bild wieder. Seither wird eher von einem Geflecht von Faktoren ausgegangen, die sowohl in den Ländern des Südens selber als auch in der Politik der Industrieländer oder in dem internationalen Umfeld ganz allgemein zu identifizieren sind, und die zur Ausweitung oder auch Bekämpfung von Armut beitragen.[5] Diese Faktoren bedingen und beeinflussen sich teilweise auch gegenseitig. Vertreter einer kritischen, jedoch nicht vollständig dependenztheoretisch verhafteten Sozialwissenschaft hatten diese differenzierende Perspektive schon früh vertreten (vgl. z. B. Nohlen/Nuscheler 1974).

---

[5] Zur Debatte der großen Entwicklungstheorien der ersten Entwicklungsdekaden vgl. Boeckh 1992, zur Vielfalt neuer Entwicklungstheorien z. B. Thiel 2001. Eine knappe Übersicht über die in den vergangenen Jahrzehnten dominierenden entwicklungspraktischen Ansätze zur Armutsbekämpfung bietet Rauch 2007.

# 1

## Was ist Armut?

Wer in Entwicklungsländern von durchschnittlich weniger als zwei Dollar pro Tag (in lokaler Kaufkraftparität) leben muss, gilt nach der Definition der Weltbank als arm. Wer täglich gar weniger als einen Dollar zur Verfügung hat, lebt danach in *extremer* Armut (seit 2008: 1,25 Dollar). Im Unterschied zu diesem *absoluten* Armutsbegriff (bestimmt durch den Geldwert eines bestimmten Warenkorbs) wird *relative* Armut in Industrieländern in der Regel daran gemessen, ob jemand über weniger als 50 oder 60 Prozent des mittleren Einkommens in dem jeweiligen Land verfügen kann. Armut wird in beiden Fällen statistisch als Einkommensarmut erfasst.

Dieses allein am Einkommen orientierte Armutskonzept wird zunehmend in Frage gestellt. Wie in Industrieländern geht auch die Armutsdebatte in Entwicklungsländern inzwischen von einem mehrdimensionalen Konzept aus (siehe zum Beispiel die *Berichte zur menschlichen Entwicklung* des UN-Entwicklungsprogramms UNDP, deren sozio-ökonomisch orientiertes Konzept sich als Alternative zum rein ökonomisch orientierten Konzept der Weltbank versteht).

Nicht zuletzt beeinflusst durch die theoretischen Arbeiten des Ökonomen und Nobelpreisträgers *Amartya Sen* (1999) über Entwicklung als die Ausweitung realer Freiheiten und realer Möglichkeiten *(capabilities)* veröffentlichte der Entwicklungsausschuss des Industrieländer-Verbundes OECD im Jahr 2001 sein multidimensionales Armutskonzept, das weite Akzeptanz erfuhr und bis heute als maßgeblich für die internationale Armutsdebatte gelten kann. Das Konzept setzt sieben Dimensionen in Relation: Wirtschaftliche, sozio-kulturelle, politische, menschliche Aspekte, Schutzfaktoren sowie Geschlechtergerechtigkeit und das Leben in einer gesunden Umwelt (OECD 2001, 27). Diese Dimensionen sind nicht isoliert voneinander zu erfassen, sondern stehen in einem komplexen Wechselverhältnis. Nachteil dieser multidimensionalen Konzeption ist allerdings die Schwierigkeit, vergleichbare Daten dazu zu erheben. Vor allem deshalb wird in der internationalen Debatte weiterhin mit der einkommensorientierten Armutsgrenze gearbeitet.

Auf der Basis neuer – nach Angaben der Weltbank: verbesserter – statistischer Verfahren, vor allem aber aufgrund der Einsicht, man habe die für die Erreichung des Existenzminimums notwendigen Ressourcen in früheren Untersuchungen unterschätzt, hat die Weltbank 2008 eine Studie veröffentlicht, in der vorgeschlagen wird, künftig mit einer Grenze von 1,25 Dollar für extreme Armut zu operieren (Chen/Ravaillon 2008). Die 2-Dollar-Grenze für Armut blieb erhalten, wurde aber durch eine 2,50 Dollar-Grenze ergänzt. Durch diese Revision erhöhen sich die Gesamtzahlen der in extremer Armut lebenden Menschen auf 1,4 Milliarden. Hinsichtlich des globalen Rückgangs der Armut ergäbe sich daraus aber keine Änderung gegenüber früheren Schätzungen.

Am Beispiel Afrikas sollen diese beiden Ursachenstränge noch weiter verdeutlicht werden. Während die Armutssituation in der Region insgesamt auf einem hohen Niveau verharrt (mit leichten Verbesserungen seit dem Jahr 2000, wie noch zu zeigen sein wird), gibt es innerhalb des Kontinents signifikante Unterschiede zwischen verschiedenen Ländern, sowohl hinsichtlich wirtschaftlicher als auch sozialer Indikatoren: deutliche Erfolge hier, Stagnation oder Rückschritte dort. Diese unterschiedlichen Entwicklungen bei vergleichbaren Rahmenbedingungen können dadurch erklärt werden, dass neben den im globalen oder internationalen Umfeld verorteten (exogenen) Ursachen für Armutsentwicklungen vor allem auch die internen (endogenen) Ursachen der Armut erhebliche Auswirkungen zeigen: Zu letzteren zählen in einigen Ländern die Schwäche oder das vollständige Versagen einer staatlichen Wirtschafts- und Sozialpolitik, die Vernachlässigung der Landwirtschaft, Kriege und Konflikte, die Ausbreitung von HIV/AIDS, die Bevölkerungsentwicklung, ungleiche Geschlechterbeziehungen sowie ungünstige klimatische oder andere ökologische Faktoren – und nicht zuletzt die vielfach anzutreffenden »neopatrimonialen« Herrschaftssysteme, die durch Personalismus, Klientelismus und Missbrauch von Staatsressourcen gekennzeichnet sind. In ihrer jeweiligen Gewichtung und Konstellation bestimmen diese endogenen Faktoren wesentlich darüber, ob Länder Fortschritte in der Bekämpfung von Armut verzeichnen können oder nicht.

Zweifellos war aber das internationale Umfeld für die meisten Länder Sub-Sahara Afrikas in den vergangenen Dekaden äußerst unvorteilhaft und hat so die Bekämpfung von Armut in allen Ländern erheblich erschwert oder gar zur weiteren Ausbreitung von Armut beigetragen (vgl. z. B. UNCTAD 2002, Goldberg 2008). Die hohe Verschuldung Sub-Sahara Afrikas, auf die internationale Gläubiger erst sehr spät, 1999, verstärkt reagierten und die den Ländern über 20 Jahre dringend notwendige Ressourcen entzog, ist zu nennen. Ebenso muss die schon erwähnte verfehlte Politik der verordneten Strukturanpassung in Erinnerung gerufen werden, die bis heute soziale Auswirkungen zeigt. Der Protektionismus der Industrieländer und die Subventionierung z. B. der europäischen Agrarprodukte schaden der afrikanischen Landwirtschaft noch immer und verstärken die Armut im ländlichen Bereich. Die Folgen der Kolonialgeschichte dürfen nicht vergessen werden. Jörg Goldberg erinnert zurecht an den Sklavenhandel; an die Mitverantwortung der Kolonialherren für die Ethnisierung Afrikas oder an die »Vertreibung der afrikanischen Sprachen aus dem Entwicklungsprozess«, die bis heute eine Mehrheit der Bevölkerungen fast aller afrikanischer Länder stark benachteiligt (2008, 75-112, 204). Auch die militärische und wirtschaftliche Unterstützung korrupter und diktatorischer politischer Regime zu Zeiten des Kalten Krieges haben ihre Spuren im Armutsprofil vieler Länder hinterlassen: ein eindrückliches Beispiel für diesen Faktor schildert Dominic Johnson (2008) in seinem Kongo-Buch.

Den Auftakt zur jüngsten globalen Debatte über die Bedeutung und Gewichtung dieser beiden Ursachenstränge für Armut in Afrika machte Jeffrey Sachs mit seiner fulminanten Ankündigung vom *Ende der Armut* (2005). Er sieht den Kontinent in einer ökonomischen Armutsfalle und fordert ein umfangreiches Investitionsprogramm für die Region, um die von den Vereinten Nationen verabschiedeten Millenniumsziele zur Armutsbekämpfung erreichen zu können. Scharf kritisiert wird er von William Easterly (2006a), der vor allem auf die inländischen Akteure in Entwicklungsländern setzt. Paul Collier (2008) plädiert für eine weitere Perspektive und identifiziert historische, politische und geographische Armutsfallen in Afrika.[6] Alle drei Wissenschaftler sind Ökonomen aus dem anglo-amerikanischen Raum, die in bestimmten Phasen ihrer Karrieren auch für die Weltbank oder die Vereinten Nationen gearbeitet haben. Ihre viel beachtete Auseinandersetzung über Armutsfalle(n) in Afrika vertieft und aktualisiert die Diskussion über den Stellenwert endogener und exogener Ursachen von Armut auf dem Kontinent.

Jeffrey Sachs hat dazu eine klassisch entwicklungsökonomische Perspektive: Aufgrund geringer eigener Sparquote der afrikanischen Länder und damit geringer eigener Mittel für Investitionen fordert der US-Ökonom den *big push* von außen, um die strukturellen Entwicklungsdefizite – z. B. fehlende Infrastruktur – durch einen voluminösen Finanztransfer nach Afrika auszugleichen und so die Voraussetzungen für ein selbsttragendes Wachstum zu erreichen. Dieses soll insbesondere beschäftigungswirksam sein, um Armut bekämpfen zu können. Viel Geld und zahlreiche Interventionen und Investitionen in infrastrukturelle, aber auch soziale Sektoren stehen bei Sachs im Zentrum. Die Botschaft ist nicht nur die eines international renommierten Ökonomen. Sachs wurde vom damaligen UN-Generalsekretär Kofi Annan beauftragt, die Voraussetzungen für die Erreichung der Millenniumsziele zu beschreiben. Der Sachs-Bericht (UN Millennium Project 2005) fordert entsprechend eine er-

---

[6] Der Begriff der Armutsfalle taucht in entwicklungspolitischen Kontexten immer wieder auf – allerdings mit unterschiedlichen Inhalten. Ökonomische Argumentationen gehen im Kern von einer zu niedrigen Sparquote in ärmsten Ländern und damit zu wenig inländischem Kapital aus, um bei wachsenden Bevölkerungen die entwicklungsnotwendigen Investitionen finanzieren zu können (daraus ist zum Beispiel die *growth-cum-debt*-Strategie entwickelt worden). Andere Verständnisse von Armutsfallen gehen auf nicht-ökonomische strukturelle Hindernisse für Entwicklungsprozesse und strukturelle Ursachen von fehlender Entwicklung ein. Wenn im vorliegenden Buch von der afrikanischen Armutsfalle gesprochen wird, werden damit diese verschiedenen Aspekte struktureller Entwicklungshemmnisse subsumiert.

hebliche Aufstockung der internationalen Entwicklungsgelder in Richtung Afrika – eine Forderung, die verständlicherweise bei Regierungen im Süden, aber auch bei zivilgesellschaftlichen Organisationen sehr viel positiven Widerhall findet. Sachs übersieht dabei die endogenen politischen Probleme nicht vollständig. Schwache Regierungsstrukturen hält auch er für hinderlich. Allerdings bewertet er diese gering bzw. kalkuliert sie mit ein. Mehr noch, er argumentiert, dass mehr Entwicklungshilfe dazu beitragen würde, diese Probleme zu lösen.

Nicht ganz überraschend finden die Forderungen von Sachs auch zahlreiche Kritiker.[7] Easterly (2006a/b) ordnet die Sachs-Vorschläge mit guten Argumenten den modernisierungstheoretischen Vorschlägen der 1950er und 1960er Jahre zu, die ebenfalls mit umfangreichen Kapital- und Know-how-Transfers das Problem der »Unterentwicklung« lösen wollten. Er kritisiert den *top-down*-Ansatz bei Sachs, für dessen Gelingen es historisch keine Vorbilder gäbe. Weiter verweist er darauf, dass jegliche Belege dafür fehlten, Entwicklungshilfe könne entscheidend zu selbsttragendem Wirtschaftswachstum beitragen. Unter Hinweis auf die geschieterten »Schocktherapien« in den post-sozialistischen Staaten ebenso wie auf die Fehlschläge der von IWF und Weltbank als Blaupausen über die Entwicklungsländer gezogenen Strukturanpassungsprogramme verwirft Easterly die Idee von Sachs, eine neuerliche Megareform anzustoßen (und dafür viel Geld auszugeben).

Easterly bezweifelt ferner, dass eine ökonomische Armutsfalle – also der Kapitalmangel – das entscheidende Problem der ärmsten Länder sei. Auf der Basis von empirischen Untersuchungen über den Zusammenhang von Demokratie sowie von Korruption einerseits und Wirtschaftswachstum andererseits formuliert er seine These, dass nicht Kapitalmangel, sondern schwaches Regierungshandeln – über Jahrzehnte gestützt durch internationale Entwicklungshilfe – für eine schwache Wirtschaftsentwicklung verantwortlich sei. Ein *big push* würde ihm zufolge nur die alten Probleme vervielfachen.

Easterly hält einen positiven Beitrag von staatlicher Entwicklungspolitik zur Armutsbekämpfung durchaus für möglich (hier unterscheidet er sich von radikaleren Kritikern, klassisch z. B. Erler 1985; neu z. B.: Shikwati 2006, Riddel 2007, Moyo 2009). Entscheidend sei es aber, Anreize für eine wirkungsvolle Entwicklungsarbeit zu schaffen. Unabhängige Evaluationen und Feedback von den Betroffenen müssten die schrittweise umgesetzte Entwicklungszusammenarbeit beständig kontrollieren und Korrekturen ermöglichen – ein unkontrollierter Kapitaltransfer stehe dem völlig entgegen.

---

[7] Als knappe Übersichten über die kritische Sachs-Rezeption vgl. Klingebiel 2005, Asche 2006.

Eine weitere wichtige Position in der aktuellen Debatte wird von Paul Collier (2008) markiert, einem früheren Mitarbeiter der Weltbank und heutigem Wirtschaftsprofessor in Oxford. In Übereinstimmung mit Sachs sieht Collier Afrika in verschiedenen *poverty traps,* also Fallen, in denen Afrika sich verfangen habe. Anders als Sachs betont er aber besonders vier nicht primär ökonomische Faktoren: Bürgerkriege, verfehlter Umgang mit natürlichen Ressourcen, fehlender Zugang zu Seehäfen aufgrund einer Binnenlage und schließlich, in Übereinstimmung mit vielen anderen Beobachtern, schlechte Regierungsführung. Zwar sieht er, wie Sachs, eine starke internationale Entwicklungshilfe für Afrika als unerlässlich an, er betont aber auch weitere Maßnahmen internationaler Strukturpolitik zugunsten der ärmsten Länder, darunter verbesserte Handelsbedingungen, UN-Friedensmissionen und Regelwerke gegen Korruption.

Doch auch Colliers vielbeachtete Perspektive, die sich gut in eine Vielzahl von Arbeiten über *failed und failing states* in Afrika einreiht, trifft auf unterschiedliche Reaktionen. Während Sachs (2007) und andere sich in ihren Positionen bestätigt sehen, verwirft Easterly (2007) einmal mehr diesen Ansatz – vor allem unter Hinweis auf mangelnde empirische Belege. Es gelinge Collier nicht, kritisiert Easterly, einen kausalen Zusammenhang zwischen den von ihm konstruierten Armutsfallen und der tatsächlichen Armutslage bzw. Armutsentwicklung zu begründen.[8] Die von Collier erhobene Forderung, durch internationale Militäreinsätze in Konflikt- oder Post-Konfliktländern für Ruhe und Ordnung zu sorgen, hält er für schlicht unverantwortlich.[9]

Darüber hinaus kritisiert Easterly aber die von Collier wie von Sachs vorgetragene grundsätzliche Annahme, dass Afrikas Rettung aus den Armutsfallen internationaler Interventionen bedürfe (seien diese ökonomischer, entwicklungs- oder außenpolitischer oder auch militärischer Art). Wie Collier es ausdrückt: »Die Konfliktfalle und die Putschfalle zu durchbrechen ist keine Auf-

---

[8] Pikante Spitze ist der Verweis Easterlys auf eine unabhängige Untersuchung der methodischen Professionalität von Weltbank-Studien (Deaton et al 2006), die u. a. auch die Arbeiten des ehemaligen Weltbank-Mitarbeiters Collier als Beleg dafür verwendeten, dass die Analysen vieler Weltbank-Studien nicht dazu geeignet seien, ihre offenbar politisch motivierten Ergebnisse und Schlussfolgerungen tatsächlich zu begründen.

[9] Dies wird nicht von allen Lesern Colliers geteilt. Niall Ferguson (2007) von der *Harvard University* verweist darauf, dass der Krieg in Sierra Leone auch durch Intervention von außen beendet worden sei und die versagte Intervention der Weltöffentlichkeit in Ruanda den Genozid ermöglicht habe. Auch Thomas Fues (2007) vom *Deutschen Institut für Entwicklungspolitik (DIE)* teilt diese Positionen, unterstreicht aber die Notwendigkeit von UN-Mandaten bei Friedensmissionen.

gabe, die die Gesellschaften aus eigener Kraft zu leisten imstande sind.« Und: »Diese Länder werden in der Armut verharren, wenn wir ihnen nicht weit mehr Hilfe angedeihen lassen als bisher« (2008, 57, 89).

Easterly hält dies für verfehlt und setzt dagegen auf die entscheidende Rolle vieler dezentraler afrikanischer Akteure, insbesondere auch privatwirtschaftlicher, unterstützt durch günstige politische Rahmenbedingungen. *Gute Regierungsführung* sei Voraussetzung für die Lösung der Probleme Afrikas. Doch wie viele andere geht Easterly über diese gut belegbare, aber oberflächliche Erkenntnis kaum hinaus. Er fragt nicht danach, welche Gründe es sind, die eine *Gute Regierungsführung* begünstigen, genauer: die eine Politik zugunsten der armen Bevölkerungsmehrheiten afrikanischer Gesellschaften ermöglichen und stärken. Dieses Element wird bei Sachs und Collier gänzlich vernachlässigt. Mit guten Argumenten kritisiert Easterly den *top-down*-Ansatz seiner beiden Wissenschaftlerkollegen. Doch auch er setzt diesem Denken keine *bottom-up*-Strategie entgegen, stattdessen vertraut er eher im klassisch marktliberalen Sinne den *invisible hands* der vielen »Sucher«, wie er seine Protagonisten von Entwicklung nennt: Akteure, die sich losgelöst von großen Plänen und Strategien um die Lösung ihrer konkreten Probleme kümmern (Easterly 2006a). So scharfsinnig Easterlys Kritik an Sachs und Collier ist, auf die Frage, wie eine armutsorientierte Regierungsführung zustande kommen soll, hat er nicht viel zu bieten.

Dabei hatte der renommierte Ökonom und Nobelpreisträger Amartya Sen diesen Aspekt schon vor Jahren herausgearbeitet: »The rulers have the incentive to listen to what people want if they have to face their criticism and seek their support in elections« (1999, 152). Für Amartya Sen ist eine demokratische politische Kultur der Schlüssel zur Armutsbekämpfung. Armutsorientierte Politik ist in dieser Logik kein wohltätiges Handeln »von oben«, abhängig von dem viel beschworenen »politischen Willen« der Eliten und finanzkräftigen Interventionen der Geber. Die alten »Zielgruppen« armutsorientierter Politik werden in dieser Perspektive zu Akteuren, fordern ihre Rechte ein und messen ihre Regierungen an ihren Taten. Die Armutsfalle wird nicht schicksalhaft hingenommen, sondern geöffnet – von innen. Ist das eine realistische Perspektive für Afrika? Dass eine Regierung – wie Ende 2008 in Ghana geschehen – abgewählt wird, weil eine Mehrheit der Bevölkerung damit unzufrieden ist, wie wenig insbesondere die ärmeren Regionen des Landes an den Entwicklungsfortschritten teilhaben, ist ein recht neues Phänomen in Afrika. Es deutet aber eine neue Qualität von Politik an, die sich auch in vielen anderen – weniger spektakulären – Phänomenen der vergangenen Jahre spiegelt, wie an späterer Stelle noch belegt wird. *Democratic governance*, demokratische Regierungsführung ist in den vergangenen Jahren in Afrika im Aufwind und führt – dem Argument Amartya Sens folgend – zu einer stärker entwicklungsorientierten

Politik in vielen Ländern der Region. Sollte sich dieses politische Denken und Handeln dauerhaft Bahn brechen, wäre ein neues Kapitel im Kampf gegen die afrikanische Armutsfalle aufgeschlagen worden.

## Verabschiedung der Millenniumsentwicklungsziele

Die Bekämpfung von extremer Armut weltweit ist in den vergangenen zehn Jahren nicht nur debattiert worden – sie ist politisch auf einen Spitzenplatz der internationalen Agenda gerückt. Die Verabschiedung der Millenniumserklärung durch die Vereinten Nationen markiert dabei einen wichtigen Meilenstein dieser Bemühungen. Die aus der Erklärung entwickelten Millenniumsentwicklungsziele (*Millennium Development Goals,* MDGs) streben an, bis zum Jahr 2015 eine Reihe von grundlegenden sozialen Verbesserungen für Menschen weltweit zu erreichen. Im Zentrum des Zielekanons steht dabei eine signifikante Reduzierung – die Halbierung – von extremer Armut: Bis zum Jahr 2015 soll die Zahl der Menschen in extremer Armut auf etwa 800 Millionen sinken. Der Anteil der extrem Armen an der Weltbevölkerung würde dann von etwa 30 Prozent im Jahr 1990 auf unter 15 Prozent halbiert. Neben diesem übergreifenden Ziel der Armutsreduzierung werden eine Reihe von weiteren Haupt- und Unterzielen verfolgt (siehe Textbox 2), die an über sechzig Indikatoren gemessen werden.

Die MDGs werden von der großen Mehrheit der entwicklungspolitischen Akteure im Grundsatz als wichtige und richtige Weichenstellung begrüßt. Neben der starken Fokussierung der Millenniumsentwicklungsziele auf die Bekämpfung extremer Armut wird insbesondere die Formulierung zeitlich gebundener und überprüfbarer Ziele als Fortschritt gegenüber früheren Ansätzen gesehen. Auch die Koppelung von globalen Zielsetzungen und nationalen Strategiensätzen gilt als wichtige Neuerung. Der Verabschiedung der Millenniumserklärung im Jahr 2000 war ein jahrelanger Streit über die entwicklungspolitischen Ansätze der 1980er und 1990er Jahre vorausgegangen, u. a. während der verschiedenen UN-Weltkonferenzen der 1990er Jahre. Insbesondere die Kritik an den gescheiterten Strukturanpassungsprogrammen der Weltbank und des Internationalen Währungsfonds rückte die Armutsbekämpfung (wieder) in das Zentrum der Entwicklungspolitik.

## 2
### Die Millenniumsziele der Vereinten Nationen

1. **Den Anteil der Weltbevölkerung, der unter extremer Armut und Hunger leidet, halbieren.**
   - Halbierung des Anteils der extrem Armen (mit Einkommen unter 1,25 US-$/Tag).
   - *(neu) Produktive Beschäftigung für alle, einschließlich Frauen und Jugendliche.*
   - Halbierung des Anteils der Menschen, die an Hunger leiden.
2. **Allen Kindern eine Grundschulausbildung ermöglichen.**
   - Abschluss der Grundschulausbildung für alle Jungen und Mädchen weltweit.
3. **Die Gleichstellung der Geschlechter fördern und das Empowerment von Frauen stärken.**
   - Abbau des Gefälles in der Primar- und Sekundarschulbildung von Jungen und Mädchen bis 2015.
4. **Die Kindersterblichkeit reduzieren.**
   - Senkung der Sterblichkeitsraten bei Säuglingen und Kindern unter fünf Jahren um zwei Drittel bis zum Jahr 2015.
5. **Die Gesundheit der Mütter verbessern.**
   - Verringerung der Müttersterblichkeit um drei Viertel bis zum Jahr 2015
   - *(neu) Universaler Zugang zu Mitteln reproduktiver Gesundheit.*
6. **HIV/AIDS, Malaria und andere übertragbare Krankheiten bekämpfen.**
   - Die Ausbreitung von HIV/AIDS stoppen, die Zurückdrängung einleiten.
   - *(neu) Universaler Zugang zu HIV/AIDS Medikamenten.*
   - Die Ausbreitung von Malaria und anderen wichtigen Krankheiten stoppen und ihre Zurückdrängung einleiten.
7. **Nachhaltige Entwicklung fördern.**
   - Die Prinzipien von nachhaltiger Entwicklung in die Politik der Länder integrieren; den Schwund von Umweltressourcen aufhalten.
   - *(neu) Reduzierung des Verlusts an biologischer Vielfalt.*
   - Anteil der Menschen ohne nachhaltigen Zugang zu sauberem Trinkwasser halbieren.
   - Signifikante Verbesserungen im Leben von mindestens 100 Millionen Slumbewohnern bis zum Jahr 2020 erreichen.
8. **Weltweite Entwicklungspartnerschaft verstärken.**

Während die ersten sieben Ziele sich auf die Entwicklungen *in* den Entwicklungsländern beziehen, beschreibt das achte Ziel die internationale Zusammenarbeit als Beitrag zur Erreichung der sieben vorgenannten Ziele. Unter anderem werden Reformen des Welthandelssystems sowie eine deutliche Erhöhung der Entwicklungshilfe angemahnt.

Quelle: Übersetzung auf Basis von UN 2008b; 2008 wurden vier neue Unterziele in den Kanon aufgenommen (kursiv gesetzt) und verschiedene Indikatoren angepasst.

Trotz der überwiegenden Zustimmung zivilgesellschaftlicher und auch wissenschaftlicher Autorinnen und Autoren zum MDG-Ansatz gibt es intensive Debatten über und anhaltende Kritik an Konzept und Umsetzung der MDGs.[10] Vier zentrale Kritikpunkte:

*Erstens* wird die in den Millenniumsentwicklungszielen *fehlende Analyse von Ursachen* der Armut kritisiert. Armutsbekämpfung werde so zu einem technokratischen, entpolitisierten Arbeitsfeld für Sozialmanager. Eine kritische Analyse des Weltwirtschaftssystems, in dem ärmere Länder weiterhin benachteiligt sind, fehlt in der Tat. Kann Armutsbekämpfung im Rahmen des gegebenen weltwirtschaftlichen Umfeldes erfolgreich sein? Kritiker bezweifeln dies, mahnen eine stärkere Diskussion über die globalen Ursachen weltweiter sozialer Ungleichheit an und fordern strukturelle Veränderungen (Reformen des Welthandelssystems, eine Veränderung der EU-Landwirtschaftspolitik, Reformen des internationalen Finanzsystems u. a. m.). Aber auch eine Kritik an endogenen Ursachen von Armut – z. B. ineffiziente Regierungssysteme in vielen Entwicklungsländern – wird in den Millenniumsentwicklungszielen nicht formuliert.

*Zweitens* kritisieren viele Stimmen den äußerst *begrenzten Zielekanon*, der viele andere wichtige entwicklungspolitische Ziele vernachlässige. Tatsächlich fallen die 2001 konkretisierten *Millenniumsentwicklungsziele* hinter die 2000 verabschiedete *Millenniumserklärung* der UN-Generalversammlung zurück. Die Millenniumserklärung leitete den Abschnitt über Entwicklung und Armutsbekämpfung mit dem Hinweis auf das Menschenrecht auf Entwicklung ein:»We are committed to making the right to development a reality for everyone (...).« Dieses Recht auf Entwicklung gilt als Klammer für die politischen, wirtschaftlichen, sozialen und kulturellen Menschenrechte (siehe Textbox 3). Die Millenniumsziele sprechen nur einen kleinen Teil der verfassten Menschenrechte an. Darüber hinaus, vielleicht noch wichtiger, ist der Ansatz ein anderer: Während Menschenrechte eingefordert, teilweise auch

---

[10] Grundsätzlich wurden die MDGs auf politischer Seite zunächst insbesondere von den USA kritisch beäugt. Die Bush-Administration zeigte wenig Neigung, sich an diesem multilateralen Ansatz zu beteiligen (die neue Obama-Regierung scheint allerdings eine gewisse Kurskorrektur anzustreben). Weltbank und IWF zeigten sich zunächst auch sehr zurückhaltend (insbesondere aufgrund des internen Drucks von Verfechtern eines neoliberalen entwicklungspolitischen Ansatzes). Offiziell stehen inzwischen beide Institutionen hinter den Zielen. In der entwicklungstheoretischen Debatte werden die Millenniumsentwicklungsziele von marxistisch bzw. fundamental kapitalismuskritisch inspirierten Autoren als Augenwischerei betrachtet, die nur verhindere, dass über strukturelle Gründe für soziale Ungleichheit im globalen System nachgedacht werde (vgl. z. B. Amin 2006).

eingeklagt werden können (und die Staaten als Pflichtenträger Verantwortung tragen), sind die Millenniumsziele eben nur gemeinschaftlich formulierte Ziele ohne Anspruchsrecht der Betroffenen. In diesem Sinne wird insbesondere auch aus frauenrechtlicher Position scharfe Kritik am MDG-Zielekanon vorgetragen. Während die UN-Weltfrauenkonferenz in Peking 1995 (und der nachfolgende »Peking-Prozess«) Frauen*rechte* formulierte und Ansätze forderte, über das *Empowerment* von Frauen zu strukturellen Veränderungen zu gelangen, die Armutsbekämpfung erst möglich machten, degradierten die MDGs Frauen wieder zu ohnmächtigen und hilfsbedürftigen Objekten. Die politische Debatte über die Gender-Dimension von Entwicklungsprozessen erfahre durch die starke Konzentration aller Geber auf die MDGs einen schweren Rückschlag. Ohne strukturelle Veränderungen der Geschlechterverhältnisse sei eine nachhaltige Armutsbekämpfung zum Scheitern verurteilt (Wichterich 2005). Mit der Revision der Millenniumsziele in 2008 wurden einige dieser Forderungen aufgenommen (so z. B. in MDG 5 nach Zugang zu Mitteln reproduktiver Gesundheit), was allerdings die grundsätzlich skeptische frauenrechtliche Kritik kaum entkräften dürfte.

Auch im Lichte anderer internationaler Entwicklungsziele, die bei den großen UN-Konferenzen in den 1990er Jahren vereinbart wurden, bilden die Millenniumsziele nur einen begrenzten Ausschnitt wichtiger Vereinbarungen. Martens (2007) listet eine Reihe weitergehender Ziele für eine nachhaltige Entwicklung auf, die nicht in den MDGs enthalten sind. Er kritisiert, dass die Konzentration auf die MDGs diese weitergehenden Ziele beiseite dränge. Bemängelt wird von vielen Stimmen ferner, dass das MDG 8 – das insbesondere die Industrieländer in die Pflicht nimmt – mit sehr schwachen Unterzielen und weichen Indikatoren versehen wurde.

*Drittens* stehen die *Indikatoren*, die den Fortschritt messen sollen, in der Kritik. Schon der grundlegende Armutsindikator – extrem arm ist, wer weniger als 1,25 Dollar am Tag zur Verfügung hat – wird von vielen Seiten bemängelt: er sei auf ökonomische Aspekte fixiert und einer rein quantitativen Perspektive verhaftet. Dagegen müsse die internationale Armutsbekämpfung von einem multidimensionalen Verständnis von Armut ausgehen, das unter anderem auch von UNDP oder dem Entwicklungsausschuss der OECD vertreten wird und in starker Weise auch qualitative Dimensionen anspricht (z. B. Rechte, Freiheiten). Die Indikatoren für das MDG 3 – die Gleichberechtigung der Geschlechter – werden besonders häufig und scharf kritisiert. Wesentliche Aspekte der »Feminisierung von Armut« – so z. B. fehlende Rechte auf Land, häusliche Gewalt, Machtungleichgewichte – würden durch die vorhandenen Indikatoren nicht erfasst.

# 3

## Das Menschenrecht auf Entwicklung

In der Entwicklung der Menschenrechte werden inzwischen drei Generationen unterschieden: Nach den politischen und bürgerlichen Grundrechten (die im sogennanten *UN-Zivilpakt* formuliert sind) haben inzwischen auch die wirtschaftlichen, sozialen und kulturellen Rechte (kurz WSK-Rechte, im *UN-Sozialpakt* niedergelegt) weitgehende Anerkennung gefunden. Zivilpakt und Sozialpakt, die auf der *Allgemeinen Erklärung der Menschenrechte* von 1948 basieren, sind seit Mitte der 1970er Jahre in Kraft.

Zu der dritten Generation von Menschenrechten, die auch als Solidarrechte bezeichnet werden, zählt im wesentlichen das *Recht auf Entwicklung*. Auch diese Kategorie von Rechten ist auf die Menschenrechtserklärung zurückzuführen. In Art. 28 heißt es dort:»Jedermann hat Recht auf eine soziale und internationale Ordnung, in der die in dieser Erklärung ausgesprochenen Rechte und Freiheiten voll verwirklicht werden können.«

1986 formulierten die Vereinten Nationen eine entsprechende Deklaration, die das Recht auf Entwicklung als Klammer für die verschiedenen Menschenrechte definiert (Art. 1,1) und eine Verantwortung der Staaten einfordert, einen entsprechenden Rahmen zu schaffen (Art. 3).

Während die UN-Deklaration 1986 von den Industrieländern abgelehnt wurde (USA offene Ablehnung; Bundesrepublik Deutschland Stimmenthaltung), fand das Recht auf Entwicklung dann doch Eingang in die von Industrie- und Entwicklungsländern verabschiedete Abschlusserklärung der Wiener Menschenrechtskonferenz (1993). Während die UN-Erklärung 1986 die Staaten zur Zusammenarbeit im Sinne der Menschenrechte *verpflichtete,* war die Wiener Erklärung allerdings weicher: Staaten *sollten* entsprechend kooperieren. Die UN-Millenniumserklärung (2000), getragen von Industrie- und Entwicklungsländern, bestätigte das Recht auf Entwicklung erneut. Aus diesen grundsätzlichen Beschlüssen lässt sich nunmehr eine menschenrechtliche Begründung von Entwicklungszusammenarbeit (EZ) ableiten, ebenso die Integration menschenrechtlicher Prinzipien in die konkrete Arbeit der EZ.

Diese Entwicklung stärkt insbesondere auch die wirtschaftlichen, sozialen und kulturellen Menschenrechte, die zunächst im Schatten der politischen Grundrechte standen. Dass die Vereinten Nationen im Dezember 2008 ein individuelles Beschwerderecht für die WSK-Rechte beschlossen, stärkt den menschenrechtlichen Entwicklungsansatz. Gleichwohl: Das Recht auf Entwicklung und die WSK-Rechte – Menschenrechte, die für die Armutsbekämpfung zentrale Bedeutung haben – sind weiterhin *soft law*. Eingeklagt werden können diese nicht, politisch aber sehr wohl eingefordert werden.

*Viertens* wird die *schwache Umsetzung* von MDG-orientierter Politik in Industrie- und Entwicklungsländern kritisiert. Während der Norden unter anderem seinen Verpflichtungen zu einer mit mehr Mitteln ausgestatteten und besser auf Armutsbekämpfung orientierten Entwicklungszusammenarbeit nicht nachkomme, verfolgten viele Regierungen im Süden vor allem die Interessen der Eliten anstatt sich um eine armutsorientierte Politik zu mühen. Insgesamt setze die Umsetzung viel zu stark auf staatliche Interventionen, statt das Empowerment der Armen und ihre Ressourcen und Fähigkeiten in das Zentrum der Anstrengungen zu rücken.

Gerade die schwache Umsetzung entwicklungspolitischer Ansätze zur Verfolgung der Millenniumsziele sei für die magere Zwischenbilanz verantwortlich, sagen die Vereinten Nationen diplomatisch (vgl. die jährlichen UN-Zwischenberichte), unabhängige Kritiker ganz offen (vgl. z. B. Beiträge in Nuscheler/Roth 2006). Auf halbem Wege zwischen Verabschiedung der Millenniumsentwicklungsziele und dem angestrebten Zieljahr 2015 verdichten sich tatsächlich die Anzeichen dafür, auch ohne die aktuelle Weltwirtschaftskrise, dass die anvisierten Ziele nicht überall erreicht werden können. Der jüngste offizielle Umsetzungsbericht der Vereinten Nationen (UN 2008a) dokumentiert die gemischte Entwicklung erneut. Er listet verschiedene Fortschritte auf dem Weg zur Zielerreichung auf, nennt aber auch eine Reihe von Fehlschlägen. Global gesehen wird z. B. das Ziel der Halbierung der Armut vermutlich erreicht, allerdings nur aufgrund der Erfolge in Ostasien. In Afrika werden viele Länder dieses erste Millenniumsziel verfehlen (viele, jedoch nicht alle). In wichtigen Bereichen – z. B. beim Abbau von Müttersterblichkeit oder der Unterernährung von Kindern – werden die Ziele vermutlich sogar auf globaler Ebene verfehlt. Die Zwischenbilanz, soviel ist sicher, zeigt sich also als sehr gemischt.

Prüfstein für den Erfolg oder zumindest Teilerfolg der MDGs wird Afrika sein. Hier ist die extreme Armut am größten. Hier sind die strukturellen Bedingungen zur Bekämpfung von Armut am schwierigsten. Hier währte die Stagnation am längsten. Kapitel 3 wird den Stand der Erreichung der MDGs für Afrika diskutieren.

## Einführung nationaler Strategien zur Armutsbekämpfung

Neben der Verabschiedung der UN-Millenniumsentwicklungsziele ist die Einführung von nationalen Armutsstrategiepapieren der zweite wesentliche neue Ansatz in der politischen Bekämpfung von Armut in den vergangenen Jahren. Diese *Poverty Reduction Strategies (PRS)* sind seit dem Jahr 1999 in über 60

Entwicklungsländern, die Mehrzahl davon in Sub-Sahara Afrika, entwickelt worden. Vom Kölner Weltwirtschaftsgipfel 1999 angeregt, wurden die Strategien vom IWF und der Weltbank als Voraussetzung für Schuldenerlasse und für neue konzessionäre Entwicklungsgelder eingeführt.

Mit den Armutsstrategieprozessen wurde die Bedeutung und Rolle des Staates in der Entwicklungspolitik des Südens gestärkt. Nach der neoliberalen Phase der Entwicklungspolitik in den 1980er und frühen 1990er Jahren, in der die Rolle des Staates mächtig beschnitten wurde, wuchs die Erkenntnis bei den Gebern einschließlich IWF und Weltbank, dass die Märkte allein es nicht richten würden. Schon in den frühen 1990er Jahren hatte hierzu in der Weltbank ein Umdenken eingesetzt, das ab 1995 mit ihrem neuen Präsidenten Wolfensohn einen aktiven Protagonisten fand. Er machte sich für eine einflussreiche und unabhängigere Rolle der Regierungen im Süden, insbesondere auch in Afrika, stark. Nicht zufällig unterstrich der Weltentwicklungsbericht der Weltbank im Jahr 1997 die Notwendigkeit eines starken Staates in Entwicklungsprozessen. Wolfensohn – und mit ihm viele Geber – fanden in Afrika insbesondere in Uganda ein Beispiel für eine proaktive Regierung, die den Entwicklungsprozess des Landes seinerzeit vehement und glaubwürdig vorantrieb. Uganda lieferte 1997 mit seinem *Poverty Eradication Action Plan (PEAP)* die Vorlage für den 1999 global beschlossenen Ansatz der strategischen Armutsbekämpfung, gesteuert durch handlungsfähige staatliche Akteure. Nicht die Frage, *ob* der Staat der zentrale Akteur von Entwicklungsprozessen sei, steht nunmehr im Mittelpunkt, sondern die Frage, *wie* er seine Rolle ausfüllt (und damit die Frage nach guter Regierungsführung, *Good Governance*).

Die neuen Armutsstrategien sind von den Entwicklungsländern in Eigenverantwortung und unter Beteiligung gesellschaftlicher Gruppen zu entwickeln und sollen (inzwischen, das war nicht von Anfang an intendiert) systematisch auf die Millenniumsziele ausgerichtet sein. Die PRS werden in einem laufenden Prozess beobachtet, ausgewertet und angepasst; alle drei bis fünf Jahre schlägt sich dies nach einer umfassenden Evaluierung in einer neuen »Generation« der Strategie nieder (siehe Schaubild *Der PRS-Zyklus*). Die Armutsstrategien umfassen in der Regel sechs Elemente: Erstens eine Armutsanalyse, zweitens die Zielsetzung, drittens die Instrumente und Maßnahmen zur Reduzierung der Armut, viertens Angaben zu den Kosten der Strategie, die Ermittlung der eigenen Ressourcen und der zu erwartenden Höhe externer finanzieller und technischer Unterstützung, fünftens die Beschreibung des partizipativen Prozesses der Erarbeitung der PRS und sechstens die Darlegung des geplanten Monitorings.

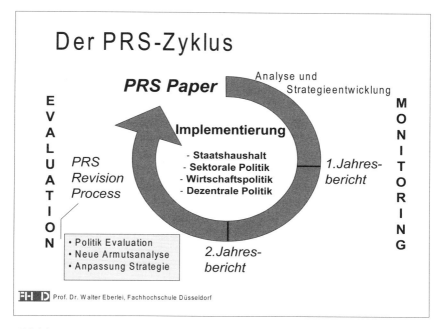

*Abbildung 1: Der PRS-Zyklus*

Eine Bilanz des PRS-Ansatzes, gar mit abschließender Bewertung, ist auch zehn Jahre nach Einführung dieses Instruments nicht möglich. Von der Formulierung eines Strategiepapiers über die Entwicklung von Politikmaßnahmen über die Implementierung dieser Maßnahmen auf lokaler Ebene bis hin zu einer messbaren Wirkung für die Armen vergehen etliche Jahre. Gleichwohl verdeutlichen die durch die PRS stark intensivierten Anstrengungen im Bereich der Armutsbekämpfung, dass das Problem inzwischen in den Mittelpunkt weltweiter Aufmerksamkeit, aber auch in das Zentrum der Politik vieler Regierungen in Entwicklungsländern gerückt ist. Bis Frühjahr 2009 hatten 67 Länder eine Strategie der Armutsbekämpfung vorgelegt, 55 davon als Vollversion, die anderen in der Entwurfsfassung. Von den 67 Ländern liegen 34 in Afrika, 13 in Asien, sieben in Lateinamerika, zwei im Nahen Osten; elf PRS-Länder sind Transformationsstaaten. 41 von ihnen haben mindestens einen Fortschrittsbericht vorgelegt, d. h. hier ist auch tatsächlich schon über die Implementierung der Strategie berichtet worden.

Dennoch: PRS sind zunächst einmal Strategiepapiere und Papier ist geduldig. Die Umsetzung der darin enthaltenen Ansätze unterliegt zahlreichen

Schwierigkeiten (dazu ausführlicher Kapitel 4). Zu den wichtigsten Faktoren, die eine armutsorientierte Regierungspolitik erschweren, zählen: mangelnde Kapazitäten, technische Fehler, unzureichende Finanzmittel einschließlich einer zu geringen oder schlecht koordinierten Unterstützung durch die internationalen Geber, nicht zuletzt aber schlicht fehlender politischer Wille. Die Umsetzung von Armutsstrategien findet nicht in einem politischen Vakuum statt. Auch wenn Menschen in Armut oder gar extremer Armut in vielen Entwicklungsländern eine Mehrheit der Bevölkerung stellen, so entspricht ihr politischer Einfluss nicht diesen Mehrheitsverhältnissen. Politische Eliten, wirtschaftliche Oberschichten, aber auch die in einigen Ländern wachsenden städtischen Mittelschichten können ihre Interessen weitaus effektiver in politische Prozesse einspeisen als Arme. Es war deshalb von vorneherein vorgesehen, dass die PRS-Prozesse in starkem Maße partizipativ organisiert werden sollten, um den armen Bevölkerungsmehrheiten eine bessere Stimme im Kampf um Einfluss, Entscheidungen und Finanzmittel zu geben. Kapitel 5 wird der Frage nachgehen, inwieweit diese neuen Vorstellungen Eingang in die entwicklungspolitische Wirklichkeit gefunden haben.

## Meilensteine einer neuen Entwicklungszusammenarbeit

Mit der Verabschiedung der Millenniumsziele ist die Armutsbekämpfung in das Zentrum aller programmatischen Aussagen der Geber gerückt. Es wurde, wie das deutsche Entwicklungsministerium es formuliert, zum »überwölbenden Ziel« aller Entwicklungspolitik. Mit den etwa zeitgleich eingeführten *Poverty Reduction Strategies* wurde anerkannt, dass die Länder des Südens ihre eigenen Entwicklungswege und –strategien formulieren und verantworten müssen. Die Industrieländer verpflichteten sich auf dieser Basis, ihre finanziellen Anstrengungen zur Unterstützung der Armutsbekämpfung deutlich auszuweiten.[11] Ein altes Ziel wurde wieder auf die Tagesordnung gestellt und nun erstmals mit Datum versehen: Bis zum Jahr 2015 wollen die Industrieländer Entwicklungshilfe in Höhe von 0,7 Prozent des Bruttosozialprodukts leisten. Doch nicht nur quantitativ, auch qualitativ soll sich die Entwicklungszusammenarbeit verändern. In den von Regierungen in Nord und Süd gemeinsam verabschiedeten Erklärungen von Paris (2005) und Accra (2008) zur Steigerung der Wirksamkeit von Entwicklungszusammenarbeit verpflichten sich die Geber auf die Anerkennung einer Reihe von neuen Prinzipien, die sich seit

---

[11] Unter anderem durch Beschlüsse der UN-Konferenz in Monterrey 2002, des G-8-Gipfels in Schottland 2005 sowie der Europäischen Union 2005/06.

Ende der 1990er Jahre nach und nach etabliert hatten (siehe Textbox 4).[12] Die Geber bekräftigten nun die Eigenverantwortung der Entwicklungsländer. Sie sagten zu, ihre Entwicklungspolitik auf die Armutsbekämpfungsstrategien der Nehmerländer auszurichten und diese künftig in enger Abstimmung untereinander zu implementieren. Dabei sei die Frage nach Wirkungen in den Mittelpunkt zu stellen; für diese erklärten sich beide Seiten verantwortlich. Das heißt: Alle Maßnahmen der Geber in einem betreffenden Land sollen dazu dienen, die Umsetzung der vom Land selber erarbeiteten Armutsbekämpfungs- oder Entwicklungsstrategie koordiniert und wirkungsorientiert zu unterstützen.

---

**4**

**Die Prinzipien der Pariser Erklärung über die Wirksamkeit der Entwicklungszusammenarbeit**

**Eigenverantwortung** *(ownership)*: Die Partnerländer übernehmen eine wirksame Führungsrolle bei ihren Entwicklungspolitiken und -strategien und koordinieren die entwicklungspolitischen Maßnahmen.

**Partnerausrichtung** *(alignment):* Die Geber gründen ihre gesamte Unterstützung auf die nationalen Entwicklungsstrategien, -institutionen und -verfahren der Partnerländer.

**Harmonisierung** *(harmonization)*: Die Aktionen der Geber sind besser harmonisiert und transparenter und führen zu einer kollektiv größeren Wirksamkeit.

**Ergebnisorientiertes Management** *(managing for results):* Ergebnisorientierung beim Ressourcenmanagement und entsprechende Verbesserung der Entscheidungsprozesse.

**Gegenseitige Rechenschaftspflicht** *(mutual accountability)*: Geber wie Partnerländer legen Rechenschaft über die Entwicklungsergebnisse ab.

Quelle: Erklärung von Paris über die Wirksamkeit der Entwicklungszusammenarbeit, Paris 2005 (Deutsche Übersetzung durch OECD)

---

Die Absicht, die Entwicklungszusammenarbeit in dieser Weise neu ausrichten zu wollen, bedeutet eine Abkehr von der bis dahin üblichen Praxis der EZ. In den 1980er und 1990er Jahren basierte die Zusammenarbeit zwischen internationalen Akteuren und den Regierungen in Afrika inhaltlich stets auf den Konzepten der Geber. Insbesondere die von IWF und Weltbank entworfenen

---

[12] Quellenhinweise zu den hier zitierten Dokumenten im Literaturverzeichnis. – Verschiedene Prinzipien waren schon bei der Verabschiedung des PRS-Ansatzes 1999 formuliert worden oder hatten andernorts Eingang in die Geberpolitik gefunden, zum Beispiel in die OECD-Richtlinien für die strategische Armutsbekämpfung (OECD 2001).

Blaupausen hinsichtlich makroökonomischer Rahmenbedingungen und sektoraler Strategien (die *Policy Framework Paper*) setzten allen Kooperationen klare Ziele und Grenzen. Programme und Projekte im Rahmen der Entwicklungszusammenarbeit wurden im Wesentlichen von Gebern konzipiert. Häufig geschah das unter dem Deckmantel von Bedarfsanzeigen der Regierungen. Diese wurden jedoch oft von internationalen Entwicklungsexperten formuliert, die als Berater in allen Ministerien und Institutionen saßen. Die diversen Länderstrategien der Geber verdeutlichten, was diese fördern wollten und was nicht. Diese geberdominierte Strategieentwicklung machte eigenständigen Politikentwürfen, so sich diese in Afrika nach der Unabhängigkeit zaghaft entwickelt hatten, fast überall ein Ende (vgl. van de Walle 2001, 228).[13]

Während die Geber die Inhalte entwicklungspolitischer Arbeit in dieser Phase fest in den Griff nahmen, war die Praxis der Entwicklungszusammenarbeit von einem nicht zu durchschauenden Wirrwarr an Prinzipien und Verfahren geprägt.[14] Diese untergruben – sicher nicht beabsichtigt, aber systematisch und nachhaltig – die Planungs- und Handlungskapazitäten afrikanischer Regierungen. Zu dem Chaos der Entwicklungsarbeit trugen verschiedene Faktoren bei:

– die mangelhafte oder schlicht fehlende Koordination der Geber untereinander;
– kleine und isolierte bilaterale Projekte, durchgeführt nach Geberprioritäten; nicht selten im konzeptionellen Konflikt mit den Vorhaben anderer Geber;
– eine rapide Vermehrung und Verbreitung von EZ-Agenturen mit ihren je eigenen Prozeduren und damit auch die Proliferation ihrer Vorhaben und Interventionen, die vielfältige Koordinationsprobleme und erhebliche zusätzliche administrative Lasten verursachten;
– Entwicklungshilfe außerhalb des nationalen Haushalts, schwer oder gar nicht kalkulierbar und nur mühsam zu überwachen – und damit auch leichte Beute für Regierungsangehörige, um damit ihre klientelistischen Netzwerke zu füttern.

---

[13] Begleitet wurde dies von einem deutlichen Anstieg der EZ-Zuflüsse, der den Interessen der Eliten und ihrem politischen Überleben außerordentlich förderlich war (vgl. Chabal/Daloz 1999, 120-123). Van de Walle führt den Nachweis, dass politische Eliten nicht nur in der Lage waren, die externen Reformanstöße in einer Weise abzufedern, die eine substantielle Reduzierung ihrer Macht verhinderte. Mehr noch: Es gelang ihnen, die Geberpolitik so zu nutzen, dass ihre eigene Machtbasis – und ihr eigener Zugang zu den Ressourcen – gestärkt wurde (2001, 273 f.).

[14] Beispiele finden sich u. a. in van de Walle (2001, 200-201), Chabal/Daloz (1999, 121); OECD (2001, 80-81); Booth (2003, 152); Klingebiel (2003, S.2 f.).

All dies soll sich nun in Folge der Vereinbarungen von Paris 2005 ändern. Was von diesen hehren Zielen Eingang in die Wirklichkeit gefunden hat, wird zu diskutieren sein: Das Kapitel 6 ist dieser Frage gewidmet.

Wie bei den Millenniumszielen ist allerdings auch bei der Pariser Deklaration nicht nur ihre Umsetzung zu beachten, sondern auch die Frage, was erst gar keinen Eingang in die Erklärung gefunden hat – und damit droht, von Gebern künftig vernachlässigt zu werden. So gibt es auch in der Pariser Erklärung – wie in den Millenniumszielen, anders als in der Millenniumserklärung – keinen Bezug auf einen menschenrechtlichen Ansatz der Entwicklungszusammenarbeit. Das in der Millenniumserklärung erneut bekräftigte Recht auf Entwicklung (siehe Textbox 3) wird in der Pariser Erklärung nicht erwähnt. Kritische Stimmen meinen gar, dass die Pariser Erklärung hinter wesentliche Elemente des Rechts auf Entwicklung zurückfalle und dieses damit aushöhle (Bissio 2008). Andere beklagen den engen Fokus der Deklaration. Wesentliche Ziele der internationalen Gemeinschaft, so wie sie von den UN-Konferenzen der 1990er Jahre formuliert worden waren, werden in dem Dokument nicht angesprochen. Der deutsche NRO-Verband VENRO kritisiert zum Beispiel, dass »Fragen sozialer Gerechtigkeit und der Geschlechtergerechtigkeit, der Schutz natürlicher Ressourcen sowie Friedenssicherung und Konfliktprävention« in der Pariser Erklärung »nicht hinreichend adressiert« werden. Ferner moniert VENRO, dass die »demokratische Eigenverantwortung« der Länder vernachlässigt werde, d. h. die Einbeziehung von Parlamenten und Zivilgesellschaften in Entwicklungsprozesse (VENRO 2008).

## 1999 – 2009: Grundlegende Veränderungen?

Die Jahrtausendwende stellt zweifelsohne eine entwicklungspolitische Zäsur dar. Mit der Einführung der Millenniumsziele und der Armutsstrategieprozesse, der Vereinbarung über eine Erhöhung der Entwicklungshilfe und weitreichende qualitative Reformen in der EZ sind zahlreiche traditionelle Ansätze der Entwicklungsarbeit abgelöst worden. Die kritischen Stimmen zu den Millenniumszielen und der Pariser Erklärung schütten zwar einigen Wasser in den Wein, gleichwohl: Die neuen programmatischen Ansätze stellen eine klare Absage an die neoliberalen Konzepte der 1980er und frühen 1990er Jahre dar, kehren aber auch nicht zu den staatsinterventionistischen Konzepten afrikanischer Regierungen in den 1960er und 1970er Jahren zurück. Die Bekämpfung extremer Armut steht auf Platz 1 der Entwicklungsagenda und wird durch einen strategischen Ansatz implementiert. Eine starke Rolle staatlicher Akteure in den Entwicklungsländern selbst steht dabei nicht mehr in Frage, im Gegenteil: sie wird erwartet. Die Geber stellen sich in die zweite Reihe, wollen unterstützen, nicht den Kurs vorgeben, sagen sie. Die Entwicklungsarbeit hat eine Zielorientierung erfahren, ihr Erfolg wird an definierten Indikatoren gemessen.

Man kann und muss über viele Aspekte des neuen Ansatzes streiten: Sind die Ziele ehrgeizig genug? Werden die Finanzmittel ausreichen? Verändern die Geber, allen voran IWF und Weltbank, ihre Politik tatsächlich, oder bleiben Bekundungen über das Primat der Armutsbekämpfung, die Anerkennung nationaler Strategien, die Harmonisierung der Geberarbeit, die Erhöhung der Finanzmittel und anderes mehr auf dem Papier? Unterstützen die Geber demokratische Eigenverantwortlichkeit, gesichert durch Parlamente und kritische Öffentlichkeiten, oder hängen sie ihren traditionellen Interventionen in die Politik der Länder lediglich den Mantel der »gemeinsamen Verantwortung« über? Lassen sich die Regierungen im Süden tatsächlich auf einen nachhaltig entwicklungsorientierten Kurs verpflichten? Sind sie vor allem bereit, Rechenschaft über ihre Politik gegenüber ihren Bevölkerungen abzulegen oder orientieren sie ihr Handeln weiterhin an den Vorgaben der Geber und versteckten Interessen der Eliten?

All dies ist zu diskutieren. Die dem Buch zugrunde liegende These ist jedoch, dass zur Millenniumswende Weichenstellungen vorgenommen wurden, die der Entwicklungspolitik des 21. Jahrhunderts – speziell in Afrika – eine neue Richtung geben.

# Kapitel 3

# Eine Dekade sozio-ökonomischer Umbrüche in Sub-Sahara Afrika

In den Jahren seit der Millenniumswende – das heißt nach den *verlorenen Dekaden* der 1980er und 1990er Jahre – haben viele Länder Sub-Sahara Afrikas einen wirtschaftlichen und sozialen Aufwärtstrend zu verzeichnen. In den nächsten beiden Abschnitten wird zunächst eine Zwischenbilanz dieser Jahre gezogen, bevor gefragt wird, welche Auswirkungen die aktuelle Weltwirtschaftskrise auf diese Entwicklungen hat.

## Ökonomische Trends

Zwischen den Jahren 2000 und 2008 lag die jährliche Wachstumsrate des Bruttosozialprodukts in Sub-Sahara Afrika stets bei über drei Prozent und damit weit über dem Durchschnitt der 1990er Jahre. In den Jahren 2004-2008 konnten sogar Raten über fünf, zeitweise über sechs Prozent verzeichnet werden. Auch beim Pro-Kopf-Einkommen ist ein deutlicher Trendwechsel zu verzeichnen: Während das volkswirtschaftliche Einkommen Sub-Sahara Afrikas, umgerechnet auf die Bevölkerungszahl, in den 1980er und 1990er Jahren im Durchschnitt sank (!), legt es seit dem Jahr 2000 zu. In den Jahren 2004-2007 konnten sogar Pro-Kopf-Wachstumsraten von mehr als drei Prozent erreicht werden – ein solcher Zuwachs ist in der Zeitspanne 1980 bis 1999 in keinem einzigen Jahr festgestellt worden. Natürlich spiegelt das Pro-Kopf-Einkommen nicht die reale Einkommensverteilung und sagt damit auch nicht automatisch etwas darüber aus, ob Arme vom Wirtschaftsboom profitierten. Dennoch: Der Spielraum für die Verteilung von Zuwächsen ist größer geworden. Ob das Wachstum tatsächlich armutsorientiert ist *(pro-poor growth)*, ist umstritten und weder belegt noch widerlegt. In einzelnen Ländern sind Effekte jedoch erkennbar: So ist Ghana – ein Land mit anhaltendem Wirtschaftswachstum – das erste

Land in Afrika, das das erste Millenniumsziel erreicht hat: Ghana reduzierte den Anteil der in extremer Armut lebenden Bevölkerung um die Hälfte.

Es gibt eine Reihe weiterer Indikatoren, die die positiven wirtschaftlichen Trends in Afrika in den ersten Jahren des neuen Jahrhunderts spiegeln: Mehr als 30 Länder Sub-Sahara Afrikas konnten im Zeitraum 2002-2006 ihre Exporte um jährlich mehr als zehn Prozent steigern.[15] Die Investitionen aus dem Ausland haben sich in der Mehrzahl der Länder erhöht (in 13 Ländern verdoppelten oder verdreifachten sich die Auslandsinvestitionen im Zeitraum 2001-2006). Die Ausbreitung von Mobiltelefonen ist ein Indikator für höhere wirtschaftliche Aktivität, aber auch gewachsenem Konsum im Bereich der Telekommunikation: Der Anteil der mobil telefonierenden Bevölkerung in Sub-Sahara Afrika stieg von zwei Prozent (2000) auf 21,7 Prozent (2006). Afrika auf dem Wachstumspfad?

Der genauere Blick darauf, wie Wachstum in Afrika zustande kommt, relativiert die optimistischen Perspektiven allerdings und zeigt auf, wie krisenanfällig die wirtschaftliche Entwicklung des Kontinents ist. Beobachter sind sich zwar einig darin, dass wirtschaftspolitische Reformen in einer Reihe von Ländern positiv zur Entwicklung beigetragen haben. Allerdings: In vielen Ländern beruht das Wachstum vor allem auf höheren Erlösen aus Rohstoffexporten. Vielfach ist die durch das asiatische Wirtschaftswachstum beflügelte Nachfrage nach Rohstoffen für die industrielle Fertigung dafür verantwortlich (z. B. die Nachfrage nach Kupfer, von der Sambia stark profitierte). Aber auch Bodenschätze (wie Öl, Gold und andere) und landwirtschaftliche Produkte verkauften sich in den vergangenen Jahren deutlich besser: mehr Nachfrage, höhere Preise.

Dagegen ist die industrielle Produktion in den Niedrigeinkommensländern in Afrika weiterhin gering. Im Durchschnitt ist nur 10-12 Prozent des Bruttosozialprodukts dem verarbeitenden Gewerbe zuzuschreiben. Der Löwenanteil der volkswirtschaftlichen Leistungen wird weiterhin im primären Bereich erzielt, also durch landwirtschaftliche Produkte und den Bergbau. Entsprechend sind Rohstoffe auch weiterhin die am meisten exportierten Güter, in den meisten Ländern sind sie für 70-80 Prozent der Exporterlöse verantwortlich.

Diese Wirtschafts- und Exportstruktur macht Afrika in starkem Maße anfällig für exogene Schocks, insbesondere einen Rückgang in der Nachfrage nach seinen Exportprodukten, der sich dann zusätzlich in der Regel in einem Preisverfall ausdrückt (vgl. unten zu den aktuellen Entwicklungen 2008/2009).

---

[15] Daten in diesem Absatz nach ADB et al 2008, 32, 42, 658, 662; weitere Daten im Abschnitt nach World Bank 2008 *(World Development Indicators, Online)*.

Die einseitige Produktions- und Exportstruktur, zu weiten Teilen ein koloniales Erbe, prägt die Entwicklungschancen Sub-Sahara Afrikas seit der Unabhängigkeit. Und wie in den 1960er und 1970er Jahren, als Regierungen wenig oder nichts dazu beitrugen, die Zeit hoher Exporterlöse aufgrund guter Weltmarktpreise für ihre Rohstoffe dafür zu nutzen, eine verarbeitende Industrie zu fördern, so scheinen auch in den vergangenen Jahren viele Länder des Subkontinents es nicht oder nur in geringem Maße geschafft zu haben, hohe Exporterlöse für den Aufbau nachhaltiger Wirtschaftsstrukturen zu nutzen. Sollte sich diese Prognose bestätigen, wären einerseits eine verfehlte Wirtschaftspolitik, andererseits aber auch anhaltende Benachteiligungen afrikanischer Länder auf den Weltmärkten als Ursachen dafür zu benennen.

Dabei entwickelten sich auch die finanziellen Rahmenbedingungen für eine proaktive Wirtschaftspolitik afrikanischer Regierungen gut. Neben erhöhten Einnahmen aus Exporterlösen sowie gestiegenen Einnahmen aus der Entwicklungszusammenarbeit traditioneller Geber und auch »neuer Geber« wie China und Indien haben vor allem auch die Schuldenerlasse für Afrika positive Wirkung gezeigt. Während sich die Finanzlage afrikanischer Regierungen in den 1980er und 1990er dramatisch verschlechterte, konnten die öffentlichen Haushalte in vielen afrikanischen Ländern in jüngster Zeit konsolidiert werden (Siebold 2008, 40).

Nach Angaben des IWF wirken sich insbesondere die Schuldenerlasse im Rahmen der erweiterten HIPC-Initiative (1999) sowie der Multilateralen Entschuldungsinitiative (2005) positiv auf die Haushalte afrikanischer Regierungen aus (Espejo/Unigovskaya 2008). Für die 26 Länder in Afrika, die bereits in den vollen Genuss der Schuldenerlasse beider Initiativen kamen, haben sich Schuldenstände und Schuldendienste deutlich reduziert. Im Zeitraum 1999 bis 2006 sank der Anteil der staatlich geleisteten Schuldendienste dieser Länder am Bruttosozialprodukt um durchschnittlich drei Prozentpunkte. Beispiel Ghana: Nach einem substantiellen Schuldenerlass im Jahr 2004 gilt die Finanzkrise des Landes als bewältigt: Während der Schuldenstand Ghanas im Jahr 2000 126,6 Prozent des jährlichen Bruttoinlandsprodukts ausmachte, halbierte sich dieses Verhältnis im Jahr 2005 auf 64 Prozent. Der Schuldendienst an ausländische Gläubiger, der im Jahr 2000 rund 15 Prozent der Exporterlöse und in den 1990er Jahren teilweise über 30 Prozent der Exporte betrug, sank im Jahr 2006 auf 4,9 Prozent – und gilt als nachhaltig tragfähig. Ghana ist inzwischen wieder auf den internationalen Märkten kreditwürdig. Ob sich dieses positive Bild in Zeiten der Weltwirtschaftskrise halten kann, wird abzuwarten bleiben.

Eine Zwischenbilanz ökonomischer Trends der Jahre 2000 bis 2008 kann ein überwiegend positives Bild zeichnen. Ein differenzierender Blick darf allerdings die teilweise stark unterschiedliche ökonomische Entwicklung von einzelnen Ländern nicht übersehen. Die kritische Analyse wird auch die strukturelle Einseitigkeit der Wachstumsprozesse und damit die Anfälligkeit für extern verursachte Krisen berücksichtigen. Dennoch gilt es zunächst festzuhalten: Im Vergleich zu den 1980er und 1990er Jahren hat Sub-Sahara Afrika in den vergangenen zehn Jahren wichtige Fortschritte in der wirtschaftlichen Entwicklung zu verzeichnen.

## Soziale Trends

Mehr als die Hälfte der Bevölkerung in Sub-Sahara Afrika kämpft mit einem Einkommen von weniger als 1,25 US-Dollar pro Tag um ihr Überleben. Das ist auch im Vergleich zu anderen Weltregionen ein trauriger Spitzenplatz. Afrika ist damit weiterhin als *das* Armenhaus der Welt zu bezeichnen (vgl. Textbox 5).

Doch wie haben sich die sozialen Lagen in Afrika in den vergangenen Jahren entwickelt? Welche Trends sind auf dem Weg zur Erreichung der UN-Millenniumsziele zu erkennen? Während einige Beobachter ein eher düsteres Bild zeichnen (vgl. z. B. Martens 2007, Siebold 2008), legte eine Arbeitsgruppe der Vereinten Nationen zur Halbzeit des MDG-Prozesses ein insgesamt ermutigendes Ergebnis vor:

> In recent years important success stories have emerged from across Africa that are sometimes hidden beneath the aggregate picture. With the exception of MDG 5 — reducing maternal mortality — each Goal will be met in many African countries thanks to carefully designed programmes and sound policies that are backed by strong government leadership and effective support from the international community. (UN MDG Africa Steering Group 2008, 3)

Fest steht: Innerhalb Sub-Sahara Afrikas gibt es signifikante Unterschiede zwischen verschiedenen Ländern, Erfolge hier, Rückschritte dort. Die nachfolgende Bilanzierung der ersten sechs Millenniumsziele wird dies verdeutlichen.[16]

---

[16] Vgl. die Übersicht zu den Millenniumszielen in der Textbox im vorangegangenen Kapitel. Die ersten sechs Ziele spiegeln vor allem soziale Herausforderungen, während Ziel 7 das wichtige Thema der Nachhaltigkeit bearbeitet und das Ziel 8 auf die für die Erreichung der anderen Ziele notwendige globale Kooperation verweist (dazu Kapitel 6).

# 5

### Armutslagen weltweit

Weltweit leben gegenwärtig 1,4 Milliarden Menschen in extremer Armut. Den Daten der Weltbank zufolge ist die Zahl der extrem Armen rückläufig: Sie sank weltweit seit dem Jahr 1990 um mehr als 400 Millionen Menschen; der Anteil extrem Armer an der Weltbevölkerung ging von 41,6 auf 25,2 Prozent zurück (Chen/Ravaillon 2008, 31). Ein genauerer Blick zeigt allerdings, dass diese Entwicklung weitgehend auf Erfolge bei der Armutsbekämpfung in China und anderen ostasiatischen Ländern zurückzuführen ist. Auch in Südasien sowie in Lateinamerika ist der Anteil der in extremer Armut lebenden Menschen an der Gesamtbevölkerung zurückgegangen, wenngleich nicht so stark wie in China. Insbesondere in Afrika südlich der Sahara ist die Lage jedoch kritisch (siehe Haupttext).

Trotz dieser gemischten Bilanz hinsichtlich der ökonomischen Armutsdaten können die in den vergangenen Jahrzehnten erreichten weltweiten sozialen Fortschritte nicht übersehen werden. In den sozialen Kernbereichen sind langfristige positive Trends zu verzeichnen: So ist der Anteil der Schülerinnen und Schüler, die eine Grundschule abschließen, seit dem Jahr 1990 in allen Teilen der Welt gestiegen. Ebenso kann seither weltweit ein Rückgang der Kindersterblichkeit verzeichnet werden. Und auch die Lebenserwartung steigt fast überall weiter an – Ausnahme bei diesem Indikator ist einmal mehr Sub-Sahara Afrika, wo die Lebenserwartung vor allem aufgrund der HIV/AIDS Pandemie von 51 auf 46 Jahre sank.

Weltweite Armutslagen müssen nicht nur nach unterschiedlichen Kontinenten und Ländern oder innerstaatlich nach verschiedenen Regionen differenziert werden. Auch ist zwischen verschiedenen Bevölkerungsgruppen zu unterscheiden. Ein ganz wichtiger Unterschied ist weltweit zwischen Männern und Frauen festzustellen. Von den 1,4 Milliarden Menschen weltweit, die unter der extremen Armutsgrenze leben, sind 70 Prozent Frauen. Frauen erhalten nur 10 Prozent des Welteinkommens und verfügen nur über ein Prozent des Weltvermögens. Eine Milliarde Menschen weltweit sind Analphabeten, zwei Drittel davon sind Frauen. Frauen sind durch Schwangerschaften besonders gefährdet: Jede Minute stirbt eine Frau während der Geburt. Oftmals sind dies Mädchen und junge Frauen zwischen 15 und 19 Jahren. Nur 58 Prozent der Geburten in Entwicklungsländern finden mit Hilfe einer ausgebildeten Hebamme oder einer Ärztin statt. Neben Frauen sind insbesondere Kinder sowie – zunehmend – alte Menschen von extremer Armut betroffen.

Ziel 1: Bekämpfung von extremer Armut und Hunger

Das erste Millenniumsziel befindet sich üblicherweise im Fokus aller Diskussionen über Fortschritte in der Armutsbekämpfung. Bis zum Jahr 2015, so das

Ziel der Weltorganisation, soll der Anteil derer, die unter extremer Armut und Hunger leiden, halbiert werden. Basisjahr ist dafür das Jahr 1990. Als Unterziele wurden vereinbart: die Halbierung des Anteils der Menschen in extremer Einkommensarmut sowie die Halbierung des Anteils der Menschen, die an Hunger leiden.[17]

In der Textbox 5 wurde bereits darauf hingewiesen, dass weltweit gegenwärtig etwa 1,4 Milliarden Menschen in extremer Armut leben. Den Daten der Weltbank zufolge ist die Zahl der extrem Armen rückläufig. Zwischen 1990 und 2005 sank sie weltweit um mehr als 400 Millionen Menschen; der Anteil extrem Armer an der Weltbevölkerung ging in diesem Zeitraum deutlich zurück (siehe Tabelle 1).

| Tabelle 1 **MDG 1: Armut und Hunger halbieren** ||||
|---|---|---|---|
| Hier verwendeter Indikator: Menschen unterhalb der Grenze extremer Armut (1,25 USD/pro Tag) ||||
| | 1990 | 1999 | 2005 |
| Entwicklungsländer gesamt (in % der Bevölkerung) | 41,6 | 33,7 | 25,2 |
| Sub-Sahara Afrika (in % der Bevölkerung) | 57,9 | 58,2 | 51,2 |
| (in Millionen) | 299 | 381 | 390 |
| (Quelle: Chen/Ravaillon 2008, 31, 33, 37) Beispielhafte Fortschritte: Mosambik reduzierte den Anteil der Armen in den vergangenen Jahren um mindestens 15 Prozentpunkte, Malawi um 12 Prozentpunkte. Ghana hat den Anteil der Armen im Vergleich zu 1990 sogar halbiert, MDG 1 damit bereits erreicht. Länderdaten aus diversen Quellen; Details: www.eberlei.de/afrika ||||

Bezogen auf den Anteil der Armen an der Bevölkerung ist Sub-Sahara Afrika also ohne jeden Zweifel die ärmste Region der Welt. Und bis Ende der 1990er Jahre zeigte sich auch der Trend ungebremst negativ: Die Zahl der in extremer Armut lebenden Menschen stieg in den 1990er um 80 Millionen an und erreichte einen Bevölkerungsanteil von 58,2 Prozent. Doch dann kippte der Trend. Der Anteil der extrem Armen sank auf »nur« noch 51,2 Prozent im Jahr 2005.[18]

---

[17] In der 2008 erfolgten Erweiterung der Millenniumsziele wurde noch ein neues Unterziel eingefügt. Erreicht werden soll demnach auch eine *Produktive Beschäftigung für alle,* ausdrücklich *einschließlich Frauen und Jugendliche.*

[18] Die *absolute Zahl* der in Armut lebenden Menschen auf dem afrikanischen Kontinent ist aber auch seit 1999 noch um zehn Millionen angestiegen, eine im Vergleich zum

Ein Blick auf einzelne Länder macht deutlich, dass die Entwicklung der Armutsraten sich in Sub-Sahara Afrika sehr unterschiedlich darstellt. Der größte Erfolgsfall ist Ghana (vgl. Textbox 6). Wie schon erwähnt, ist es dem westafrikanischen Land inzwischen gelungen, seine Armutsrate etwa zu halbieren und damit das erste Millenniumsziel schon zu erreichen! Auch eine Reihe weiterer Länder melden positive Trends. Gemessen an der jeweiligen nationalen Armutsrate haben zum Beispiel Lesotho, Malawi, Mosambik, Kamerun oder Kapverden den Anteil von Menschen in extremer Armut um jeweils mehr als zehn Prozentpunkte seit 1999 senken können. Für wenige Länder deuten die Daten darauf hin, dass die Einkommensarmut in den Jahren seit 1999/2000 gestiegen ist oder einfach stagniert (z. B. Benin und Niger). Es steht zu vermuten, dass eine Reihe der Länder, die keine aktuellen Daten veröffentlicht haben, negative Trends zu verzeichnen haben. Das Gesamtbild ist also sehr gemischt.

Dass sich die Einkommensarmut auch *innerhalb* der Länder sehr unterschiedlich verteilen kann, ist schon in der Textbox am Beispiel Ghanas erläutert worden. Für andere Länder sind ähnliche Abweichungen typisch. Diese müssen nicht nur geographische Ursachen haben, sondern können zum Beispiel auch mit Verkehrswegen zusammenhängen: In Sambia zum Beispiel ist nicht nur das übliche Stadt-Land-Gefälle festzustellen. Die Armut vergrößert sich auch mit der Distanz zwischen dem Lebensort der Menschen und der Eisenbahnlinie, die sich aus dem Kupfergürtel im Norden nach Süden zieht; an ihr liegt nicht nur die Hauptstadt Lusaka, hier befinden sich auch alle anderen wirtschaftlich bedeutsamen Städte und Orte. Gender-Disparitäten sind ein anderer, zu nennender Faktor: Auch wenn keine flächendeckenden Daten vorhanden sind, wird anhand zahlreicher Einzelfallstudien jedoch deutlich, dass zum Beispiel (allein) von Frauen geführte Haushalte *(female-headed households)* wesentlich geringere Einkommen zur Verfügung haben als solche Haushalte, in denen beide Elternteile leben. Auch diese Disparität wird bei den nachfolgenden Indikatoren zu Millenniumszielen immer wieder zu konstatieren sein.

---

Anstieg der 1990er Jahre allerdings nur leichte Erhöhung. Die unterschiedlichen Trends bei absoluten Zahlen und Prozentsätzen erklären sich durch das Bevölkerungswachstum. In Sub-Sahara Afrika geht dieses seit Anfang der 1990er Jahre zwar leicht zurück (von 2,9 Prozent im Jahr 1990 auf 2,4 im Jahr 2007), die Wachstumsraten sind aber weiterhin erheblich und liegen gerade in ärmsten Schichten noch über diesem Durchschnitt. – Wie schwer es ist, das Einkommen von Menschen über die 1,25-Dollar-Grenze zu heben, zeigt die Armutslücke an *(poverty gap),* also die Frage, wie weit Menschen mit ihren Einkommen durchschnittlich von der Armutsgrenze entfernt sind. Nirgends in der Welt ist dieser Abstand so groß wie in Afrika, obwohl er sich – immerhin – verringert.

## 6
### Ghana – die sozio-ökonomische Erfolgsgeschichte in Afrika

Ghana kann auf eine im afrikanischen Vergleich sehr erfolgreiche wirtschaftliche und soziale Entwicklung in den vergangenen zehn Jahren zurück blicken. Das wirtschaftliche Wachstum ist beeindruckend: Seit 2003 legt die Wirtschaft des Landes jedes Jahr mehr als fünf Prozent, in 2006 und 2007 sogar mehr als sechs Prozent zu. Diese Verbesserung spiegelt sich auch im Pro-Kopf-Einkommen, das in den Jahren 2003 bis 2005 um durchschnittlich 3,3 Prozent, in den Jahren 2006 und 2007 sogar um 4,2 Prozent angestiegen ist. Im afrikanischen Vergleich gehört Ghana damit zur Spitzengruppe (wie sich die aktuelle Weltwirtschaftskrise darauf auswirkt, ist noch unklar). Die gute durchschnittliche ökonomische Entwicklung spiegelte sich auch in der Entwicklung der Armutsraten wider: Seit Anfang der 1990er Jahre ist der Anteil der Menschen, die in extremer Armut leben, von 52 Prozent auf 28,5 Prozent in 2005/06 gesunken, nach Angaben der Regierung mit weiter sinkender Tendenz. Ghana ist danach das erste afrikanische Land, das 2007/2008 das erste der UN-Millenniumsentwicklungsziele erreicht hat.

Die positiven ökonomischen Trends verdecken allerdings erhebliche Disparitäten: städtische Regionen profitierten deutlich stärker als ländliche; exportorientierte landwirtschaftliche Sektoren stärker als die Landwirtschaft, die für den Binnenmarkt produziert; der Süden des Landes und die Zentralregion um Kumasi erleben starke wirtschaftliche Dynamiken und einen schnellen Rückgang der Einkommensarmut, während sich die ökonomische Distanz zum armen und in weiten Teilen stagnierenden Norden vergrößert; Frauen haben weniger von den wirtschaftlichen Erfolgen profitiert als Männer. So verbirgt die oben genannte Senkung der Armutsrate insgesamt auf 28,5 Prozent, dass in städtischen Zentren an der Küste nur noch 5,5 Prozent der Menschen unter die Armutsgrenze fallen, im ländlichen Norden dagegen 60,1 Prozent (UNDP 2007, 25).

---

Die unterschiedlichen Entwicklungen in den Ländern Afrikas lassen sich auch beim zweiten Unterziel feststellen: der Halbierung des Anteils der Menschen, die an Hunger leiden. Gemessen an dem Indikator untergewichtiger Kinder bis zum fünften Lebensjahr hat sich die Gesamtsituation in Sub-Sahara Afrika von 1990 bis 2005 nur leicht verbessert, die Zahl sank nach UN-Angaben von 32 auf 28 Prozent. Einige Länder können wiederum auf stabile positive Trends verweisen (darunter Äthiopien, Ghana, Malawi, Senegal und Tansania). Sofern für andere Länder Daten vorliegen, deuten diese in vielen Fällen aber auf nur sehr schwache Verbesserungen oder Stagnation hin. Von einer Halbierung des Anteils der Hungernden ist Sub-Sahara Afrika insgesamt weit entfernt. Und die Vereinten Nationen fürchten, dass der Anstieg der Lebensmittelpreise in den vergangenen Jahren selbst den schwach positiven Trend wieder gestoppt haben könnte (UN 2008a, 10).

Zusammenfassend kann für das Millenniumsziel 1 ein insgesamt nur sehr schwach positiver Trend für Sub-Sahara Afrika ausgemacht werden. Als Region wird das Ziel bis zum Jahr 2015 nicht erreicht. Eine Gruppe von Ländern kann jedoch abweichend davon auf positive Entwicklungen verweisen.

**7**

**Schwache Datenlage**

Die Datenlage zur Erfassung sozialer Trends in Sub-Sahara Afrika ist insgesamt als schwach zu bezeichnen. Für viele Indikatoren zur Messung der Millenniumsziele fehlen für Afrika Daten oder diese sind aufgrund unterschiedlicher Erhebungsweisen nicht vergleichbar. Die Zahlen beispielsweise der UN für die Gesamtregion basieren vielfach auf Extrapolationen bzw. Einschätzungen oder auf wenigen Einzelfallstudien. Nur für eine Minderheit der Länder liegen empirisch erhobene Daten für einen Zeitpunkt ab 2005 vor. Während die Bildungssituation oder auch die Kindersterblichkeit einigermaßen zuverlässig erfasst wird, sind Daten zur Müttersterblichkeit und insbesondere zur HIV/AIDS-Problematik mit vielen Fragezeichen versehen. Auch Informationen über die Einkommensarmut sind spärlich – dafür notwendige Haushaltsbefragungen werden in vielen Ländern aus Kostengründen nur im Abstand mehrerer Jahre durchgeführt.
Zwar gibt es stärker werdende Bemühungen, die schwache Datenlage zu verbessern (UN MDG Africa Steering Group 2008, 21; vgl. auch *Accra Agenda for Action* 2008), die Früchte dieser Bemühungen sind aber bisher begrenzt. Die in diesem Kapitel genutzten Daten zu den MDG-Indikatoren wurden aus einer Vielzahl international verfügbarer Datenquellen zusammengestellt (die wichtigste darunter: die *World Development Indicators (WDI)* der Weltbank), ergänzt durch aufwändige Online-Datenrecherchen für einzelne Länder. Ausführliche Verweise zu den verwendeten Datenquellen auf der Webseite zum Buch: www.eberlei.de/afrika

Ziel 2: Allen Kindern eine Schulausbildung ermöglichen

Bis zum Jahr 2015 sollen weltweit alle Jungen und Mädchen die Chance haben, eine Grundschulausbildung abzuschließen. Weltweit werden große Fortschritte auf dem Weg zu diesem Ziel gemacht. Nach Angaben der Vereinten Nationen werden heute in den meisten Weltregionen über 90 Prozent der Kinder eines Jahrgangs eingeschult und viele Entwicklungsländer sind nahe daran, das Ziel 100 Prozent zu erreichen (UN 2008a, 12 f.). Trotz weltweitem Bevölkerungswachstum ist die absolute Zahl von Kindern, die nicht zur Schule gehen, von 103 Millionen (1999) auf 73 Millionen (2006) gefallen.

Sub-Sahara Afrika liegt allerdings deutlich zurück. Hier werden dem UN-Bericht zufolge bisher erst etwa 70 Prozent der Kinder eines Jahrgangs eingeschult. 38 Millionen Kinder in dieser Region gehen nicht zur Schule. Anders ausgedrückt: Jedes zweite Kind, das weltweit nicht zur Schule geht, lebt in Sub-Sahara Afrika. Allerdings hat sich die Situation in den vergangenen Jahren verbessert: Seit dem Jahr 2000 ist die Einschulungsrate um 13 Prozentpunkte gestiegen.

| Tabelle 2 MDG 2: Grundschulbildung ermöglichen | | |
|---|---|---|
| Hier verwendeter Indikator: Einschulungsraten | | |
| | 2000 | 2006 |
| **Entwicklungsländer gesamt** | 83 | 88 |
| **Sub-Sahara Afrika** | 58 | 71 |
| (Quelle: UN 2008a, 12) Beispielhafte Fortschritte: Madagaskar, Ruanda, Sambia und andere haben den weltweiten Durchschnitt von rund 90 Prozent inzwischen erreicht. Tansania verbesserte die Einschulungsrate von 49,6 (1999) auf 97,8 Prozent (2006). | | |

Um die Fortschritte bei der Erreichung der Millenniumsziele zu bewerten, dürfen aber nicht nur die Einschulungsraten betrachtet werden. Es geht um den Abschluss der Grundschule (und letztlich um ein qualitativ angemessenes Bildungsniveau). Die Daten, dies zu bewerten, sind lückenhaft. Die schwierige Lage in Sub-Sahara Afrika wird aber zum Beispiel dadurch deutlich, dass gegenwärtig nur etwa ein Viertel aller Kinder, die dem Alter nach eine Sekundarschulbildung genießen sollten, tatsächlich auch diese Schulform besuchen. Über 30 Prozent dieser Kinder sind noch in der Grundschule, über 40 Prozent gehen gar nicht (mehr) zur Schule.

Kaum vergleichbare Daten gibt es für die Messung der Qualität von Schulbildung. Durch die Abschaffung von Schulgebühren in einer Reihe von afrikanischen Staaten sind die Einschulungsraten in vielen Ländern sprunghaft gestiegen. Die Anzahl der LehrerInnen und die Ausstattung der Schulen konnten damit aber zumeist nicht mithalten. So hat sich das Schüler/Lehrer-Verhältnis in vielen Ländern verschlechtert. Die Folge sind völlig überfüllte Klassenräume und überfordertes Lehrpersonal – die Abbrecherquote steigt und selbst die, die den Abschluss formal schaffen, dürften in vielen Fällen weniger gelernt haben als ihre Vorgänger in kleineren Klassen. Auch hier gibt es aber wichtige Ausnahmen zu verzeichnen: Länder wie Ghana, Kenia, Mosambik, Ruanda und Tansania konnten das Schüler/Lehrer-Verhältnis trotz gestiegener Schülerzahlen verbessern. Alles in allem wird sich aber erst in ein paar Jahren bewerten lassen, ob zum Beispiel die Analphabetenrate in der Altersgruppe der 15-24jährigen verringert wurde (dies ist ein weiterer Indikator, um die Erreichung der Millenniumsziele zu messen).

Auch für die Bildungssituation ist eine Differenzierung nach Ländern zwingend geboten. Eine Reihe von Ländern in Sub-Sahara Afrika (zum Beispiel Malawi, Madagaskar, Ruanda, Sambia) hat bei der Einschulung inzwischen die 90-Prozent-Marke (weltweiter Durchschnitt) erreicht. In anderen Ländern (darunter Burkina Faso, Eritrea, Niger) sind in den vergangenen Jahren weiterhin nicht einmal die Hälfte der Kinder jemals zur Schule gegangen.

Tansania präsentiert sich einmal mehr als Erfolgsgeschichte. Das Land hat die Einschulungsraten im Primarschulbereich in kurzer Zeit von 49,6 Prozent (1999) auf 97,8 Prozent (2006) fast verdoppeln können – die Abschaffung der Schulgebühren und beachtliche Investitionen in das Bildungssystem zeigen hier deutliche Ergebnisse. Trotz erheblich gestiegener Schülerzahlen hat Tansania die Dauer des Schulbesuchs stabil gehalten: Nach wie vor erreichen etwa 80 Prozent der eingeschulten Schülerinnen und Schüler im Land auch die letzte Klasse der Grundschule (zum Vergleich: Äthiopien 58, Senegal 53, Malawi 36 Prozent).

Keine durchgängig länderspezifischen Daten gibt es darüber, welche Auswirkungen der Wohnort sowie die soziale Lage der Familie auf Besuch oder Nicht-Besuch der Grundschule haben. Auf der Basis zahlreicher einzelner Untersuchungen gehen die Vereinten Nationen von einem deutlichen Stadt-Land-Gefälle aus (Unterschied beim Schulbesuch 10 Prozentpunkte) sowie einem noch größeren sozialen Gefälle (Unterschied mehr als 20 Prozentpunkte zwischen oberen und unteren Schichten). Als Beispiel dafür noch einmal Ghana: Die Einschulungsraten in Primarschulen im ganzen Land sind von 74,1 Prozent (1991/92) auf 84,6 Prozent (2005/06) gestiegen – rund um die Hauptstadt Accra sogar auf 95,7 Prozent, in abgelegenen ländlichen Gebieten im Norden dagegen nur auf 61,8 Prozent. Bei weiterführenden Schulen ist die Differenz noch gravierender: Landesweit stieg die Einschulung in Sekundarschulen auf 40,9 Prozent – in Accra sogar auf 61,9, im ländlichen Norden dagegen sank (!) die entsprechende Rate von 24,1 Prozent (1991/92) auf 18,9 Prozent (2005/06) (UNDP 2007, 169-170). Die große Kluft zwischen Nord und Süd ist eines der gravierenden Probleme des Landes.

Zusammenfassend: Es ist davon auszugehen, dass eine Reihe afrikanischer Länder das Millenniumsziel 2 erreichen wird, zumindest gemessen am Indikator der Einschulung. Viele andere Länder der Region sind aber deutlich von diesem Ziel entfernt. Weitere Differenzierungen innerhalb der Länder zeigen wichtige anhaltende Problemlagen auf.

Ziel 3: Gleichstellung der Geschlechter/Empowerment von Frauen

Die Bekämpfung von Armut soll gemäß den UN-Millenniumszielen der Situation von Frauen besondere Berücksichtigung widmen. Zurecht, wie schon der Anteil von Frauen an den ärmsten Bevölkerungsschichten verdeutlicht: Über 70 Prozent der Menschen, die weltweit in extremer Armut leben, sind Frauen. Das Millenniumsziel 3 fokussiert auf die Situation von Frauen (zur genderpolitischen Kritik daran vgl. Kapitel 2). Um die allgemeine Zielsetzung – Geschlechtergerechtigkeit und das *empowerment* von Frauen fördern – zu spezifizieren, wurde das Unterziel vereinbart, genderspezifische Disparitäten in der Grund- und Sekundarschule möglichst schon bis 2005 abzuschaffen sowie in allen anderen Bildungsbereichen bis 2015 zu beseitigen.[19]

Die Halbzeitbilanz für das Millenniumsziel 3 fällt alles andere als rosig aus, obwohl die UN auch in diesem Bereich von leichten Verbesserungen berichtet (vgl. UN 2008a, 16-19). In beiden Schulstufen wurde das vereinbarte Ziel 2005 verfehlt. Auf 100 eingeschulte Jungen 2005/2006 entfielen – bei leichtem zahlenmäßigen Überhang von Mädchen an der Gesamtpopulation – in den Entwicklungsländern nur 94 Mädchen.

Allerdings stellt sich das Bild nach Weltregionen sehr unterschiedlich dar: Während zum Beispiel Ostasien und Südostasien der Parität sehr nahe sind, liegen Südasien, Westasien, vor allem aber Sub-Sahara Afrika zurück. Hier wird das Ziel selbst bis 2015 kaum erreichbar sein. In der afrikanischen Region werden gegenwärtig nur 89 Mädchen pro 100 Jungen in die Grundschule eingeschult, in der Sekundarschule beträgt das Verhältnis 80 zu 100. Von gleichen Chancen für Mädchen und Jungen kann also in Sub-Sahara Afrika nach wie vor keine Rede sein. Soweit Daten vorliegen, bestätigen auch die anderen genannten Indikatoren dieses Bild.

Dabei zeigen auch die länderspezifischen Statistiken, dass das Ziel für die Region an sich keineswegs utopisch ist. Fünf Länder haben bei der Primarschulbildung die 100-Prozent-Marke überschritten, schulen also mehr Mädchen als Jungen ein (Gambia, Malawi, Mauretanien, Ruanda und Uganda), eine weitere Gruppe von Ländern ist diesem Ziel sehr nahe (z. B. Ghana, Tansania, Senegal und Sambia). Den meisten Ländern der Region ist es gelungen, das Verhältnis zwischen Mädchen und Jungen in der Grundschule in den vergangenen Jahren zu verbessern. Gambia zum Beispiel hat das Verhältnis von 86/100 innerhalb

---

[19] Gemessen wird die Zielerreichung am Verhältnis von Jungen und Mädchen in Grund- und Sekundarschulen sowie im tertiären Bildungsbereich. Daneben wurden auch der Anteil von Frauen an bezahlten Tätigkeiten in nicht-landwirtschaftlichen Sektoren sowie der Anteil von Frauen in nationalen Parlamenten als weitere Indikatoren zu Messung von Fortschritten festgelegt.

der vergangenen Jahre auf einen Gleichstand gebracht. Äthiopien liegt zwar vergleichsweise weit zurück, hat das Geschlechterverhältnis in der Grundschule aber von rund 60 Prozent (1999) auf etwa 86 Prozent (2006) verbessern können. Stagnation oder leichte Rückschritte gab es insbesondere in den Ländern, die schon vor zehn Jahren ein recht hohes Niveau erreicht hatten, und in Bürgerkriegsländern.

| Tabelle 3 | | |
|---|---|---|
| **MDG 3: Geschlechtergerechtigkeit** | | |
| Hier verwendeter Indikator: Verhältnis Mädchen/Jungen bei der Einschulung in die Primarstufe | | |
|  | 2000 | 2006 |
| Entwicklungsländer gesamt | 92 | 94 |
| Sub-Sahara Afrika | 85 | 89 |
| (Quelle: UN 2008a, 12) Beispielhafte Fortschritte: Gambia, Mauretanien, Malawi, Ruanda und Uganda schulen inzwischen mehr Mädchen als Jungen ein (Rate > 100). | | |

Deutlich schlechter stellt sich die Situation im Sekundarschulbereich dar. Nur wenige Länder können mit Werten von über 90 Prozent (Mädchen zu Jungen) aufwarten. Beispiele sind Gambia, Kapverden, Kenia und Madagaskar. Das Schlusslicht bildet der Tschad, wo ein Mädchen in der Sekundarschule drei Jungen gegenüber sitzt. Die Raten der meisten Länder liegen zwischen 60 und 80 Prozent – und damit (zu) weit entfernt, um das Millenniumsziel 3 bis 2015 erreichen zu können. Immerhin sind aber auch hier in vielen Ländern Fortschritte zu verzeichnen.

Im tertiären Bildungsbereich sieht das Geschlechterverhältnis noch schlechter aus. Von wenigen Ausnahmen abgesehen (z. B. Kapverden oder Lesotho) sind überall deutlich weniger junge Frauen als junge Männer auf diesem Bildungsniveau angelangt – trotz mancher Fortschritte. Tansania konnte den Anteil von Frauen in diesem Bereich seit 1999 fast verdoppeln, aber eben nur von 26 Prozent auf jetzt knapp 50 Prozent, Ghana verbesserte die Werte in diesem Zeitraum von 34 auf 53 Prozent.

Zusammenfassend: Gleiche Chancen für Jungen und Mädchen im Bildungsbereich bleiben in Sub-Sahara Afrika als Ziel in weiter Ferne. Bis 2015 werden sie in der Region nicht flächendeckend erreicht sein. Dabei ist noch nicht diskutiert, dass Mädchen auf dem Land und Mädchen aus schwachen sozialen Familien überproportional benachteiligt sind. Die Themen Geschlechtergerechtigkeit und *empowerment* werden in Sub-Sahara Afrika noch über Dekaden auf der Tagesordnung stehen.

Ziel 4: Kindersterblichkeit reduzieren

Bis zum Jahr 2015 soll die Sterblichkeit von Kindern unter fünf Jahren im Vergleich zu 1990 um zwei Drittel gesenkt werden. In diesem Ziel spiegelt sich die moralisch als Skandal empfundene Tatsache, dass stündlich mehr als 1000 Kinder weltweit an vermeidbaren Krankheiten oder an Unterernährung sterben. Die Kindersterblichkeitsrate ist darüber hinaus ein aussagekräftiger Indikator für soziale Entwicklung. Denn Überlebenschancen von Kindern werden durch viele Faktoren beeinflusst: ausreichende und gesunde Ernährung, Gesundheitsversorgung, Einkommen der Familie, Bildungsstand der Eltern, Belastungen insbesondere der Mütter und damit mehr oder weniger vorhandene Freiräume, Kinder zu versorgen (das gilt natürlich auch für Väter, die in der Realität aber selten mit der Versorgung von Kindern befasst sind), soziale Netzwerke der Familie, gesunde/kranke Umwelt und vieles andere mehr. Eine sinkende Kindersterblichkeitsrate sagt also nicht nur etwas über Wohl und Wehe von Kindern aus, sondern über soziale Entwicklungen insgesamt.

So gesehen kann es zunächst als Fortschritt verbucht werden, wenn die Kindersterblichkeitsrate in den Entwicklungsländern in den vergangenen Jahren und Jahrzehnten beständig zurückgegangen ist. 1990 starben dort zum Beispiel noch 103 von 1000 lebend geborenen Kindern vor Erreichen des 5. Lebensjahres; im Jahr 2006 waren es noch 80 pro 1000. Deutlich ist damit aber auch, dass das Ziel 2015 – Senkung um zwei Drittel – nicht erreicht wird. Insbesondere in Südasien und in Sub-Sahara Afrika sind die Fortschritte zu langsam, um das Gesamtziel erreichen zu können.

| Tabelle 4 | | |
|---|---|---|
| **MDG 4: Kindersterblichkeit reduzieren** | | |
| Hier verwendeter Indikator: Kindersterblichkeit unter 5 Jahre (pro 1000 Lebendgeburten) | | |
| | 2000 | 2006 |
| Entwicklungsländer gesamt | 88 | 80 |
| Sub-Sahara Afrika | 167 | 157 |
| (Quelle: UN 2008a, 20) Beispielhafte Fortschritte: Besonders stark konnten zum Beispiel Äthiopien, Benin, Malawi und Tansania die Kindersterblichkeit zwischen 2000 und 2006/07 reduzieren – in allen Fällen um mehr als 20 pro 1000 Lebendgeburten. | | |

Verbesserungen gibt es gleichwohl auch in diesen Regionen. In Sub-Sahara Afrika sank die Kindersterblichkeitsrate von 184/1000 (1990) auf 167/1000 im Jahr 2000 und weiter auf 157/1000 in 2006. Damit ist sie jedoch noch immer und mit wachsendem Abstand die Höchste der Welt (Südasien, auf dem zweitschlechtesten Rang, registrierte 2006 einen Wert von 81/1000, nur noch ganz knapp über dem weltweiten Durchschnitt). Jedes zweite Kind, das weltweit vor dem 5. Lebensjahr an vermeidbaren Ursachen stirbt, stirbt in Sub-Sahara Afrika. Kaum eine andere Zahl könnte das Label *Armenhaus der Welt* bedrückender belegen.

Der Blick auf die einzelnen Länder zeigt wieder Fortschritte, stagnierende Lagen und sogar Rückschritte. Zunächst ist festzuhalten, dass gegenwärtig noch immer eine Reihe von Länder extrem hohe Sterblichkeitsraten aufweisen (darunter Burkina Faso 191/1000, Tschad 209/1000, Mali 196/1000 oder Sierra Leone 262/1000), während nur wenige der ärmeren Länder der Region signifikant unter dem Durchschnitt liegen (Kapverden 32/1000, Komoren 66/1000). In den meisten afrikanischen Ländern stirbt mindestens jedes zehnte Kind, bevor es fünf Jahre alt wird. In vielen Ländern hat sich die Rate reduziert, wie der Durchschnittswert bereits nahe legt. Malawi konnte die Kindersterblichkeit in den vergangenen Jahren um mehr als 40/1000 senken, auch Äthiopien, Benin, Mali und Tansania zum Beispiel weisen Reduzierungen von mehr als 25/1000 auf.

In nur wenigen Ländern hat sich dagegen die Lage verschlimmert, dazu zählen die Demokratische Republik Kongo und der Sudan. In einigen Ländern stagnierte die Kindersterblichkeitsrate, allerdings auf einem für Afrika vergleichsweise niedrigen Niveau (darunter Ghana mit heute 115/1000 und Kenia mit 121/1000).

Weitere Differenzierungen innerhalb der Länder sind festzuhalten, auch wenn sie wenig überraschen: Kinder aus ärmeren Familien sterben häufiger als jene, denen es wirtschaftlich besser geht (UN 2008a, 21). Auch sind die Sterblichkeitsraten in Familien auf dem Land höher als jener Familien, die in der Stadt leben (und damit z. B. eher Zugang zur Gesundheitsversorgung haben).

Zusammenfassend: Die hohe Kindersterblichkeit in Sub-Sahara Afrika ist und bleibt eine der größten Herausforderungen für eine armutsorientierte Politik. Die Entwicklungen der vergangenen Jahre zeigen, dass die Raten auch in vielen afrikanischen Ländern sinken, wenn auch langsam.

Ziel 5: Gesundheit während der Schwangerschaft stärken

Bis zum Jahr 2015 soll sich die gesundheitliche Lage von Müttern während und nach der Schwangerschaft deutlich verbessern. Konkret sehen die UN dabei zwei Unterziele vor: die Sterblichkeit von Müttern soll um drei Viertel gesenkt werden und es soll einen universalen Zugang zu Mitteln reproduktiver Gesundheit geben. Die Gefahr von Frauen, während der Schwangerschaft, bei oder kurz nach der Geburt zu sterben, wird von den Vereinten Nationen als weiterhin »inakzeptabel hoch« bezeichnet (UN 2008a, 24). Mehr als eine halbe Million Frauen sterben vor oder kurz nach der Schwangerschaft – 86 Prozent davon entweder in Südasien oder in Sub-Sahara Afrika. Das Risiko einer Frau in Sub-Sahara Afrika, durch eine Schwangerschaft oder Geburt zu sterben, liegt bei 1:22. Zum Vergleich: In den Industrieländern beträgt dieses Risiko 1:7300 (was immer noch als Problem markiert werden muss).

Tabelle 5
**MDG 5: Müttersterblichkeit senken**

Hier verwendeter Indikator:
Müttersterblichkeit (bei 100.000 Lebendgeburten)

|  | 1990 | 2005 |
|---|---|---|
| Entwicklungsländer gesamt | 480 | 450 |
| Sub-Sahara Afrika | 920 | 900 |

(Quelle: UN 2008a, 25)
Beispiele für (die wenigen) Fortschritte: Mosambik und Kenia konnten die Sterblichkeitsraten in wenigen Jahren fast halbieren, Tansania und Uganda um immerhin ein Drittel senken.

Nach Angaben der UN ist der Fortschritt bei der Bekämpfung von Müttersterblichkeit sehr gering. Die Todesfälle bei Müttern haben sich weltweit nur leicht von 480 pro 100.000 Geburten (1990) auf 450 (2005) reduziert, in Sub-Sahara Afrika von 920 auf 900. Dieses Millenniumsziel ist daher bis 2015 unerreichbar (ausnahmsweise nicht nur in Sub-Sahara Afrika).

Im Blick auf die einzelnen Länder der Region ergibt sich ein komplett geteiltes Bild: etwa die Hälfte afrikanischer Länder vermeldet für die vergangenen Jahre einen Rückgang in der Müttersterblichkeit (darunter mit starken Reduzierungen zum Beispiel: Kenia, Malawi, Mali, Mosambik, Ruanda, Tansania und Uganda), die andere Hälfte muss wachsende Zahlen konstatieren (mit starken Zuwächsen zum Beispiel Kamerun, Tschad, die Republik Kongo und der Senegal).

Die Angaben darüber, in wie vielen Fällen ausgebildete Fachkräfte bei Geburten helfen, bieten gewisse Anhaltspunkte hinsichtlich längerfristiger Chancen zur Reduzierung von Müttersterblichkeit. Während diese Rate sich in Ostasien inzwischen auch der 100-Prozent-Marke nähert und Lateinamerika sich immerhin auf 86 Prozent verbessert hat und selbst Nordafrika einen Sprung von 45 Prozent (1990) auf 79 Prozent (2005) verzeichnen kann, hat sich die Situation in Sub-Sahara Afrika nur geringfügig verbessert. Die UN gehen davon aus, dass heute nur rund 47 Prozent der Frauen bei der Geburt ihres Kindes eine ausbildete Fachkraft zur Seite haben, 1990 waren es mit 42 Prozent auch nicht viel weniger (2008, 25). Kein Trost ist es, dass Sub-Sahara Afrika in dieser Statistik ausnahmsweise einmal nicht das Schlusslicht bildet: In Südasien haben nur 40 Prozent der Frauen fachliche Hilfe bei der Geburt. Nur wenige Länder in Sub-Sahara Afrika zeigen deutlich bessere Werte auf: In Benin sollen 79 Prozent der Geburten fachlich betreut sein, in Kamerun 63 Prozent. Für die meisten Länder liegen die Werte im Bereich des Durchschnitts. Weit unterhalb dieser Werte liegen Länder wie der Tschad (15 Prozent) oder Äthiopien (16 Prozent).

Zusammenfassend kann die Zwischenbilanz zu diesem Millenniumsziel nur als verheerend bezeichnet werden. Anders als bei den anderen Millenniumszielen ist in einer Mehrheit der Länder Sub-Sahara Afrikas gegenwärtig nicht erkennbar, dass schwangere Frauen in naher Zukunft mit einer spürbar verbesserten Versorgung rechnen können. Ihr Leben ist weiterhin mit jeder Schwangerschaft in realer Gefahr.

## Ziel 6: Bekämpfung von HIV/AIDS, Malaria und anderen Krankheiten

Das sechste Millenniumsziel fokussiert auf die Bekämpfung von HIV/AIDS, Malaria und andere übertragbare Krankheiten. Bis zum Jahr 2015 soll die Ausbreitung von HIV/AIDS gestoppt und die Zurückdrängung eingeleitet sein. Als neues Unterziel wurde 2008 verabredet, auch den universalen Zugang zu HIV/AIDS-Medikamenten bis zum Jahr 2015 anzustreben. Ein weiteres Unterziel ist es, die Ausbreitung von Malaria und anderen wichtigen Krankheiten zu stoppen und ihre Zurückdrängung einzuleiten.

Schon die Komplexität dieses Ziels macht klar, dass die Beschreibung von Trends keine einfache Angelegenheit ist. Hinzu kommt, dass insbesondere alle mit HIV/AIDS zusammenhängenden Daten (von den zehn von der UN ausgewählten Indikatoren für das Millenniumsziel 6 bezieht sich die Hälfte auf HIV/AIDS) mit großer Vorsicht zu verwenden sind. HIV/AIDS ist in den meisten Entwicklungsländern (wie auch in Industrieländern) noch immer mit vielen Tabus belegt. Und nur ein kleiner Teil der Bevölkerung hat sich tatsächlich einem Test unterzogen. Pflichttests gibt es nur in wenigen Fällen, in vielen Ländern z. B. bei Schwangeren, die in Krankenhäusern entbinden. In vermutlich vielen Fällen ist den Betroffenen ihre Krankheit gar nicht klar: So werden z. B. AIDS-Tote oft als Malaria-Tote ausgewiesen, weil die unmittelbare Todesursache für einen immungeschwächten Menschen tatsächlich auch Malaria sein kann.

Im jüngsten UN-Bericht über Fortschritte in Richtung Millenniumsziele werden leichte Fortschritte weltweit bei der Bekämpfung von HIV/AIDS gemeldet: die Zahl der Neuinfizierten ist leicht gesunken; dank besserer medizinischer Versorgung leben HIV-infizierte Menschen länger (UN 2008a, 28). Aufgrund längerer Lebenszeiten, so die UN, stieg die Gesamtzahl der Infizierten weltweit auf 33 Millionen Menschen – die große Mehrheit von ihnen lebt in Sub-Sahara Afrika.

In dieser Region sind zwischen fünf und sechs Prozent der 15-49jährigen Bevölkerung infiziert. Knapp 60 Prozent der Betroffenen sind Frauen, die sich aus biologischen Gründen leichter mit dem Virus infizieren, aber auch aufgrund sexuellen Verhaltens von Männern höheren Risiken ausgesetzt sind.

Innerhalb der Region verteilt sich die Schwere der Pandemie sehr deutlich. Betroffen ist vor allem das südliche Afrika. Sambia, Mosambik, Namibia, Botswana, Südafrika und andere Länder in diesem Teil Afrikas weisen Infektionsraten bei 15-49jährigen von 15-25 Prozent auf, während fast die Hälfte aller Länder in Sub-Sahara Afrika Infektionsraten von unter zwei Prozent registriert hat.

| Tabelle 6 MDG 6: HIV/AIDS, Malaria u. a. bekämpfen |||
| --- | --- | --- |
| Hier verwendeter Indikator: HIV/AIDS Infektionsrate unter 15-49jährigen |||
|  | 2001 | 2007 |
| Entwicklungsländer gesamt | 0,94 | 0,90 |
| Sub-Sahara Afrika | 5,71 | 5,24 |
| (Quelle: World Development Indicators 2008 online) Beispiele für Fortschritte: Uganda hat eine Trendwende erreicht. Die Zahl der Neuinfizierten geht zurück. Der Anteil der Infizierten an der 15-49jährigen Bevölkerung sank zwischen 2001 und 2007 von 7,9 auf 5,4 Prozent. Auch Tansania, Malawi und Ruanda vermelden Rückgänge im Anteil der Infizierten. |||

Die UN gehen davon aus, dass die Zahl der auf HIV/AIDS zurück zu führenden Todesfälle in der Region und auch die Zahl der neu infizierten Menschen seit etwa 2004 abnimmt (eine Annahme, die aufgrund schwacher Datenlage aber nicht gesichert ist). Auch die von der UN auf Basis von Einzelstudien angenommenen Trends geringerer sexueller Aktivität von Jugendlichen, seltenerer sexueller Kontakte mit mehreren Partnern sowie des verstärkten Gebrauchs von Kondomen unterliegen naturgemäß zahlreichen Schwierigkeiten bei der empirischen Verifizierung.

Genauer dürfte die Angabe über die Verfügbarkeit von Medikamenten sein, die den Krankheitsverlauf bremsen: In Sub-Sahara Afrika sollen inzwischen rund 30 Prozent aller HIV-Infizierten antiretrovirale Medikamente erhalten (die aber häufig eine geringere Qualität als die in Industrieländern verfügbaren Medikamente haben).

Auch die Datenlage über Malaria-Erkrankungen unterliegt vielfachen Unsicherheiten. Gerade Menschen aus ärmsten Bevölkerungsschichten (die aufgrund schlechterer Vorbeugung, z. B. wegen fehlender Moskito-Netze, überproportional von Malaria betroffen sind) melden sich viel seltener bei Gesundheitsstationen, wenn sie krank sind – oft mit tödlichem Ausgang, weil die rechtzeitige Behandlung verpasst wird. Die Daten sind ferner, wie oben berichtet, durch die Immunschwächekrankheit verzerrt. Dies vorausschickend, muss gleichwohl festgehalten werden, dass sich die Zahl der insgesamt in Sub-Sahara gemeldeten Malaria-Fälle zwischen 1999/2000 und 2006 verdoppelt (!) hat: 86 Millionen Fälle wurden 2006 registriert. Zu einem großen Teil wird dies auch auf die wesentlich verbesserte Erfassung solcher Fälle zurückzuführen sein, ein deutlicher Anstieg von Malaria-Krankheiten in den vergangenen Jahren kann aber nicht von der Hand gewiesen werden.

Dabei haben sich die Anstrengungen, Malaria zu verhindern, deutlich ausgeweitet. In einer Studie, so berichten die UN (2008a, 31), wurde festgestellt, dass sich der Gebrauch von Moskito-Netzen in 16 von 20 untersuchten Ländern zumindest verdreifacht hat. Allein in den Jahren 2004 bis 2007 verdreifachte sich auch die Produktion dieser Netze, auf etwa 95 Millionen (dabei haben internationale Organisationen wie UNICEF und der *Global Fund to Fight AIDS, TBC and Malaria* eine zentrale Rolle gespielt).

Eine zusammenfassende Bewertung der Fortschritte im Blick auf Millenniumsziel 6 ist kaum möglich, die Datenlage ist zu schwach. Die Trends bei HIV/AIDS scheinen zu vorsichtigem Optimismus Anlass zu geben. Die weiter anwachsende Malaria-Plage – eine der häufigsten Todesursachen bei Kindern in Sub-Sahara Afrika – ist dagegen höchst beunruhigend. Dass in allen Fällen solcher übertragbaren Krankheiten die Ärmsten der Armen besonders betroffen sind und noch einmal in besonderer Weise Frauen, kann nicht oft genug gesagt werden.

Zwischenbilanz

Knapp zehn Jahre nach den Weichenstellungen zur Millenniumswende ist die soziale Zwischenbilanz gemischt. Die schlechte Nachricht ist: Sub-Sahara Afrika *als Region* wird kein einziges Millenniumsziel vollständig erreichen. Es gibt also – auch ohne die aktuelle Weltwirtschaftskrise – keinen Grund zur Entwarnung: Afrika ist und bleibt das Armenhaus der Welt. Besonders alarmierend sind die gesundheitliche Situation von schwangeren Frauen sowie die Ernährungslage, vor allem für Kinder. In diesen Bereichen verfehlt Sub-Sahara Afrika die Millenniumsziele bei weitem.

Die guten Nachrichten aber dürfen nicht übersehen werden: Es ist auch in Afrika von vielen sozialen Fortschritten zu berichten. Im Vergleich zu den zurückliegenden Dekaden hat auch die soziale Entwicklung in weiten Teilen Afrikas eine bis dahin nicht gekannte Dynamik entfaltet und sich deutlich beschleunigt. Verbesserte Bildungschancen, auch für Mädchen, und eine insgesamt bessere gesundheitliche Versorgung der Bevölkerungen, die sich zum Beispiel auch in sinkenden Sterblichkeitsraten bei Kindern ausdrücken, sind wichtige Errungenschaften der vergangenen Jahre. Notwendig ist ganz offensichtlich eine differenzierende Betrachtung.

## Zwischen Stagnation und Fortschritt

Nicht nur die wirtschaftlichen, auch die sozialen Indikatoren haben sich in den vergangenen Jahren in vielen Ländern der Region verbessert. Während einige Länder weiterhin von humanitären Katastrophen geprägt sind (Simbabwe, der Kongo und Sudan gehören ganz sicher dazu), ist doch in einer ganzen Reihe von Ländern festzustellen, dass sie zumindest einige der Millenniumsziele erreichen werden. Immerhin. Vor zehn Jahren, am Ende der beiden für Entwicklung *verlorenen Dekaden* der 1980er und 1990er Jahre hätte das kaum jemand für möglich gehalten.

Auf der Basis der Daten über wirtschaftliche und soziale Trends in Sub-Sahara Afrika können drei Ländergruppen unterschieden werden.

- Eine Reihe von Ländern der Region weist wirtschaftlich und sozial negative Trends auf oder stagniert in ihrer Entwicklung. Sofern wirtschaftliche Kennziffern, z. B. das Wachstum, trotzdem positiv sind, hat dies in der Regel mit günstigen Preisentwicklungen für ein oder zwei zentrale Rohstoffe des Landes zu tun, die auf eine hohe Weltmarktnachfrage stoßen. In mehreren Fällen ist dies Erdöl, aber auch z. B. seltene, sehr wertvolle Bodenschätze wie Diamanten, Gold oder Coltan sind hier zu nennen. Die Einkünfte aus diesen Rohstoffexporterlösen verbleiben in der Regel bei einer kleinen Elite und/oder multinationalen Unternehmen. Die Demokratische Republik Kongo, Angola, der Sudan, mit Abstrichen auch der Tschad und Sierra Leone, sind Beispiele für diese Gruppe. Aber auch Simbabwe gehört in die Kategorie mit negativer Bilanz, ebenso solche Staaten, die eine sehr schwache Staatlichkeit aufweisen (wie z. B. Somalia). Über soziale Entwicklungen veröffentlichen diese Länder zumeist erst gar keine Angaben und wenn Daten vorliegen, weisen diese auf Stagnation und/oder einen großen Rückstand zu anderen afrikanischen Ländern hin.

– Eine zweite Gruppe bilden Länder mit gemischter Bilanz. Hier ist das Bild uneinheitlich: einige sozio-ökonomische Indikatoren verbessern sich, andere verschlechtern sich. In einigen Jahren gibt es Fortschritte, die dann aber von Rückschritten in Folgejahren wieder zunichte gemacht oder geschmälert werden. Dort, wo es verbesserte Werte gibt, sind die Aufwärtstrends gleichwohl mäßig, nicht etwa überraschend hoch. Länder wie Kamerun, Kenia, Madagaskar oder der Niger stehen beispielhaft für diese Gruppe.
– Die dritte Gruppe fasst wirtschaftlich und sozial überwiegend erfolgreiche Länder zusammen. Sie zeigen im Blick auf mehrere wirtschaftliche und soziale Indikatoren positive Trends in den vergangenen Jahren (was nicht heißt, dass es in manchen Feldern auch Stagnation geben kann). Tansania, Mosambik, Ghana zählen dazu, mit Abstrichen auch zum Beispiel Benin, Malawi, Sambia und Uganda.

Die unterschiedlichen sozio-ökonomischen Trends stellen ein bemerkenswertes Phänomen dar, das allerdings in den Öffentlichkeiten außerhalb des Kontinents kaum zur Kenntnis genommen wird. Hier prägen in der Regel die *bad news* das Afrikabild.[20]

Lassen sich die Unterschiede zwischen den Ländergruppen erklären? In Kapitel 2 sind die verschiedenen theoretischen Ansätze über Ursachen von Armut und fehlender Entwicklung in Afrika dargestellt worden. Die Diskussion dort folgte schließlich der Argumentation, die sich in den vergangenen Jahren in der entwicklungspolitischen Debatte durchgesetzt hat: *governance matters,* die Regierungsführung zählt. Eine solche Sichtweise vernachlässigt die externen Faktoren nicht, z. B. die Auswirkungen der wirtschaftlichen Globalisierung. Unter diesen externen Rahmenbedingungen, die für viele afrikanische Länder ähnlich sind, macht es aber einen entscheidenden Unterschied, welche Politik im jeweiligen Land verfolgt wird. Eine armutsorientierte Regierungspolitik, so die These, wirkt sich positiv auf die sozialen und wirtschaftlichen Entwicklungsprozesse aus. Und: Regierungspolitik entfaltet sich insbesondere dann armutsorientiert, wenn es dafür eine gesellschaftlich deutlich artikulierte Nachfrage gibt, wenn also die Rechenschaftspflicht der Regierenden ausgeprägt ist.

---

[20] Auch diese Regel kennt Ausnahmen. Stellvertretend für eine leider kleine Gruppe von Journalisten, die sich um ein differenzierendes Afrikabild bemüht, sei hier der langjährige Afrikakorrespondent der Wochenzeitung »Die Zeit«, Bartholomäus Grill, genannt – viele seiner Einsichten sind seinem Buch »Ach, Afrika« nachzulesen (Grill 2005). Dabei ist es nicht mangelnde Kompetenz oder mangelndes Berufsethos der Journalisten, die für die Regel einer oberflächlichen und überwiegend an schlechten Nachrichten interessierten Berichterstattung verantwortlich sind, sondern wohl eher die geringe Nachfrage einer von Reizüberflutung geprägten Mediengesellschaft nach detaillierten, auch Widersprüche reflektierenden Analysen vom Kontinent.

Tatsächlich lassen sich für diese Zusammenhänge nicht nur beispielhafte Einzelfälle finden. Auch anhand quantitativer Daten für die Gesamtgruppe der Staaten in der Region können entsprechende empirische Hinweise herausgearbeitet werden.

Auf den ersten Blick ist zum Beispiel erkennbar, dass eine nachhaltig verfolgte armutsorientierte Politik – hier festgemacht an einem aktiven PRS-Prozess – mit positiven wirtschaftlichen und sozialen Trends korreliert. Aktiver PRS-Status wird hier definiert durch einen kontinuierlichen Prozess, der einen vollständigen Zyklus durchlaufen hat (vgl. Kapitel 2 zum Politikzyklus). Von den 40 ärmsten Ländern in Sub-Sahara Afrika (den Niedrigeinkommensländern) hat exakt die Hälfte den ersten PRS-Zyklus inzwischen abgeschlossen (vgl. Tabelle 7). Auch in einigen anderen Ländern gibt es Ansätze für den PRS-Prozess, zum Beispiel erste Strategieentwürfe, hier ist aber kein nachhaltiger Umsetzungsprozess erkennbar.

Tabelle 7
**Nachhaltigkeit der PRS-Prozesse in Afrika**

| | |
|---|---|
| Stufe IV (PRSP II + weitere Fortschrittsberichte liegen vor) (6) | Benin, Burkina Faso, Ghana, Malawi, Tansania, Uganda |
| Stufe III (PRSP II liegt vor) (14) | Äthiopien, Gambia, Guinea, Kamerun (PRS I + 2 Fortschrittsberichte), Kapverden, Kenia, Niger, Mali, Madagaskar, Mauretanien, Mosambik, Ruanda, Sambia, Senegal |
| Stufe II (bisher wurde nur eine erste Vollversion des PRSP erstellt) (10) | Burundi, DR Kongo, Rep. Kongo, Guinea-Bissau, Lesotho, Liberia, Nigeria, Sao Tome & P., Tschad, Sierra Leone |
| Stufe I (es gibt nur ein Interim-PRSP) (4) | Côte d'Ivoire, Zentralafrikanische Republik, Komoren, Togo, |
| Stufe 0 (kein PRS-Prozess, obwohl Niedrigeinkommensland) (6) | Angola, Eritrea, Somalia, Sudan, Swaziland, Simbabwe |
| Quellen: Webseiten von IWF und Weltbank, Frühjahr 2009 | |

Das durchschnittliche Wirtschaftswachstum lag in den 20 Ländern in Sub-Sahara Afrika, die einen aktiven PRS-Prozess verfolgen, in den Jahren 2000 bis 2007 um immerhin mehr als ein Prozent höher als bei den anderen 20 Niedrigeinkommensländern (ohne aktiven PRS-Prozess; vgl. Tabelle 8). Das durchschnittliche Wachstum ist fast doppelt so hoch, wenn bei der zweiten Gruppe vier erdölexportierende Länder ausgeklammert werden. Auch hinsichtlich sozialer Daten wird der Unterschied zwischen den Ländergruppen deutlich erkennbar: Die Gruppe der 20 Länder mit aktivem PRS-Prozess hat ihre Werte für *menschliche Entwicklung* (gemessen am von UNDP erstellten *Human De-*

*velopment Index*, HDI) in den Jahren 2000 bis 2006 im Durchschnitt doppelt so stark verbessern können wie die Länder ohne nachhaltigen PRS-Prozess. Der HDI kombiniert Indikatoren bezüglich Lebenserwartung, Bildungsstand und Einkommen und gilt als wichtiger Maßstab für sozialen Fortschritt.

| Tabelle 8 | | |
|---|---|---|
| **Nachhaltige Armutsorientierung zeigt Früchte** | | |
| | Durchschnittliches Wirtschaftswachstum 2000-2007 | Trend *Human Development Index* 2000-2006 |
| 20 Länder mit aktivem PRS-Prozess | + 4,9 % | + 0,041 |
| 20 Länder ohne aktiven PRS-Prozess | + 3,8 % | + 0,019 |
| ... ohne Erdölexporteure Angola, Nigeria, Sudan, Tschad | + 2,5 % | k. A. |
| Quelle: Eigene Zusammenstellung auf der Basis von Daten aus den World Development Indicators 2008 (Online-Datenbank) sowie von UNDP 2008. | | |

Doch der PRS-Prozess ist nur ein Vehikel für eine armutsorientierte Politik – entscheidend sind, um im Bild zu bleiben, das Ziel und die Fahrweise des Fahrers. Ob also Länder einen PRS-Prozess beginnen, ob sie ihn nachhaltig vorantreiben und auch in reale Politik umsetzen, hängt vor allem von der Regierung des jeweiligen Landes ab. Die Analyse der *Worldwide Governance Indicators (WGI)* deutet auf einen wichtigen Zusammenhang hin: Je besser die Regierungsführung (einschließlich öffentlicher Rechenschaftslegung) zur Millenniumswende war, desto größer die Wahrscheinlichkeit, dass in den Jahren ab 2000 ein PRS-Prozess gestartet und nachhaltig verankert wurde (vgl. Tabelle 9).[21]

Dabei erscheint es plausibel, dass ein höheres Maß an Rechenschaftspflicht gegenüber der eigenen Gesellschaft auch die Leistungsfähigkeit einer Regierung positiv beeinflusst. Die WGI-Daten bestätigen diese Annahme. Sie zeigen, dass die Länder, die zu Beginn des Trendzeitraums (hier: 1998) über gute Werte im Index *Voice and Accountability* verfügten, in den Folgejahren auch

---

[21] Die *Worldwide Governance Indicators (WGI)* der Weltbank sind der gegenwärtig umfassendste Versuch, vergleichbare Daten für politische Entwicklungen zu generieren. Die WGI bestehen aus mehreren Indizes, die sich mit insgesamt sechs Dimensionen von *Governance* befassen: *Voice and Accountability, Political Stability, Government Effectiveness, Regulatory Quality, Rule of Law, Control of Corruption.* Für diese Indizes wird eine Vielzahl von einzelnen Indikatoren aus verschiedenen staatlichen wie nicht-staatlichen Quellen ausgewertet. Die Ergebnisse werden regelmäßig veröffentlicht (vgl. World Bank 2008).

vergleichsweise gute und sich durchweg verbessernde Werte in der Leistungsfähigkeit der Regierung aufweisen. Mit anderen Worten: Die Qualität einer Regierungsführung einschließlich ihrer öffentlichen Rechenschaftslegung befördert eine nachhaltig armutsorientierte Politik der Regierung. Diese wiederum ist für vergleichsweise bessere soziale und wirtschaftliche Fortschritte verantwortlich.

Tabelle 9
**Regierungsführung und Armutsorientierung**

| Governance-Rang 2000 | PRS-Status 2008/09 | | |
|---|---|---|---|
| 1-20 | 15 x PRS-II | 3 x PRS I | 2x kein PRS |
| 21-40 | 4 x PRS II | 7 x PRS I | 5x Interim-PRS, 4x kein PRS |

Regierungsführung *(governance)* wurde hier bewertet anhand des durchschnittlichen Rankings aller *Worldwide Governance Indicators (WGI)* des *World Bank Institute* für Sub-Sahara Afrika für das Jahr 2000, also einschließlich dem Indikator *Voice and Accountability*. Datenquelle: World Bank 2008 (WGI). Weitere Informationen zur Datenanalyse findet sich auf der Webseite zum Buch: www.eberlei.de/afrika

Die hier aufgezeigten statistischen Korrelationen sollen keine vorschnellen Erklärungen für alles und jedes liefern. Angesichts schwacher Daten über soziale Prozesse in vielen Ländern sowie methodischer Anfragen an die quantitative Messung von politischen Entwicklungen sind solche Auswertungen mit vielen Fragezeichen zu versehen. Keineswegs dürfen Korrelationen als monokausale Zusammenhänge missverstanden werden. Monokausale Erklärungen taugen in einem solch komplexen Umfeld nicht. Zu unterschiedlich sind die historischen, politischen, wirtschaftlichen, geographischen, klimatischen, kulturellen Faktoren, wie sie in der Region zwischen Mauretanien und Kenia, zwischen Äthiopien und Angola, zwischen Ghana und Somalia anzutreffen sind. Gleichwohl untermauern diese Beobachtungen die in den Folgekapiteln weiter entfaltete These, dass *governance matters* – genauer: dass *democratic governance matters*.

## MACHT DIE WELTWIRTSCHAFTSKRISE ALLES ZUNICHTE?

Noch im Herbst 2008 hätte das Kapitel über die sozio-ökonomischen Trends in Sub-Sahara Afrika mit einem verhalten optimistischen Ausblick abschließen können. Die aktuelle Weltwirtschaftskrise wirft nun allerdings die Frage auf, ob ihre tatsächlichen und potenziellen Konsequenzen für Afrika die Fortschritte der vergangenen Jahre nachhaltig gefährden können.[22] Internationale Organisationen, so der IWF, die Weltbank oder auch die UN-Wirtschaftskommission für Afrika (UNECA) warnen vor gravierenden wirtschaftlichen und sozialen Konsequenzen: Die Rede ist von erheblichen Einbrüchen der ökonomischen Wachstumsraten, von steigenden Armutszahlen bis hin zu einer Erhöhung der Kindersterblichkeit und einem Verfehlen vieler oder aller Millenniumsziele.[23] Zurecht wird auch von Wissenschaftlern darauf verwiesen, dass alle ökonomischen Krisen der vergangenen Jahrzehnte – so z. B. in jüngerer Zeit die Asienkrise 1997 oder die Argentinien-Krise 2001 – zu einem (zumindest zeitweiligen) Anstieg von Armut geführt haben (McCulloch et al 2009).

Die weltweite Krise, ausgelöst in den Industrieländern, trifft Afrika als »unschuldiges Opfer«, wie es IWF-Chef Strauss-Kahn anlässlich seines Afrika-Besuchs im Mai 2009 formulierte. Eine internationale Expertengruppe stellte Anfang Juni 2009 für eine Konferenz afrikanischer Wirtschafts- und Finanzminister in Kairo die wahrscheinlichen Konsequenzen der globalen Krise zusammen (UNECA/AU 2009):

– Der vermutlich stärkste Effekt der Krise auf wirtschaftliche Entwicklung in Afrika wird durch einen Rückgang der internationalen Nachfrage nach afrikanischen Exportprodukten – insbesondere Rohstoffen – ausgelöst. Dieser Rückgang führt einerseits zu Umsatzeinbußen, andererseits zu einem Verfall der Rohstoffpreise. Insbesondere die Preise für Rohöl, Kupfer, Baumwolle und Zucker sind zwischen Mitte 2008 und Frühjahr 2009 stark eingebrochen (Öl um mehr als fünfzig Prozent, die anderen Produkte um mehr als zwanzig Prozent). In 2008 war der Rückgang der Exporte noch nicht so stark spürbar: Der Zuwachs an Ausfuhren reduzierte sich gegenüber 2007, blieb aber mit drei Prozent noch positiv. Wenn die Prognose der Welthandelsorganisation für 2009 eintrifft – weltweiter Rückgang des Handels um bis zu zehn Prozent –, werden auch die afrikanischen Ausfuhren schrumpfen.
– Zu befürchten steht ferner, dass die privaten Kapitalzuflüsse – insbesondere Direktinvestitionen – in 2009/10 zurückgehen werden, nachdem sie sich in Sub-Sahara Afrika zwischen den Jahren 2002 und 2007 verachtfacht hatten.

---

[22] Bei Redaktionsschluss für das Buch Anfang Juni 2009 lagen allerdings kaum verlässliche Daten über die bereits eingetretenen oder zu erwartenden Auswirkungen der Krise auf Sub-Sahara Afrika vor. Die Diskussion bewegte sich zu diesem Zeitpunkt zumeist im Bereich von Prognosen potenzieller Folgen. Nur diese können hier in Grundzügen skizziert werden – ohne Anspruch auf bleibende Aktualität und tiefgreifende Analyse. Auf der Webseite zum Buch – www.eberlei.de/afrika – sind aktuelle Berichte über die Auswirkungen der Krise abrufbar.

[23] Beispielhaft soll hier verwiesen werden auf Kasekende et al 2009 (für die African Development Bank), IMF 2009a/b, UNECA/AU 2009.

- Es gibt bereits Hinweise darauf, dass die Rücküberweisungen aus der afrikanischen Diaspora in den USA und Westeuropa in 2009 stagnieren oder ebenfalls zurückgehen werden, weil viele afrikanische Migrantinnen und Migranten in Industrieländern um ihren Job fürchten oder diesen gar schon verloren haben. Diese Rücküberweisungen *(remittances)* waren zwischen den Jahren 2000 und 2008 von knapp fünf auf etwa zwanzig Milliarden US-Dollar angestiegen (das entspricht fast der Hälfte der gesamten westlichen Entwicklungshilfe für die Region).
- Unklar ist, ob die Regierungen der Industrieländer und die multilateralen Entwicklungsorganisationen die Mittel für die Entwicklungszusammenarbeit mit Afrika in 2009 tatsächlich in der zugesagten Höhe auszahlen. Insbesondere die Länder mit großer Abhängigkeit von Entwicklungshilfe sind hier in erheblichem Maße verwundbar.[24]
- Die unmittelbaren Effekte der Finanzkrise auf Banken und Aktienmärkte in Afrika bleiben dagegen überschaubar. Die bislang geringe Integration Afrikas in den privatwirtschaftlichen globalisierten Finanzmarkt führt zu vergleichsweise geringen Angriffsflächen. Ausnahmen bestätigen die Regel: Einige Länder – darunter zum Beispiel Botsuana, Sambia oder Kapverden – spüren aufgrund ihrer Abhängigkeit von ausländischen Banken die Auswirkungen der Finanzkrise stärker. In nur wenigen Ländern der Region haben sich bisher nationale Aktienmärkte etabliert, hier – zum Beispiel in Kenia und noch einmal in Sambia – waren allerdings massive Verluste zu verzeichnen.

All diese Effekte werden Auswirkungen auf das Wirtschaftswachstum Sub-Sahara Afrikas zeigen. Verschiedene internationale Organisationen (IWF, Afrikanische Entwicklungsbank, UNECA u. a.) prognostizieren einen deutlichen Rückgang des Wachstums um zwei bis vier Prozentpunkte (2009 im Vergleich zu 2008). Dabei werden die ölexportierenden Länder einen höheren Rückgang als die übrigen Länder verkraften müssen. Aus niedrigerem Wachstum resultieren unter anderem ein Anstieg der Arbeitslosigkeit sowie auch zurückgehende Staatseinnahmen.

Die Haushaltssituation der afrikanischen Regierungen verschlechtert sich also in mehrfacher Hinsicht: weniger Einnahmen aus ökonomischer Aktivität (Steuern, Abgaben, Zölle etc.), ggf. höhere Belastungen aufgrund steigender

---

[24] Die Anteile der Entwicklungshilfe am Bruttosozialprodukt der Empfängerländer betragen in Einzelfällen über 30 Prozent (z. B. Liberia, Burundi, Sierra Leone), über 20 Prozent (z. B. Mosambik, Ruanda, Malawi) und in vielen Fällen doch zumindest über zehn Prozent (z. B. auch Ghana, Tansania, Äthiopien, Uganda, Mauretanien, Sambia) (UNECA/AU 2009, 7).

Zinsen (bzw. Risikoaufschläge für Kredite) und potenziell zurückgehende Entwicklungsgelder. Eine wachsende Verschuldung – wenngleich zu günstigen Bedingungen, z. B. durch ausgeweitete Kredite von IWF und Weltbank – könnte eine Folge sein. Sparmaßnahmen – ggf. auch im sozialen Bereich – eine andere.

Es bedarf keiner hellseherischen Fähigkeiten, um die sozio-ökonomischen Auswirkungen der aktuelle Wirtschaftskrise auf Afrika als im hohen Maße bedrohlich zu bezeichnen. Die Krise wird den positiven Trends der vergangenen Jahre zumindest einen schweren Dämpfer verpassen. Doch macht die Wirtschaftskrise alle sozialen Erfolge und Fortschritte seit dem Jahr 2000 zunichte? Hier beginnen nun die Prognosen und Spekulationen, die aufgrund mangelnder Daten und der kaum vorhandenen Vergleichbarkeit der aktuellen Krise mit früheren Wirtschaftskrisen äußerst fehlerbehaftet sein dürften und nicht selten dem berühmten Lesen im Kaffeesatz gleichen. Zu viele Faktoren sind unkalkulierbar. Vier Beispiele:

Erstens: Wie sich die Turbulenzen auf den globalen Märkten tatsächlich für die Armen auswirken, bedarf vieler weiterer Klärungen. Der Großteil der Menschen in Sub-Sahara Afrika lebt von der Subsistenzlandwirtschaft oder ist im informellen Sektor beschäftigt. Zugang zum formellen Arbeitsmarkt oder auch zu Krediten im formellen Bankensektor haben diese Menschen nicht. Wenn sie bisher nicht oder kaum von der wirtschaftlichen Globalisierung profitiert haben – was wird sich dann durch die globale Finanzkrise tatsächlich für sie ändern? Vermutlich eher von der Krise betroffen sind die dünnen Mittelschichten der Länder. Sie fürchten um ihre Jobs in den formellen Wirtschaftssektoren. Aber auch hier können sich Effekte der Krise unterschiedlich auswirken: Der Preisrückgang für Rohöl, der einige Exporteure wie Angola oder Nigeria stark trifft, wirkt sich in der großen Mehrzahl der afrikanischen Länder, die Öl importieren müssen, positiv aus: Niedrigere Rohölpreise reduzieren Transport- und Produktionskosten und dämpfen die Inflation.

Zweitens: Wird die globale Wirtschaftsaktivität nach einem erkennbaren Einbruch im Jahr 2009 im Folgejahr 2010 wieder Fahrt aufnehmen? Mit wieder steigenden Investitionen, zunehmendem Welthandel, steigender Nachfrage nach afrikanischen Produkten? Der IWF und andere prognostizieren dies. Behalten sie recht, könnten die Jahre 2009/10 rückblickend auch für Afrika als Rückschlag in einer langfristig positiven Entwicklung erkennbar werden; sie würden den Trend insgesamt aber nicht verändern. Oder wird sich die Weltwirtschaftskrise verfestigen und zu jahrelanger Rezession führen? Dann wären tiefgreifende Auswirkungen auch für Afrika unvermeidbar.

Drittens: Wie wird China, das in den vergangenen Jahren zu einem wichtigen Investor in Afrika geworden ist und maßgeblichen Anteil am »Rohstoffboom« Afrikas hatte, die Krise überstehen und seine Wirtschaftsbeziehungen zu Afrika entwickeln? Nicht wenige Beobachter gehen davon aus, dass China die aktuellen wirtschaftlichen Probleme gut in den Griff bekommt und aufgrund seiner langfristigen strategischen Interessen in Afrika sein Engagement auf dem Kontinent keinesfalls zurückfährt; vielleicht sogar im Gegenteil die Chance ergreift, sich als verlässlichen Partner zu etablieren (z. B. Cook/Gu 2009). Nicht zuletzt ist zu erwarten, dass chinesische Investoren die Gunst der Stunde nutzen, gegenwärtig in die Krise geratene Unternehmen in Afrika, die für China aber strategische Bedeutung haben, zu günstigen Preisen zu erwerben (siehe das Beispiel Kupferminen in Sambia).

Viertens: Werden die westlichen Geberstaaten angesichts angespannter Haushaltslagen ihre Zusagen im Bereich der Entwicklungshilfe einlösen? Zwar kündigten einige Länder Einschnitte an (Kanada, Italien, Irland), insgesamt zeichnet sich aber bisher kein Einbruch auf breiter Front ab. Im Gegenteil: Auch im Rahmen des G-20-Krisengipfels Anfang April 2009 in London bestätigten die Industrieländer, dass sie sich an die früheren Zusagen der G-8 halten wollen (dazu Kapitel 6 ausführlicher). Es ist zweifelhaft, ob dies in vollem Umfang realisiert wird. Dennoch wäre ein Festhalten an dem Kurs der vergangenen Jahre (schrittweise Ausweitung der Entwicklungshilfe für Afrika) ein einflussreicher Beitrag, um zu verhindern, dass eine globale Finanz- und Wirtschaftskrise zu schwerwiegenden humanitären Folgen in Afrika führt.

Darüber hinaus ist in verschiedenen Berichten und Analysen explizit oder zwischen den Zeilen zu lesen, dass die sehr unterschiedlichen politischen und wirtschaftlichen Ausgangslagen afrikanischer Länder *vor* der Krise einen wichtigen Einfluss auf ihre Bewältigung haben werden. Die Länder, die in den vergangenen Jahren einen handlungs- und leistungsfähigen Regierungsapparat ausgebaut und ihre haushaltspolitischen Probleme der 1990er Jahre bearbeitet und weitgehend gelöst haben, sehen sich in einer vergleichsweise guten Position, die Krise zu bewältigen. Insbesondere die Situation der Armen und Ärmsten in den Ländern wird davon abhängen, ob ihre Regierungen bereit und in der Lage sind, durch soziale Schutzmaßnahmen ein Anwachsen der Armut zu verhindern. Dass eine solche armutsorientierte Politik in Zeiten der Krise besonderer externer Unterstützung bedarf, steht dabei außer Frage. Die grundlegende These des Buches – eine armutsorientierte Regierungsführung hat entscheidenden Einfluss auf sozio-ökonomische Entwicklungen in Afrika – wird sich also gerade auch in der Krise bewähren können und müssen.

# Kapitel 4

# Armutsorientierte Regierungspolitik

Eine der wichtigsten grundlegenden Veränderungen der vergangenen zehn bis fünfzehn Jahre betrifft die Rolle der staatlichen Akteure in afrikanischen Entwicklungsprozessen. Trotz aller gebotenen Notwendigkeit, bei 47 Staaten in Sub-Sahara Afrika mit ihren je spezifischen politischen Entwicklungen differenziert zu argumentieren, lassen sich doch drei Phasen staatlicher Rollenverständnisse in afrikanischen Entwicklungsprozessen unterscheiden.

Nach der Befreiung von kolonialer Herrschaft begann eine erste Zeitspanne, in der die staatlichen Akteure über eine begrenzte Autonomie verfügten (Ausnahme: Bürgerkriegsländer). Solange Regierungen sich durch mehr oder minder offene Zuwendung zu einem der beiden Weltmachtblöcke externe Finanzzuflüsse sichern und halbwegs stabile Einnahmen aus ihren Rohstoffexporten erlösen konnten, bestanden finanzielle Spielräume zur Umsetzung eigener entwicklungspolitischer Vorstellungen. Schon in den 1970er Jahren aber wendete sich das Blatt und eine Vielzahl von Faktoren führte Ende der 1970er/Anfang der 1980er Jahre in den ökonomischen Kollaps. Zu diesen Faktoren gehörten: schwach entwickelte staatliche Strukturen, zunehmende bürokratische Verkrustungen, verbreitete Misswirtschaft und Korruption, wachsende Machtkonzentration und Abwehr oppositioneller Ideen innerhalb der Einparteienstaaten, nicht zuletzt aber auch sich deutlich verschlechternde externe Faktoren (der Verfall von Rohstoffpreisen, die Verteuerung von Öl und anderen Importen, steigende Zinsraten). Offensichtlich wurde der Zusammenbruch in einer nicht mehr zu bewältigenden Auslandsverschuldung.

Der damalige Staatsbankrott der meisten afrikanischen Länder ereignete sich zeitgleich mit der neoliberalen Kehrtwende in wichtigen Industriestaaten, allen voran den USA und Großbritannien (mit Abstrichen unterstützt auch von der Bundesrepublik Deutschland). Über die von Industrieländern dominierten multilateralen Institutionen IWF und Weltbank wuchs das Management der Schuldenkrise Afrikas seit den 1980er Jahren zu einem gigantischen Programm der externen Steuerung afrikanischer Politik heran. Das Zauberwort hieß *Strukturanpassung*: Eine konsequente Ausrichtung auf marktwirtschaftliche Prinzipien, insbesondere die Integration in den Weltmarkt, ging einher mit der radikalen Zurückdrängung der Rolle des Staates. Dieser war in der Logik der neoliberalen Vordenker eine Art *Nachtwächterstaat* (Lassalle) mit Zuständigkeit für Sicherheit und gewisse ordnungspolitische Rahmenbedingungen. Eine aktive staatliche Entwicklungspolitik war nicht mehr gefragt – die unsichtbaren Hände des Marktes sollten es richten. Schon nach wenigen Jahren der nackten neoliberalen Interventionen ertönten jedoch erste Stimmen, den Staat aktiver in dieses Konzept zu integrieren. Der viel zitierte Buchtitel *Bringing the state back in* (Evans et al 1985) bringt diese Forderung auf den Punkt. Studien wie zum Beispiel von UNICEF, die die sozialen Auswirkungen der Strukturanpassung kritisierten und eine *Anpassung mit menschlichem Gesicht* (1987/89) forderten, führten letztlich die Weltbank Ende der 1980er Jahre dazu, eine stärkere Rolle des Staates zumindest für gewisse Sektoren wie Bildung und Gesundheit anzuerkennen. Das immer deutlicher werdende Scheitern der radikalen marktliberalen Strukturanpassung einerseits und die »Welle der Demokratisierung« in Afrika Anfang der 1990er Jahre andererseits verstärkten die Rufe nach einer steuernden Funktion staatlicher Akteure im Entwicklungsprozess.

### Die neue Rolle des Staates

Ein wichtiger Meilenstein für eine Neudefinition des Staates und seiner Funktionen war der UN-Weltsozialgipfel in Kopenhagen 1995. Er unterstrich die Notwendigkeit eines proaktiven staatlichen Handelns in der Wirtschafts- und Sozialpolitik. Gleichzeitig markierte dieser Gipfel den Höhepunkt der Auseinandersetzung um die Strukturanpassungspolitik von IWF und Weltbank. Der neue Weltbank-Präsident Wolfensohn reagierte auf die heftige Kritik an der interventionistischen Haltung der Bank in Afrika und propagierte fortan *the country in the driver's seat*. Ein neuerlicher Paradigmenwandel kündigte sich damit an und dokumentierte sich bald in grundlegenden Publikationen der Weltbank (vor allem dem einflussreichen *World Development Report 1997* mit dem Schwerpunkt *The State in a Changing World*). Der G-7-Gipfel in Köln 1999 und die Jahrestagungen von IWF und Weltbank im Herbst desselben Jahres krönten diese Entwicklung mit der Forderung nach eigenständigen, staatlich entwickelten und gesteuerten Strategien, den *Poverty Reduction Strategies*. Damit war aber nicht eine Rückkehr zu den alten Fünfjahresplänen afrikanischer Regierungen in den 1960er und 1970er Jahren gemeint, auch nicht eine völlige Abkehr von den Prinzipien der Strukturanpassung. Ganz gemäß dem in den Industrieländern veränderten Zeitgeist wurden nun den staatlichen Akteuren wichtige Funktionen in der Sicherung, aber auch Steuerung von im Grundsatz weiterhin marktwirtschaftlichen Prozessen zugestanden.

Im PRS-Ansatz sind die Regierungen die zentralen Akteure, daran besteht kein Zweifel. Dass die Ausfüllung dieser neuen Aufgabe angesichts langjähriger Beschneidung und Begrenzung staatlichen Handelns keine leichte sein konnte, versteht sich fast von selbst (vgl. Mkandawire 2001). Zeigt sich der Staat in Afrika denn nun in der Lage, diese Rolle produktiv und wirkungsvoll zu übernehmen?

Es wird Zeit für eine wichtige Differenzierung, um die Prozesse des vergangenen Jahrzehnts nachvollziehen zu können. Sehr grundlegend sind zunächst zwei Gruppen zu unterscheiden: jene Länder mit zumindest halbwegs funktionierender Staatlichkeit und jene Länder mit zerfallenen oder zumindest stark zerfallenden staatlichen Strukturen. Den *failed/failing states* ist in den vergangenen Jahren in Wissenschaft und Medien, aber auch in der Entwicklungszusammenarbeit, viel Beachtung geschenkt worden. Der dadurch gelegentlich entstehende Eindruck, ganz Afrika versinke im Staatszerfall, ist aber falsch. Nur in einer kleineren Gruppe afrikanischer Länder kann nicht mehr von einem Staat die Rede sein (vgl. Textbox 8). Somalia ist nach wie vor das klassische Beispiel für diese Länderkategorie. Daneben gibt es eine Gruppe von Ländern, deren staatliche Funktionen weitgehend eingeschränkt sind und die von einer auch nur im Ansatz entwicklungsförderlichen Regierungsführung weit entfernt scheinen, von *Guter Regierungsführung* ganz zu schweigen. Diese Länder sind nicht als zerfallene, aber als versagende Staaten zu bewerten (als solche *failing states* gelten Simbabwe oder der Sudan).

## 8

### Die Gruppe der *failed/failing states*

Eine eindeutige Einordnung von afrikanischen Ländern in diese Gruppe mit zerfallener oder zerfallender Staatlichkeit gibt es nicht. Häufig verwendet wird die Einteilung der Weltbank, derzufolge etwa die Hälfte der afrikanischen Länder mit Schwierigkeiten in der Staatlichkeit zu kämpfen haben *(Low Income Countries Under Stress)*. Dabei werden aber noch drei Grade unterschieden. Zum harten Kern von anhaltend schwachen Staaten in Afrika zählt die Weltbank neun Länder: Angola, Burundi, die Demokratische Republik Kongo, Guinea-Bissau, Liberia, Somalia, Sudan und Simbabwe. Die meisten dieser Länder sind auch durch Bürgerkriege gekennzeichnet. Außer der Weltbank-Einteilung werden aber auch andere Zuordnungen verwendet (vgl. z. B. BMZ 2008, 377 f.; Erdmann/Soest 2008).

Die deutliche Mehrheit von 30 bis 35 der ärmeren afrikanischen Länder verfügt durchaus über eine handlungsfähige Staatlichkeit. Diese ist noch nicht gleichzusetzen mit entwicklungs- oder armutsorientierter Regierungspolitik. An der strukturellen Voraussetzung zu einer solchen Politik fehlt es aber nicht. Dieses Buch konzentriert sich auf diese Gruppe von Ländern. Armutsbekämpfung in Simbabwe, Somalia, dem Sudan oder dem Osten Kongos unterliegt ganz anderen Gesetzmäßigkeiten, die eher ein Thema für die humanitäre Entwicklungs- und Sicherheitspolitik darstellen und deshalb hier nicht erörtert werden können (vgl. dazu z. B. Debiel et al 2007; BMZ 2007).

Für die Ländergruppe mit zumindest halbwegs funktionierender Staatlichkeit ist zunächst einmal die politische Situation näher zu betrachten und auch hier werden Differenzierungen nötig. Nach jahrhundertelanger kolonialer Beherrschung und jahrzehntelangen mehr oder minder autoritären, präsidial dominierten Einparteiensystemen nach der Unabhängigkeit (Ausnahmen bestätigen die Regel) befinden sich praktisch alle Länder dieser Gruppe seit Beginn der 1990er Jahre bis heute irgendwo auf dem Weg zwischen autokratischen und demokratischen Systemen. Das eine Ende des Spektrums wird heute durch elf als »liberale Demokratien« bewertete Länder markiert.[25] Weitere 13 Länder in Sub-Sahara Afrika gelten immerhin noch als Wahldemokratien, wenngleich mit schwächeren politischen Freiheiten. Auf der anderen Seite werden 15 Länder in Sub-Sahara Afrika als eindeutig autoritäre Regime identifiziert.[26]

Die Afrika-Forschung hat sich in den vergangenen 20 Jahren ausführlich mit dem Phänomen demokratischer Transitionen auf dem Kontinent beschäftigt, also dem vielfältigen Wandel von Herrschaftssystemen, der nach dem Ende des Kalten Krieges zu beobachten war (vgl. zur Übersicht Tetzlaff/Jakobeit 2005, Kap. 5). Inspiriert auch durch politische Systemwechsel in Osteuropa und in Lateinamerika wurden bestimmte Phasen des Übergangs von autoritären Regimen hin zu demokratischen Regierungen untersucht. Generell bestand in den 1990er Jahren Übereinstimmung darin, dass das »demokratische Experiment« in Afrika fußgefasst hatte (Bratton/van de Walle 1997). Wie die Situation in einzelnen Ländern zu bewerten sei, unter welchen Bedingungen

---

[25] Auf der Basis des *Freedom House Index* 2008 wurden folgende elf Länder einerseits als *electoral democracies,* andererseits als *free* (hinsichtlich politischer Freiheiten) eingeordnet: Benin, Botswana, Ghana, Kapverden, Lesotho, Mali, Mauritius, Namibia, Sao Tome and Principe, Senegal und Südafrika. Siehe <www.freedomhouse.org>.

[26] Das sind: Angola, Äquatorialguinea, Côte d' Ivoire, Eritrea, Guinea, Kamerun, Kongo, DR Kongo, Ruanda, Simbabwe, Somalia, Sudan, Swasiland, Tschad (Erdmann/Soest 2008, 4). Hier sind auch wieder einige der oben als *failed/failing states* bezeichneten Länder aufgeführt.

die transitorischen Prozesse tatsächlich auch zu einer Demokratie (im westlichen Verständnis) führen könnten, ob der Prozess unumkehrbar sei – diese und andere Fragen waren umstritten, und sind es bis heute. Einigkeit besteht hingegen bei der recht offensichtlichen Einschätzung, dass die Transitionsprozesse in Afrika keineswegs linear und einheitlich verlaufen und eine differenzierte Analyse verlangen. In den vergangenen Jahren ist dabei auch häufig der Begriff *Hybride Regime* verwendet worden. Dieser beschreibt politische Systeme, die einerseits nach demokratischen Spielregeln organisiert sind, andererseits aber auch autoritäre und neopatrimoniale Herrschaftselemente umfassen.

Die Forschungsarbeiten zum Phänomen des Neopatrimonialismus in Afrika sind der Transitionsforschung entsprungen. Das theoretische Konzept lehnt sich an die Arbeiten des deutschen Soziologen Max Weber an, der verschiedene Herrschaftstypen unterschied, darunter die auf den »Patron« aufbauende. In der Afrikaforschung wurde dieses Konzept rezipiert: Zahlreiche afrikanische Herrschaftssysteme sind diesem Ansatz zufolge von starken personalistischen und klientelistischen Zügen der Politik geprägt, finanziert in der Regel durch einen Missbrauch staatlicher Ressourcen, um diese politischen Netzwerke zu alimentieren.[27] Genau dies zeichnet die Hybridität politischer Regime in vielen Ländern Sub-Sahara Afrikas aus. Während der Missbrauch staatlicher Ressourcen durch afrikanische Regierungen im Westen schnell als Korruption eingeordnet wird, eröffnet die Perspektive der Neopatrimonialismus-Forschung die Chance zu einer wesentlich weitergehenden Sichtweise: Danach wäre beispielsweise die Stärkung parlamentarischer Funktionen oder auch zivilgesellschaftlicher Arbeit ein wesentlicher Ansatz, um hybride Regime durch verbesserte *checks and balances* in Richtung eines – im Sinne Webers – rationalen Regierungssystems zu drängen.

In diesem Kontext wird die Debatte über armutsorientierte staatliche Politik in Afrika seit einigen Jahren durch das Schlagwort *Gute Regierungsführung*

---

[27] Als grundlegende Werke zum Neopatrimonialismus in Afrika sei hier auf Bratton/van de Walle 1997 und van de Walle 2001 verwiesen. Beiträge aus der deutschen Entwicklungsforschung sind z. B. Erdmann 2003 sowie Eberlei/Meyns/Mutesa 2005. Goldberg (2008, 148-155, 197) kritisiert das Konzept unter anderem, weil es die historischen Ursachen, insbesondere den Kolonialismus und seinen Beitrag zur Verhinderung einer kapitalistischen Wirtschaftsweise, außer acht lasse und die Verantwortung auf die gegenwärtigen staatlichen Akteure und Eliten verenge. Der Verweis auf historische Wurzeln der Ausrichtung vieler afrikanischer Eliten auf internationale »Renten« (das heißt Einnahmen aus Rohstoffexporten und der Entwicklungshilfe) ist berechtigt. Fragwürdig ist es jedoch, afrikanische Eliten fünf Jahrzehnte nach der Unabhängigkeit in dieser Weise Absolution erteilen zu wollen. Die unterschiedlichen Ausprägungen neopatrimonialen Verhaltens belegen, dass politische Eliten in Afrika sehr unterschiedlich mit dem kolonialen Erbe umgehen.

dominiert. Diese Diskussion begann Ende der 1980er Jahre im Kontext dreier Entwicklungen: Erstens, die Strukturanpassungsprogramme von IWF und Weltbank führten in ihrer ersten – radikal marktorientierten – Phase zu großen sozialen und wirtschaftlichen Problemen in den betroffenen Ländern. Zweitens, die Diskussion über notwendige Funktionen staatlicher Strukturen (z. B. in der Sicherheitspolitik, makroökonomischen Ordnungspolitik, Sozialpolitik) ließ die Weltbank (World Bank 1989, 55 f.) erstmals über *Good Governance* als wichtiges Element von Entwicklungspolitik räsonieren. Und drittens erhielten die in der zweiten Hälfte der 1980er Jahre stärker werdenden demokratie-orientierten Oppositionsbewegungen mit dem Ende des Kalten Krieges – und dem Wegfall von geostrategisch motivierter westlicher wie östlicher Unterstützung für Diktatoren – so viel Aufwind, dass autoritäre Regime und Einparteienstaaten reihenweise gestürzt und durch demokratisch verfasste Mehrparteiensysteme ersetzt wurden. Wesentliche Voraussetzungen für die Kritik schlechter Regierungsführung – Presse- und Meinungsfreiheit, Organisationsfreiheit für Oppositionsparteien und zivilgesellschaftliche Gruppen u. a. m. – sind in den meisten afrikanischen Ländern seither im Grundsatz erfüllt. Das Handeln der Regierenden, die Regierungsführung, steht nun auf der Tagesordnung. Zunehmend setzt sich die Auffassung durch, dass »getting politics right is, if not a precondition, at least a requisite of development« (Hyden et al 2004, 10). Diese Position wird auch von reformorientierten afrikanischen Regierungen vertreten, die sich im Rahmen der Afrikanischen Union inzwischen auch einer gegenseitigen Bewertung der *Governance*-Situation unterziehen (dazu unten ausführlicher).

Neben grundsätzlichen Übereinstimmungen zeichnet sich die Debatte aber auch durch erhebliche Kontroversen aus. Eine der wichtigsten Konfliktlinien verläuft entlang der Frage, ob *Gute Regierungsführung* auch *Demokratische Regierungsführung* bedeuten soll.[28]

Diese Kontroverse betrifft nicht die grundsätzliche normative Sicht. In den politischen Öffentlichkeiten Afrikas ist heute im Prinzip unbestritten, dass Konzepte wie Demokratie, Rechtsstaatlichkeit oder politische Partizipation in den als universal anerkannten Menschenrechten gegründet sind – auch wenn diese überwiegend westlichen Ursprungs sind (und hier erst in einem Jahrhunderte währenden und mühsamen Prozess entwickelt wurden).[29] Die Ratifizie-

---

[28] Vgl. Mkandawires (2004) kurze Beschreibung unterschiedlicher Governance-Konzepte, oder auch Cherus ausführlicheren Diskussionen von Demokratie und Governance in Afrika (2002, 33-63).

[29] Diese Sichtweise ist auch in den Bevölkerungen vieler Länder verankert, wie Umfragen zeigen (vgl. Erdmann 2007). Berg-Schlosser (2008, 276) verweist auch auf die Belege vor-kolonialer Verwurzelung demokratischer Werte in manchen afrikanischen Kulturen und Traditionen.

rung entsprechender internationaler Übereinkommen und die Erklärungen der *Afrikanischen Union* sprechen hier eine eindeutige Sprache. Hinsichtlich einer normativ-deklaratorischen Ebene gibt es also einen breiten Konsens.

Seit langem ist aber strittig, ob demokratische Fortschritte nun sozio-ökonomische Entwicklungen begünstigen oder umgekehrt – oder ob beide Prozesse unabhängig voneinander zu sehen sind. Diese Diskussion hat in jüngster Zeit wieder Aufwind erhalten durch das Nachdenken über den *developmental state*, der nicht von all seinen Protagonisten zwingend als demokratisches System begriffen wird: Entwicklungsorientierte Regierungen könnten oder müssten phasenweise autoritär agieren, heißt es. Unter Verweis auf Erfahrungen in Asien wird gelegentlich mehr oder minder unverblümt die Frage gestellt, wie viel Demokratie sich ärmere Entwicklungsländer leisten können. So propagiert z. B. Leftwich (2000) die Auffassung, dass in starken Entwicklungsstaaten die zivilgesellschaftlichen Strukturen eher schwach ausgeprägt sein sollten, um die Entscheidungs- und Steuerungsfähigkeit der Regierung nicht allzu sehr zu beeinträchtigen.

Eine ganz andere Position wird schon seit langem von Nobelpreisträger Amartya Sen vertreten, für den demokratische Systeme der beste Garant für eine armutsorientierte Politik von Regierungen und eine positive sozio-ökonomische Entwicklung darstellen (Sen 1999). Zwei deutsche Wissenschaftler haben diese Denkrichtung in jüngster Zeit mit aufwändigen quantitativen Analysen unterstützt. Faust (2006) weist anhand von Daten aus den Jahren 1975 bis 2000 für über 80 Entwicklungs- und Industrieländer eine positive Auswirkung der Demokratie auf gesamtwirtschaftliche Produktivität nach, eine, wie er es nennt, »Dividende der Demokratie« (2006). Berg-Schlosser (2008, 284-288) belegt ähnliches mit einer Analyse von Daten über afrikanische Länder in den 1990er Jahren – und unterstützt in seinem Fazit explizit Sens Perspektive. Gestärkt wird damit auch die These von Thandika Mkandawire, einem der bekanntesten Wissenschaftler des Kontinents. Er betont, dass *developmental states* in Afrika eine demokratische Fundierung benötigen – und einen Wiederaufbau staatlicher Handlungsfähigkeit, die durch die von IWF und Weltbank in Afrika durchgesetzte Strukturanpassungspolitik in den 1980er und 1990er Jahren »bis auf die Knochen« reduziert worden sei (2001, 309 f.).

Mit dieser Kritik ist der Zusammenhang zwischen (Guter) Regierungsführung und der Politik der Geber thematisiert. *Good Governance* wurde Anfang der 1990er Jahre zu einem Standardkriterium für die Vergabe von Finanzmitteln bilateraler wie auch multilateraler Entwicklungsagenturen. Zweifellos war das Ende des Kalten Krieges, während dessen EZ als politisches Druckmittel im Kontext der Blockkonkurrenz eingesetzt wurde, ein wichtiger Grund für dieses neue Interesse der Geber an guter Regierungsführung in Afrika. Der angesehene afrikanische Wissenschaftler Claude Aké spöttelte seinerzeit: »Die Marginalisierung Afrikas gibt dem Westen größeren Freiraum, seine Beziehungen zu diesem Kontinent aufgrund von Prinzipien zu führen.« Nachdem die Systemkonkurrenz verschwunden sei, »fühlt sich der Westen jetzt freier, seine Afrikapolitik in größeren Einklang mit seinen demokratischen Prinzipien zu bringen« (zit. nach Hippler 1994, 18). Doch führte dies auch zu einer größeren Anerkennung der politischen Entscheidungen afrikanischer Regierungen? Mkandawire konstatiert, die Strukturanpassungspolitik habe *choiceless democracies* zurückgelassen: Die Staatsgebilde folgten zwar formal demokratischen Regeln, insbesondere Wahlen, seien aber nicht in der Lage, über ihre eigenen Entwicklungsziele und –wege zu entscheiden. Nach seiner Auffassung werden diese Länder durch Allianzen von Gebern und ministerialen Technokraten regiert, die ein eingeschränktes Verständnis von *Good Governance* hätten und demokratische Institutionen wie Parlamente oder auch Formen gesellschaftlicher Partizipation missachteten (Mkandawire 1999, 126-129). Richard Joseph teilt diese Sichtweise von seit Ende der 1980er Jahre immer stärker werdenden Allianzen zwischen afrikanischen Führungseliten und externen Akteuren. Er argumentiert allerdings, dass diese Allianzen nicht etwa darauf zurückzuführen seien, dass die Eliten keine Wahl hätten. Sie entsprächen vielmehr ihren Interessen (1998, 4). Um das eigene politische Überleben zu sichern und aus diesem Grunde der internationalen Gemeinschaft zu gefallen, organisierten und präsentierten afrikanische Eliten *virtual democracies*. Ähnlich argumentiert Tetzlaff und führt aus, dass afrikanische neopatrimoniale Eliten nur durch die anhaltende Unterstützung von außen an der Macht bleiben könnten (2003, 484). Patrick Chabal und Jean-Pascal Daloz schlagen ebenfalls in diese Kerbe, wenn sie schreiben, dass afrikanische Eliten Strategien entwickelt hätten, ihre vermeintliche Abhängigkeit zum eigenen Vorteil zu instrumentalisieren. Sie nutzten die Schwächen der Geber, spielten diese gegeneinander aus und wären dadurch in der Lage, die Zuflüsse aus der Entwicklungshilfe zu maximieren und die Bedingungen, wie diese Gelder zu verwenden seien, zu minimieren (1999, 112-115).

Diese Analysen beziehen sich alle auf die Zeit bis Ende der 1990er Jahre. Wie hat sich das Verhältnis von Staatseliten und Gebern in den vergangenen zehn Jahren entwickelt? Hat das vor einigen Jahren eingeführte Prinzip der entwicklungspolitischen Eigenverantwortung und Selbstbestimmung *(country ownership)* dazu geführt, dass Regierungen nicht mehr in erster Linie ihren Geldgebern, sondern ihren Bevölkerungen rechenschaftspflichtig sind? Diese Frage wird an späterer Stelle noch aufgegriffen.

Soviel ist sicher: Der Staat in Afrika gilt heute unter Entwicklungspolitikern und auch im Hauptstrom des wissenschaftlichen Diskurses als der zentrale Akteur, der Entwicklung und Armutsbekämpfung vorantreiben kann. Im Gegensatz zum vorherrschenden neoliberalen Paradigma der 1980er und 1990er Jahre ist dies ein fundamentaler Wandel. Dies auf die schlichte Formel von der *Rückkehr* des Staates zu bringen, greift allerdings zu kurz. Denn die gegenwärtigen staatlichen Strukturen sind nicht mit den Regimen der 1960er und 1970er Jahre zu vergleichen – diese werden mehr und mehr vom Kopf auf die Füße gestellt. Waren die afrikanischen Staaten der frühen Jahre ein Produkt der Kolonialzeit, in dessen Hülle nach der Unabhängigkeit afrikanische Machthaber schlüpften, so werden die afrikanischen Staaten der Gegenwart zu Produkten ihrer Gesellschaften – oder, wie Mkandawire es zum Thema Entwicklungsstaat formuliert: »social constructs consciously brought about by political actors and societies« (2001, 310). Die seit einigen Jahren geführte intensive Debatte über *demokratische* Regierungsführung *(democratic governance)* unterstützt diese Sichtweise.

## Demokratische Regierungsführung: Konzepte und Debatten

Was *Gute Regierungsführung* ist, was sie beinhaltet, wie sie in unterschiedlichen Gesellschaften mit unterschiedlichen Traditionen, Kulturen, Problemlagen umgesetzt werden kann und soll und welche Rolle die internationalen Geber dabei spielen – diese Fragen sind bis heute nicht abschließend geklärt. Auch auf der internationalen Konferenz über Entwicklungszusammenarbeit in Accra im September 2008 war das Thema Regierungsführung viel diskutiert. Zwar spricht die dort von Regierungen in Süd und Nord verabschiedete *Accra Agenda for Action* nicht ausdrücklich von *Good Governance*, das Dokument ist jedoch voller Absprachen und Absichtserklärungen über politische Rahmenbedingungen von Entwicklung und Entwicklungszusammenarbeit.

Doch nicht nur die Geber zeigen seit Jahren großes Interesse an Guter Regierungsführung: Auch die sich in Sub-Sahara Afrika in den 1990er Jahren immer stärker politisch artikulierenden zivilgesellschaftlichen Akteure fordern in wachsendem Maße eine stärker demokratisch orientierte Politik und Regierungsführung ihrer Herrschenden ein. In den Armutsstrategieprozessen, die in den meisten afrikanischen Ländern seit dem Jahr 2000 eine wichtige Rolle spielen, ist die Diskussion über die Regierungsführung daher häufig auch von zivilgesellschaftlichen Akteuren forciert worden. Im Gegensatz zu den Gebern standen dabei aber in der Regel nicht nur die Effizienz und Effektivität des Regierungsapparats in der Kritik, sondern vor allem mangelnde Transparenz des Regierungshandelns, schwache Beteiligungsrechte, fehlende Rechenschaftslegung und andere – demokratische – Elemente von Regierungsführung. Diese Diskussionen haben inzwischen auch bei afrikanischen Regierungen ihre Spuren hinterlassen: Neuere Erklärungen der Afrikanischen Union buchstabieren das Konzept *democratic governance* inzwischen ausführlich.

Gute Regierungsführung: Die Sichtweise der Afrikanischen Union

Der offizielle Diskussionsstand über *Gute Regierungsführung* in Afrika spiegelt sich vor allem in einigen wichtigen Erklärungen und Entscheidungen der 2002 gegründeten *African Union (AU)*. Die 2007 verabschiedete *African Charter on Democracy, Elections and Governance* ist dabei von herausragender Bedeutung. Ebenfalls sehr wichtig ist der *African Peer Review Mechanism (APRM)*, der zunächst im Rahmen der NEPAD-Initiative einiger afrikanischer Länder entwickelt, dann aber schon bei Gründung der AU von der gesamten Union anerkannt wurde (zu APRM unten ausführlicher).[30]

Die Charta trifft eine Reihe von Aussagen zum Thema Regierungsführung. Allerdings löst auch der Text nicht auf, in welchem Verhältnis nun genau die drei Titelbegriffe Demokratie, Wahlen und Regierungsführung stehen. Der Begriff *(Good) Governance* wird nicht definiert. Aus verschiedenen Aussagen wird aber die große Nähe zum Begriff Demokratie deutlich. So wird es als ein Ziel der Charta formuliert:

> (...) to nurture, support and consolidate good governance by promoting democratic culture and practice, building and strengthening governance institutions and inculcating political pluralism and tolerance. (Art. 2, 6)

Schon diese Zielformulierung macht deutlich, dass *Gute Regierungsführung* im Verständnis der AU nicht nur und nicht in erster Linie eine Frage guter bürokratischer Administration ist, sondern durch eine demokratische Kultur, wie immer definiert, bestimmt wird. Das Kapitel 9 der Charta ist der *Political, Economic and Social Governance* gewidmet. Um diese zu erreichen, werden eine Reihe von Strategien genannt, vor allem die Stärkung des Parlaments und der politischen Parteien sowie die Förderung öffentlicher Beteiligung und Zusammenarbeit mit zivilgesellschaftlichen Organisationen (Art. 27, 1 und 2).

Zwar folgen dann strategische Ansätze wie die Verbesserung des Managements des öffentlichen Sektors, die Erhöhung der Effizienz der öffentlichen Verwaltung, der Kampf gegen Korruption oder die Verbesserung der recht-

---

[30] Die *African Charter on Democracy, Elections and Governance* (African Union 2007) ist am 30. Januar 2007 von der Afrikanischen Union verabschiedet worden und hat damit zunächst den Stellenwert einer politischen Erklärung der AU. Unterzeichnet wurde sie bislang von 28 der 53 Mitgliedsländer, ratifiziert bisher jedoch nur von Mauretanien und Äthiopien (Stand: April 2009). Zum Inkrafttreten benötigt die Charta 15 Ratifizierungen. Üblicherweise vergehen zwischen Verabschiedung und Inkrafttreten von internationalen Chartas oder Verträgen einige Jahre.

lichen Rahmenbedingungen für den Privatsektor, also Ansätze, die in Geberpapieren häufig unter Guter Regierungsführung subsummiert werden, aber der prioritäre Verweis auf die Stärkung der Parlamente und die Förderung von gesellschaftlicher Partizipation macht ein Grundverständnis *demokratischer Regierungsführung* deutlich.

Für zivilgesellschaftliche Akteure kann die Charta ein ganz wesentliches Bezugsdokument werden: Gesellschaftliche Beteiligung im allgemeinen und die Zusammenarbeit mit der Zivilgesellschaft im besonderen wird an einer Reihe von Stellen der Charta als wesentliches Element von demokratischen Gesellschaften genannt (z. B. Art. 2,10; 3,7; 4,2; 12,3; 27,2; 27,8; 28; 29,2; 44,2 Bb).

Artikel 36 der Charta verweist ausdrücklich auf die im NEPAD-Prozess 2001 verabschiedete *Declaration on Democracy, Political, Economic and Corporate Governance* und fordert die AU-Mitglieder auf, *democratic governance* im Sinne dieser Erklärung zu fördern und dazu auch den APRM-Mechanismus zu nutzen. Auch diese NEPAD-Deklaration von 2001 versteht *Governance* in einem weiteren Sinne. Der *African Peer Review Mechanism* soll demnach unter anderem dazu dienen, demokratisches Regieren zu stärken. Dazu heißt es:

> The overall objective is to consolidate a constitutional political order in which democracy, respect for human rights, the rule of law, separation of powers and effective, responsive public service are realised to ensure sustainable development and a peaceful and stable society. (APRM Secretariat 2003, 5)

Zusammenfassend kann hier zunächst festgehalten werden, dass *Gute Regierungsführung* im Verständnis der AU weit über technokratische bzw. administrative Aspekte hinaus geht. Auch das Thema Korruption, das von der AU durchaus als Problem benannt wird, spielt nicht die zentrale Rolle. Ganz wesentlich ist dem Verständnis der AU zufolge die Einbettung der Regierungsführung in eine demokratische Kultur und demokratische Institutionen, eben *democratic governance* (der Weg von der Rhetorik zur Realität wird weiter unten diskutiert).

### Perspektiven zivilgesellschaftlicher Akteure

Afrikanische Intellektuelle, so berichtet Mkandawire (2004), waren Geburtshelfer des Konzepts *Good Governance*. Auf Anfrage der Weltbank lieferten sie Ende der 1980er Jahre Stellungnahmen zur aktuellen politischen Situation ihrer Länder und analysierten darin das »Versagen der autoritären Regime in Afrika, Menschenrechte und Entwicklung zu gewährleisten«. Mkandawire schreibt:

Nach dem damaligen Verständnis in afrikanischen Intellektuellenkreisen bestand die größte Herausforderung darin, die Beziehungen zwischen Staat und Gesellschaft so zu gestalten, dass sie (a) Entwicklung fördern, also eine Steuerung der Wirtschaft erlauben, die größtmögliches Wachstum erzielt, strukturelle Reformen befördert und vorhandene Ressourcen auf verantwortliche und nachhaltige Weise nutzt. Die Beziehungen zwischen Staat und Gesellschaft sollten (b) demokratisch sein und die Bürgerrechte respektieren sowie (c) gesellschaftliche Integration fördern, allen Bürgern ein menschenwürdiges Leben und volle Beteiligung an politischen Angelegenheiten bieten. Der Begriff »Good Governance« sollte kennzeichnen, inwieweit eine Regierung diese drei zusammenhängenden Ziele verwirklicht.

Diese Sichtweisen zeigen allerdings eine ganz andere Perspektive auf Regierungsführung als die der Weltbank, die den Begriff in Veröffentlichungen seit 1989 prägte. Mkandawire kritisiert:

> Das Verständnis von Good Governance, das sich letztlich durchgesetzt hat, unterscheidet sich radikal von dem der afrikanischen Wissenschaftler, die entschieden gegen die Anpassungspolitik waren. (...) Für die afrikanischen Mitarbeiter an dem Weltbank-Bericht von 1989 betraf Good Governance grundlegende Fragen des Verhältnisses von Staat und Gesellschaft. Es war viel mehr als nur ein technokratisches Instrument zur Herstellung von Transparenz und Rechenschaft, zu dem es die internationalen Finanzinstitutionen gemacht haben.

Afrikanische zivilgesellschaftliche Organisationen haben in den vergangenen 20 Jahren immer wieder das begrenzte, technokratische *Governance*-Konzept der Geber kritisiert und ein umfassendes Verständnis von demokratischem Regieren eingefordert. Insbesondere wurde immer wieder die Forderung nach demokratischer Beteiligung an politischen Prozessen erhoben (so zum Beispiel 1990 in der *African Charter for Popular Participation in Development and Transformation;* sie wird in Kapitel 5 ausführlicher zitiert). Auch im Kontext der zahlreichen Armutsstrategieprozesse in Afrika seit 1999/2000 haben zivilgesellschaftliche Organisationen immer wieder Aspekte eines umfassenden Konzepts von Regierungsführung eingefordert, zuletzt in vielen Beiträgen zur Vorbreitung der Accra-Konferenz 2008.[31] Zu diesen zentralen Aspekten gehören:

---

[31] Parallel zur offiziellen internationalen Tagung in Accra (zu der 80 zivilgesellschaftliche Repräsentanten eingeladen waren) hat eine zivilgesellschaftliche Konferenz stattgefunden, an der VertreterInnen zivilgesellschaftlicher Organisationen aus allen Teilen der Welt, darunter aus vielen afrikanischen Ländern, teilgenommen haben. Im Abschlussdokument dieser Parallelkonferenz der internationalen Tagung in Accra, wird »democratic governance« gefordert, einschließlich Transparenz, Rechenschaftspflicht, Partizipation, menschenrechtliche Ansätze von Armutsbekämpfung (vgl. www.betteraid.org).

- eine institutionalisierte Beteiligung der Zivilgesellschaft an den Prozessen, d. h. gesicherte Dialogstrukturen, ein rechtlich geschützter Raum für Beteiligung, ausreichende Ressourcen, um auch die Beteiligungsfähigkeit schwacher Bevölkerungskreise zu ermöglichen, insbesondere auch eine sehr viel stärkere Beteiligung von Frauen in politischen Prozessen;
- Transparenz durch umfassenden und aktuellen Zugang der Öffentlichkeit zu Informationen und durch gesicherte Pressefreiheit;
- eine umfassende Rechenschaftspflicht der Regierung (durch Stärkung der parlamentarischen und zivilgesellschaftlichen Mitwirkung am Monitoring von Regierungshandeln).

Zivilgesellschaftliche Organisationen in Afrika haben sich darüber hinaus vielfach im Vorfeld von Wahlen durch politische Bildungsarbeit sowie während Wahlen als Beobachter dafür eingesetzt, dass Regierungshandeln demokratisch legitimiert wird. In zahlreichen Ländern haben zivilgesellschaftliche Organisationen darüber hinaus an verfassungsgebenden Versammlungen oder Verfassungsreformprozessen teilgenommen (aktuell z. B. in Sambia).

Gute Regierungsführung ist für zivilgesellschaftliche Organisationen in Afrika stets mehr als effizientes und effektives Arbeiten der Bürokratien gewesen. Das Konzept *democratic governance* ist in afrikanischen Zivilgesellschaften also tief verwurzelt, wenngleich der Begriff nur selten explizit verwendet wird.

Die Vorstellungen der Geber von Guter Regierungsführung

Der Begriff *Good Governance* wurde Ende der 1980er Jahre von der Weltbank in die internationale Debatte eingebracht. Die Weltbank ist es auch, die den Diskurs über *Gute Regierungsführung* in den vergangenen zwei Jahrzehnten maßgeblich geprägt und ihr eigenes Konzept dabei mehrfach variiert hat. Gegenwärtig definiert die Bank *Governance* durch drei Punkte:

> (1) the process by which governments are selected, monitored and replaced, (2) the capacity of the government to effectively formulate and implement sound policies, and (3) the respect of citizens and the state for the institutions that govern economic and social interactions among them (World Bank o. J.).

Basierend auf diesem oder ähnlichen Verständnissen hat die Weltbank in ihren Veröffentlichungen eine Reihe von interessanten Themen akzentuiert, zum Beispiel zu der Frage, wie die Rechenschaftspflicht von Regierungen gegenüber den Bürgerinnen und Bürgern gestärkt werden kann (Diskussion um *social accountability)* oder mit welchen Mitteln Korruption zu bekämpfen sei.

Das operative Verständnis der Weltbank von Guter Regierungsführung wird aber nicht wirklich durch die Erklärungen in den zahlreichen, insbesondere für die Öffentlichkeit im Westen bestimmten Publikationen deutlich. Aussagekräftiger ist es, sich die Kriterien anzusehen, anhand derer die Weltbank ihre Entscheidungen über Mittelvergaben an Länder begründet.

Die Weltbank-Tochter IDA steuert die Höhe ihrer Mittel an ärmste Entwicklungsländer ganz wesentlich auf der Basis eines Instruments, das Institutionen und Politikreformen der Länder bewertet *(Country Policy and Institutional Assessment, CPIA)*.[32] Das CPIA beinhaltet 16 Kriterien, die in vier Gruppen eingeteilt sind. Insbesondere die letzten fünf Kriterien sind der *Guten Regierungsführung* gewidmet. Diese Kriterien sind: Eigentumsrechte und rechtsbasierte Regierungsführung, die Qualität des Haushalts- und Finanzmanagements, die Effizienz der Einnahmenmobilisierung, die Qualität der öffentlichen Verwaltung sowie Transparenz, Rechenschaftspflicht und Korruption des öffentlichen Sektors.

Hier stehen vor allem die Rahmenbedingungen für eine förderliche Wirtschaftsentwicklung im Zentrum. Aspekte von *demokratischer* Regierungsführung spiegeln sich allenfalls im letztgenannten Kriterium. Immerhin werden dort tatsächlich einige Kriterien verwendet, die Auskunft über Dimensionen von demokratischer Regierungsführung geben können. Das weitere Mess- und Bewertungsverfahren dieser Kriterien ist allerdings methodisch sehr fragwürdig und unterliegt zahlreichen subjektiven Faktoren: letztlich entscheiden die zuständigen Mitarbeiter/-innen in den Weltbank-Länderbüros in einem nicht transparenten Verfahren darüber, was wie bewertet wird – oft mit überraschenden, eher fragwürdigen Ergebnissen (siehe Textbox 9).

Das *Governance*-Verständnis der Weltbank ist zum einen so technokratisch, schreibt Waeyenberge, weil die Statuten der Bank ihre Einmischung in politische Angelegenheiten der Empfängerländer auf Bereiche von *economic governance* beschränkten (2006, 15-18). Dies sei aber nur eine oberflächliche Begründung. Dahinter stehe nach wie vor ein Verständnis von einer begrenzten Rolle des Staates in Entwicklungsprozessen, das unangemessen verkürzt sei und die realen politisch-ökonomischen Prozesse nicht wahrnehme (eine Kritik, die im Lichte der aktuellen Weltwirtschaftskrise neues Gewicht erhält).

---

[32] Als Darstellung vgl. World Bank 2006; in kritischer Analyse: Eberlei 2007d.

### 9
**Wie die Weltbank Governance in Äthiopien bewertet**

Im Vorfeld und während der Wahlen 2005 manipulierte die äthiopische Regierung den Urnengang deutlich (manche, wie z. B. die damalige EU-Wahlbeobachterin, sagen: massiv), um weiterhin an der Macht zu bleiben. Die anschließenden Proteste wurden blutig niedergeschlagen. Viele Tote waren zu beklagen. Tausende wurden verhaftet, viele von ihnen misshandelt. Bis Mitte 2007 saßen führende Oppositionspolitiker im Gefängnis, darunter neugewählte Mitglieder des Parlaments, neugewählte Bürgermeister großer Städte und NRO-Aktivisten.

Für das Jahr 2005 (veröffentlicht im Juni 2006) vergab die Weltbank für Äthiopien auf einer Skala von 1 (schlecht) bis 6 (sehr gut) die durchschnittliche Note 3,1 für alle Governance-Indikatoren. Für das folgende Jahr 2006 (in dem staatliche Repressionen gegen Medien und NRO nach Einschätzungen von Beobachtern deutlich zugenommen hatten und die Regierung keine Anstalten machte, die inhaftierten Oppositionspolitiker frei zu lassen) stieg der CPIA-Governance-Wert sogar auf 3,3. Mit anderen Worten: Laut Weltbank hatte sich die Regierungsführung in Äthiopien in den Jahren 2005 und 2006 offenbar nicht signifikant verschlechtert, im Gegenteil: tendenziell sogar leicht verbessert!

(detaillierte Erläuterungen zum CPIA-Verfahren: vgl. Eberlei 2007d)

---

In den Verlautbarungen eines anderen großen multilateralen Entwicklungshilfegebers, der Europäischen Kommission, wird ein etwas anders akzentuiertes Verständnis deutlich. Die EU, die sich in zahlreichen Erklärungen mit dem Thema *Governance* befasst hat und dabei auch seit Jahren den Begriff *democratic governance* nutzt, favorisiert ein Verständnis, das auch die politischen Prozesse im Land in den Blick nimmt. So definiert die Kommission *Governance* in einem Grundsatzpapier als »the state's ability to serve the citizens (...). *Governance* refers to the rules, processes and behaviour by which interests are articulated, resources are managed, and power is exercised in society« (EC 2003, 3).

Trotz dieses von der Weltbank leicht abgesetzten Verständnisses kritisieren europäische NRO das *Governance*-Konzept der Kommission. Ein menschenrechtliches Verständnis sei nicht hinreichend integriert, die Rolle der Zivilgesellschaften und ihrer Beteiligung nicht stark genug akzentuiert, die Rechte von Frauen nicht berücksichtigt, und überdies seien die Geber weiterhin zu dominant und eine nationale Rechenschaftspflicht daher schwach ausgeprägt – lauten einige der zentralen Kritikpunkte (CIDSE 2006, 14; Auclair 2006).

Auch die bilateralen Geber haben, der Weltbank folgend, seit Anfang der 1990er Jahre Fragen guter Regierungsführung in ihre entwicklungspolitischen Konzepte integriert. In allen Fällen handelt es sich um sehr breit formulierte Ansätze, die nahezu jeden Aspekt politischer Entwicklung in der einen oder anderen Weise einschließen. Die vom BMZ als Kriterien für *Gute Regierungsführung* genannten fünf Themenbereiche sind dafür ein gutes Beispiel: (1) Armutsorientierte und nachhaltige Politikgestaltung, (2) Achtung, Schutz und Gewährleistung aller Menschenrechte, (3) Demokratie und Rechtsstaatlichkeit, (4) Leistungsfähigkeit und Transparenz des Staates und (5) Kooperatives Verhalten in der Staatengemeinschaft (BMZ 2005, 65).[33]

Fazit: Demokratisches Regieren (democratic governance)

Die Diskussion über *Gute Regierungsführung* hat eine Vielzahl von Verständnissen des Konzepts hervorgebracht. Vereinfacht sind drei Ansätze zu unterscheiden:

- ein eher technokratisches *Governance*-Verständnis, das über die Modernisierung von Regierungsverwaltungen nachdenkt;
- ein vor allem ökonomisch orientiertes *Governance*-Verständnis, das vor allem danach fragt, wie wirtschaftliche Entwicklung durch staatliches Handeln unterstützt werden kann;
- ein politisch orientiertes Verständnis von Demokratischem Regieren (*democratic governance*).

Je nach Perspektive und Interessenlage akzentuieren die verschiedenen Akteure Regierungsführung unterschiedlich. Der Begriff *democratic governance* erscheint dabei als der weitest gehende Vorschlag. Er beinhaltet Aspekte der gesellschaftlichen Legitimation von Regierungsmacht (und den sich daraus ableitenden Prinzipien Partizipation, Transparenz und Rechenschaftspflicht). Er schließt aber auch mit ein, dass eine demokratisch basierte Regierungsführung über eine leistungsfähige Bürokratie verfügen muss, die z. B. eine armutsorientierte Politik einer Regierung auch effizient und effektiv implementieren kann. Welche inhaltlichen Ziele eine Regierung verfolgt, wird durch den Begriff *per se* nicht festgelegt: der Begriff schafft Offenheit für den politischen Raum,

---

[33] Für die Konzeption des britischen DFID ist ein starker akteursorientierter Ansatz typisch (DFID 2006, 22). In ähnlicher Weise hat auch die schwedische SIDA versucht, neue Perspektiven auf politische Prozesse in Partnerländern zu erhalten (vgl. Übersicht in Dahl-Østergaard et al 2005). Die USA vertraten unter der Regierung Bush eher ein engeres Verständnis, d. h. eine Trennung von Elementen guter Regierungsführung einerseits, Demokratie andererseits.

in dem gesellschaftliche Aushandlungsprozesse stattfinden, deren Ergebnisse letztlich dem Willen der Bevölkerungen entsprechen sollten.

Das Konzept *democratic governance* ist inzwischen auf breiter Basis legitimiert worden. In der Millenniumserklärung der Vereinten Nationen wird bereits von *democratic and participatory governance* als wesentlicher Voraussetzung für Entwicklung gesprochen. Die von Regierungen in Nord und Süd unter Mitwirkung zivilgesellschaftlicher Akteure in 2008 verabschiedete *Accra Agenda for Action* unterstreicht das: Demokratie wird (neben Wachstum, sozialen Fortschritten und Umweltschutz) in der Präambel der Erklärung als »Hauptmotor« *(prime engine)* von Entwicklung bezeichnet. Die wesentlichen Elemente einer *democratic governance* prägen das Dokument an vielen Stellen. Besonders auffällig ist, dass den Parlamenten mehrfach und ausdrücklich Beachtung geschenkt und dass eine eigenständige Rolle der Zivilgesellschaft ausdrücklich anerkannt wird.

Dass die *African Union* den Begriff *democratic governance* explizit in der Demokratie-Charta verwendet und der Geist dieser Charta das weit gehende Verständnis spiegelt, verleiht diesem Begriff für Debatten über Regierungsführung in Afrika die größte politische Legitimation. Damit ist aber von der AU gleichzeitig auch ein Anspruch formuliert worden, an dem das Handeln der Herrschenden gemessen werden kann.

## Theorie und Wirklichkeit: Verbesserte Regierungsführung?

Dass staatliche und nicht-staatliche Akteure sowohl in Afrika als auch im Norden Vorstellungen von *democratic governance* als normative Vorgabe formulieren und akzeptieren, ist in langfristiger Perspektive eine wichtige Entwicklung. Doch welche Folgen haben die wohlklingenden Erklärungen für die Wirklichkeit politischer Herrschaft und demokratischer Regierungsführung in Afrika?

Zunächst: Die normative Debatte wird begleitet von einem sich dynamisch verstärkenden öffentlichen Diskurs in afrikanischen Gesellschaften über die Anforderungen an die Regierungsführung. Damit entwindet sich die Vorstellung von demokratischem Regieren mehr und mehr der Verfügungsgewalt der Mächtigen. Sie wird zum Maßstab einer *Nachfrage nach guter Regierungsführung*. Sie wird vom Kopf auf die Füße gestellt.

Tatsächlich haben die öffentlichen Debatten über die Qualität des Regierungshandelns und die Inhalte politischer Entscheidungen in den vergangenen Jahren deutlich zugenommen. Ein bedeutendes Beispiel für diesen Trend sind die öffentlichen Diskussionen über die jährlichen Regierungshaushalte. Noch vor einem Jahrzehnt wurde das Regierungsbudget hinter verschlossenen Türen des Finanzministeriums vorbereitet. Niemand – weder in den Linienministerien, geschweige denn in Parlament oder Öffentlichkeit – hatte je die Chance, einen Entwurf zu diskutieren, bevor der Finanzminister das praktisch fertige Dokument am *budget day* im Parlament präsentierte. *The budget draft is more secret than the colour of Her Majesty's underpants,* lautete ein geflügeltes Wort in Kenia. In weniger als zehn Jahren hat sich dies dramatisch verändert. Haushaltspolitik ist heute in einer ganzen Reihe afrikanischer Länder ein öffentlich diskutiertes, oft heiß diskutiertes Thema. Wer die Berichte in den Medien während der haushaltspolitischen Beratungen im Parlament verfolgt, zum Beispiel in Sambia, Uganda, Ghana oder Kenia, wird eine Reihe von Berichten, Analysen, Stellungnahmen finden. Wissenschaftler und zivilgesellschaftliche *Think Tanks* (z. B. das *Institute of Economic Affairs* in Kenia) analysieren den Budgetentwurf. Zivilgesellschaftliche Akteure werden, zum Beispiel in Sambia, zu parlamentarischen Hearings eingeladen. Insbesondere die Ausgabenpolitik der Regierung steht heute in einer Reihe von Ländern in ganz anderer Intensität auf dem Prüfstand als noch vor wenigen Jahren. Das ugandische Parlament hat 2001 sogar ein Gesetz verabschiedet, das ihm im Haushaltsprozess mehr Rechte gegenüber der Regierung einräumt, zum Beispiel deutlich mehr Zeit für Analyse und Beratung des Haushaltsentwurfs.

Ganz wesentlich hängt dieser Zuwachs an öffentlicher Debatte damit zusammen, dass – wie in der Entwicklungsdiskussion insgesamt – auch die Frage nach Guter Regierungsführung nicht mehr allein auf der Ebene von Absichtserklärungen diskutiert wird. Die tatsächliche Implementierung von Reformvorhaben und die Wirkungen dieser Reformen sind Gegenstand umfangreichen Monitorings geworden. Regierungsführung wird beobachtet, analysiert, diskutiert, bewertet. Durch die in den vergangenen zwei Jahrzehnten wesentlich verbesserten Informationszugänge – die politisch gewollt sind, aber auch durch das Internet erzwungen wurden – trägt dieses Monitoring ganz wesentlich zum öffentlichen Diskurs bei. Der folgende Abschnitt wird dies erläutern.

Abhängig von der Intensität des öffentlichen Diskurses und von der wachsenden und politisch artikulierten *Nachfrage* nach guter Regierungsführung verändern sich dann die tatsächlichen Dimensionen demokratischen Regierens. Dies wird im zweiten Abschnitt dieses Kapitels anhand dreier prototypischer Entwicklungen belegt.

Der öffentliche Diskurs über Regierungsführung

Die kritische Beobachtung und Analyse von Regierungshandeln erfolgt durch verschiedene Institutionen, vor allem durch afrikanische Parlamente und unabhängige staatliche Prüfinstanzen, durch die Zivilgesellschaft und Geberorganisationen.

In der internationalen Diskussion über *Gute Regierungsführung* sind die **Parlamente** erst kürzlich »entdeckt« worden (v. a. im Kontext der Diskussion über Budgethilfe). Sie sind aber nach wie vor vernachlässigte und oft übergangene Institutionen. Dabei machen die Verfassungen afrikanischer Staaten sehr deutlich, dass den Parlamenten die zentrale Kontrollfunktion zukommt. Die Rechenschaftspflicht von Regierungen muss sich also zuvörderst gegenüber ihren Parlamenten darstellen – nicht gegenüber den Gebern, obwohl letzteres aber nach wie vor die Praxis ist (vgl. Beispiele in Eberlei/Henn 2003; Auclair/Eberlei 2007).

Am wichtigen Beispiel der Armutsstrategieprozesse lässt sich nachweisen, dass die Legislativen im allgemeinen nach wie vor weitgehend von politischen Entscheidungsprozessen ausgeschlossen oder maximal am Rande beteiligt sind. Eine umfangreich angelegte Studie im Auftrag der Weltbank konnte kein einziges Musterbeispiel einer parlamentarischen Beteiligung im PRS-Prozess ausfindig machen (Eberlei 2007a/b).

Auch in der Operationalisierung der Armutsbekämpfungsstrategien und ihrer Umsetzung in Form von Budgetentscheidungen sind Parlamente in den Niedrigeinkommensländern bislang nicht sehr stark involviert. Natürlich werden in allen diesen Ländern nationale Budgets in den Parlamenten behandelt. Die Rahmenbedingungen (politisch, rechtlich, technisch usw.) für qualitative Haushaltsdebatten sind in vielen Ländern jedoch nicht einmal im Ansatz ausreichend.

Gleichwohl, die parlamentarische Regierungskontrolle scheint im Aufwind zu sein. So gibt es Berichte aus Kenia, Ghana, Uganda oder Sambia, wo die Parlamente inzwischen deutlich artikulierter und kritischer gegenüber ihren Regierungen auftreten. Nur ein Beispiel: In 2008 führte der parlamentarische Rechnungsprüfungsausschuss des ghanaischen Parlaments erstmals öffentliche Anhörungen durch und löste damit eine erhebliche öffentliche Debatte über Verschwendung und Korruption aus (Newiger-Addy 2008, 20). Dass die Parlamente in der *Accra Agenda for Action* gleich mehrfach erwähnt werden, zeigt auch, dass sich bei Regierungen und Gebern ein diesbezüglicher Perspektivwechsel anbahnen könnte.

Recht unbeachtet in der Diskussion über das Monitoring von Regierungsführung sind eigene **staatliche Kontrollinstanzen**, insbesondere die Rechnungshöfe. Sie galten über viele Jahre als regierungshörig und damit regierungsfreundlich und darüber hinaus in der Regel als völlig überfordert mit ihrer Aufgabe. Berichte der Rechnungshöfe über die Prüfung abgeschlossener Haushaltsjahre erreichten das Parlament in der Regel mit mehrjähriger Verspätung – und waren damit politisch weitgehend wertlos.

Das hat sich in mehreren Ländern inzwischen verändert (hier übrigens auch aufgrund starker Unterstützung dieser Institutionen durch die Geber). So ist der Bericht des sambischen *Auditor General* über die Ausgabenpolitik der Regierung inzwischen Jahr für Jahr ein Albtraum für die Regierenden: Detailliert werden Veruntreuungen und Verschwendungen dokumentiert und an das Licht der Öffentlichkeit gezerrt. Der Bericht, der auf der eigenen Webseite der Rechnungsprüfer veröffentlicht wird, erscheint inzwischen nur ein gutes Jahr nach Abschluss des Haushaltsjahres und erreicht damit in der Regel tatsächlich noch die politisch Verantwortlichen. Er löst regelmäßig umfangreiche Berichterstattungen in den Medien und heftige Debatten im Parlament aus. Allerdings ist der *Auditor General* auch in Sambia von seinem Dienstherrn, dem Präsidenten, abhängig – zu weit darf der Bericht also nicht gehen. Als vor wenigen Jahren eine ebenfalls von der Regierung kontrollierte Arbeitsgruppe in Sambia, die die Verwendung von Geldern aus den Schuldenerlassen der vorangegangenen Jahre verfolgen sollte, zu regierungskritischen Aussagen kam (Verschwendung, Missverwendung, etc.), wurde diese kurzerhand aufgelöst.

In einigen Ländern gibt es spezielle, in der Regel von der Regierung ernannte und kontrollierte Anti-Korruptions-Einheiten, die in beschränkt unabhängiger Weise Hinweisen über den Missbrauch von Geldern nachgehen. Die Regierungen in Afrika haben häufig auch eigene Berichtssysteme über die Entwicklung ihrer eigenen *Governance*-Programme eingerichtet. Dies geschieht zum Teil auch mit mehr oder minder klar formulierten Indikatoren. Da die meisten afrikanischen Länder sich auf die Armutsstrategieprozesse eingelassen haben, enthalten auch die regelmäßig oder unregelmäßig erscheinenden Fortschrittsberichte Aussagen über die Weiterentwicklung im Bereich der *Guten Regierungsführung*. Diese sind allerdings oft sehr allgemein gehalten und – das kann nicht verwundern – kaum selbstkritisch. Für die politische Öffentlichkeit können solche Berichte aber gleichwohl Bezugspunkt für Debatten sein.

Die Dezentralisierung von Regierungsführung begünstigt ein weiteres Element von politischem Monitoring – nun auf lokaler Ebene. Dezentralisierung gehört in zahlreichen Definitionen und Konzepten zu den wesentlichen Elementen von *Good Governance*. In zahlreichen afrikanischen Ländern gibt es seit Jahren Bestrebungen und Bemühungen, nicht nur Aufgaben der Implementierung an subnationale Regierungsinstitutionen zu delegieren, sondern auch Finanzmittel, Personalkapazitäten, Entscheidungsspielräume u. a. m. dafür zur Verfügung zu stellen (vgl. Crawford/Hartmann 2008). Letzteres ist aber ein mühsamer Prozess. Viele Staaten Afrikas sind weiterhin zentralistisch organisiert. Gleichwohl ist an dieser Stelle zu vermerken, dass sich Ansätze zum Monitoring von Regierungsführung auf lokaler Ebene ausbreiten. Teilweise handelt es sich dabei um zivilgesellschaftliche Initiativen, teilweise jedoch auch um staatlich organisierte Instrumente. Mit Unterstützung verschiedener Geber finden so genannte *social accountability mechanisms* eine gewisse Verbreitung (vgl. z. B. Ackerman 2005). Das sind in der Regel Instrumente, mit Hilfe derer die Leistungsfähigkeit von Regierungen auf lokaler Ebene erfasst wird, also in den für Bürgerinnen und Bürger direkt spürbaren staatlichen Dienstleistungen (z. B. hinsichtlich der Qualität von Bildungs- und Gesundheitseinrichtungen). Eine stärkere Demokratisierung auf lokaler Ebene führt ferner in manchen Ländern zu einer stärkeren Diskussion der Regierungsleistungen in den lokalen Gremien, zum Beispiel den Distriktversammlungen oder Distriktausschüssen.

Es waren **zivilgesellschaftliche Akteure**, die in den 1980er Jahren durch ihre kritische Arbeit den demokratischen Wandel vieler Herrschaftssysteme vorbereiteten und – als die externen Rahmenbedingungen nach Ende des Kalten Krieges es zuließen – vorantrieben. Die kritische Begleitung und öffentliche Diskussion von Regierungsführung gehört also von jeher zum Kernbestand zivilgesellschaftlicher Arbeit, auch in Afrika. Und auch jetzt sind diese Akteure es, die den öffentlichen Diskurs über Regierungsführung vorantreiben. Dass dies aber von den Herrschenden auch anerkannt wird, ist eine relativ neue Entwicklung. Ob in Erklärungen der Afrikanischen Union, ob in der von Regierungen in Nord und Süd 2008 verabschiedeten *Accra Agenda for Action* oder in zahlreichen Erklärungen einzelner afrikanischer Regierungen: Die unbedingte Notwendigkeit eines breiten innergesellschaftlichen Dialogs bei allen entwicklungsrelevanten politischen Entscheidungen wird stets betont. Zivilgesellschaftliche Akteure sind auf der Makroebene politischer Prozesse in Afrika angekommen: Sie beobachten und kritisieren Verstöße gegen politische Menschenrechte und Grundfreiheiten, in jüngerer Zeit auch zunehmend Verstöße gegen *Wirtschaftliche, Soziale und Kulturelle Menschenrechte*. Themen wie Korruption und schlechte Regierungsführung werden von zivilgesellschaftlichen Akteuren aufgegriffen und vorangetrieben. Eine immer vielfältiger werdende Medienlandschaft schafft dafür die nötige Transparenz. Wie erwähnt, sind zivilgesellschaftliche Akteure heute auch in haushaltspolitischen Prozessen und in den Debatten über sektorale Politik präsenter. Zivilgesellschaftliche Akteure füllen damit zunehmend auch in afrikanischen Ländern den Raum der politischen Öffentlichkeit, der über Jahrzehnte allein von den Regierungen – und ihren internationalen Gebern – besetzt war (Kapitel 5 wird dies ausführlich diskutieren).

Ein weiterer politisch spannender Prozess zur kritischen Analyse und Diskussion von Regierungsführung in Afrika ist der bereits oben erwähnte *African Peer Review Mechanism (APRM)*. Dieser war im Rahmen der NEPAD-Initiative 2001 entwickelt und ist anschließend der 2002 gegründeten AU einverleibt worden. Fragen von *Governance* stehen im Zentrum dieses Instruments der gegenseitigen Bewertung von Regierungen. In ihrer *Declaration on Democracy, Political, Economic and Corporate Governance* legte die AU 2002 in Durban vier Untersuchungsfelder für den APRM fest: *Democracy and Political Governance, Economic Governance, Corporate Governance, Socio-Economic Development*. Für jeden der vier Bereiche sind Ziele formuliert worden. Außerdem wurde für jeden Bereich auf bereits verabschiedete Standards verwiesen (von der UN-Charta über Menschenrechtserklärungen bis hin zum Gründungsdokument der AU). Für die Bewertung der jeweiligen Situation wurden ferner Kriterien und Indikatoren benannt (APRM Secretariat 2003).

Ein wichtiger Grundsatz des APRM-Mechanismus ist, dass es nicht um die vergleichende Bewertung der teilnehmenden Länder gehen soll, sondern um eine individuelle Einschätzung der *Governance*-Situation eines Landes (Grimm/Mashele 2006, 2), verbunden mit Anregungen und Empfehlungen, wie diese zu verbessern sei. Dies ist ein wichtiger Unterschied zu den von Gebern genutzten Instrumenten. Eine weitere Besonderheit ist die absolute Freiwilligkeit: Weder sind zusätzliche Ressourcenzuflüsse mit der Teilnahme verbunden, noch sind Sanktionen denkbar, wenn ein Bericht ungünstig ausfällt.

Inzwischen haben 29 Länder, d. h. mehr als die Hälfte aller Staaten in Sub-Sahara Afrika, ihre Teilnahme an diesem Verfahren erklärt. Die meisten von ihnen stehen allerdings noch am Anfang des mehrstufigen Prozesses (siehe Tabelle 10). Nur sechs Länder haben den Prozess bisher vollständig durchlaufen, mit der geplanten Veröffentlichung seines Berichts wird Uganda das siebte Land werden. Auch Burkina Faso und Nigeria, deren Berichte im Oktober 2008 auf der Tagesordnung des APR-Forums der Staatschefs standen, werden bald die Ziellinie erreichen. Diese Ziellinie ist aber gleichzeitig Startpunkt für die Implementierung des Aktionsplans zur Bearbeitung der identifizierten Schwächen. Diese Implementierung unterliegt einem regelmäßigen Monitoring. So hat Ghana inzwischen den dritten Halbjahresbericht zur Umsetzung des Aktionsplans vorgelegt.

Die ersten Erfahrungen mit APRM-Prozessen verdeutlichen, dass es ganz entscheidend darauf ankommt, mit welchen grundlegenden Zielen eine Regierungsspitze in den Prozess startet (Grimm/Nawrath 2007; Chikwanha 2007). Vereinfacht gesagt: Soll der Mechanismus genutzt werden, um die Qualität der Regierungsführung (sowie der anderen Komponenten) zu verbessern oder will eine Regierung sich nur ein Alibi verschaffen, ohne an *bad governance*, der Verletzung von Menschenrechten, der mangelnden Beteiligung der Zivilgesellschaft usw. etwas zu ändern. Die Offenheit des APRM-Ansatzes lässt offenbar Spielraum für beide Varianten. Dabei wird Ghanas APRM-Prozess fast einhellig als vorbildlich gelobt.

| Tabelle 10 | |
|---|---|
| **Afrikanische Länder im APRM-Prozess** | |
| Teilnahme ja, aber Prozess noch nicht gestartet bzw. in Vorbereitung (14) | Rep. Kongo, Äthiopien, Kamerun, Gabun, Mali, Ägypten, Angola, Sierra Leone, Sudan, Sao Tome & Principe, Djibouti, Malawi, Mauretanien, Togo |
| Phase 1: Hintergrundbericht APRM-Sekretariat; Eigenbewertung des Landes (partizipativ) (4) | Tansania, Mosambik, Sambia, Senegal |
| Phase 2: Begutachtung durch externes APRM-Team (1) | Lesotho (IV/2008) |
| Phase 3: APRM-Team verfasst Bericht u. diskutiert ihn mit Regierung; Panel (1) | Mauritius |
| Phase 4: Review durch APR-Forum der Staatschefs (2) | Burkina Faso und Nigeria (hat im Oktober 2008 stattgefunden) |
| Phase 5: Veröffentlichung des Berichts + Aktionsplan (7) | Ghana, Kenia, Ruanda, Algerien, Südafrika, Benin, Uganda (angekündigt) |
| Eigene Zusammenstellung auf Basis der Webseite des APRM-Sekretariats (Stand: Januar 2009) | |

Der Mehrwert des APRM-Ansatzes kann auf mehreren Ebenen identifiziert werden: Zum einen hat sich die AU mit diesem Ansatz vom »Krähenprinzip« verabschiedet, wie Grimm/Nawrath (2007) es formulieren, also: Keine Krähe hackt der anderen die Augen aus. Die Diskussion von *Governance*-Fragen steht auf der Agenda der AU und sie wird durch APRM konkreter. Zum zweiten ermöglicht der Ansatz tatsächlich einen gegenseitig inspirierten Lernprozess: Wie lässt sich *Gute Regierungsführung* in Afrika realisieren? Nicht mehr die Demokratien des Nordens, sondern die demokratischen Prozesse im Nachbarland können zum Vorbild für eigenes Handeln werden. Drittens – und vermutlich entscheidend: Der APRM-Prozess im Land, d. h. der Dialog zwischen Regierung und anderen Institutionen und Akteuren (Parlamente und Parteien, traditionelle Akteure, Zivilgesellschaft, Privatsektor), bietet einen in gewisser Weise geregelten Ansatz zur Diskussion von *Governance*-Fragen in der politischen Öffentlichkeit der Länder – und das, ohne dass die Geber dabei sofort am Geldhahn stehen. Die Gefahr, dass APRM nicht als Prozess, sondern als einmalige Aktion missverstanden wird, kann zurecht als eine der großen Sorgen formuliert werden (Chikwanha 2007, 6).

Der öffentliche Diskurs wird ferner durch Beiträge der **internationalen Geberorganisationen** beflügelt. Mit ihrer verstärkten Konzentration auf Fragen der Regierungsführung haben diese in den vergangenen 10-15 Jahren verschiedene Instrumente der Bewertung von Regierungsführung entwickelt. Neben qualitativen Analysen der jeweiligen politischen Situation des Landes, wie sie in der deutschen EZ bis heute dominieren oder wie sie im Ansatz *Drivers of Change* der britischen Regierung zum Ausdruck kommen, spielen zunehmend auch quantitative Methoden der Bewertung von Regierungsarbeit eine Rolle. Auf das ausgefeilte Instrumentarium der Weltbank *(Country Policy and Institutional Assessment, CPIA)* ist schon verwiesen worden. Über CPIA hinaus gibt es aber eine Reihe von weiteren Geber-Instrumenten zum Monitoring von Regierungsführung, die sowohl quantitative als auch qualitative Erhebungsmethoden beinhalten.[34] So hat die Europäische Kommission 2006 die Einführung von *Governance Profiles* verkündet. Auf der Basis dieser Profile werden einem Land – bei günstiger Bewertung – zusätzliche Mittel zugesprochen *(Governance Incentive Tranche)*. Genutzt werden diese Instrumente bei der Erstellung von Länderstrategiepapieren, für den *Policy* Dialog mit den Regierungen, zur Gestaltung spezieller *Governance*-Förderprogramme in den Partnerländern und, wie erwähnt, in einigen Fällen auch für Entscheidungen über die Mittelallokation (u. a. Weltbank, Europäische Kommission, Afrikanische Entwicklungsbank, DFID, USAID). Die Stellungnahmen von Gebern, die auf diesen Ergebnissen beruhen, tragen zur Verstärkung der Debatte über Regierungsführung bei – auch wenn ihre Methoden und Verwendungszwecke im Einzelfall immer wieder gut begründete Kritik hervorrufen.[35]

Neben den unmittelbar für die operative Arbeit der Geber verwendeten Instrumenten zur Analyse von Regierungspolitik versuchen verschiedene internationale Institutionen, Entwicklungen im Bereich der Demokratisierung oder der Qualität von Regierungsführung messbar und vergleichbar zu machen (vgl. Arndt/Oman 2006 als Überblick). Zu diesen Ansätzen zählen die bereits erwähnten *Worldwide Governance Indicators (WGI)* der Weltbank. Bei aller Skepsis und Vorsicht gegenüber solchen quantitativ angelegten Analysen: Die Ergebnisse können durchaus als ein nützliches Hilfsmittel zur Identifizierung von Ländergruppen bzw. von bestimmten Trends über einen längeren Zeitraum gelten – eine jeweilige qualitative Analyse jedes einzelnen Länderfalls erset-

---

[34] Eine Studie der OECD erfasste insgesamt 17 sogenannte *Governance Assessments* (von 11 Gebern; OECD 2008c); eine andere Analyse kam sogar auf mehr als 30 solcher »Tools« (UNDP/EC 2004).

[35] Die *Governance Profiles* der europäischen Kommission zum Beispiel sind von verschiedenen Seiten skeptisch bewertet worden. Unter anderem wird kritisiert, dass diese von der Europäischen Kommission erstellt werden und nicht partizipativ im Land. Die Verbindung zwischen Bewertung und Mittelzuweisung sei nicht transparent. Auch die Rolle quantitativer Daten wird kritisch bewertet (vgl. zum Beispiel Afrimap 2007).

zen sie allerdings nicht. Zu diesem Ergebnis kommt auch Schmidt (2006) in einer Darstellung des in Deutschland erarbeiteten *Bertelsmann Transformation Index* (*BTI*). Dabei handelt es sich um einen aufwändigen Versuch, qualitative und quantitative Daten über politische Entwicklungen in Entwicklungsländern zu erheben.

Insgesamt gilt: Externe Monitoring- und Review-Prozesse stellen eine wichtige Informationsquelle für inländische Akteure dar und bilden Bezugspunkte für den politischen Diskurs. Sie können auch externen Druck auf die Herrschenden ausüben, stärker auf den Ruf nach guter Regierungsführung zu reagieren. Sie können jedoch die inländische Nachfrage nach einer Regierungsführung, die dem Willen der Bevölkerung entspricht, nicht ersetzen. Entscheidend für nachhaltige politische Veränderungsprozesse sind die inländischen *checks and balances*. Spannend zu beobachten ist, dass sich diese externen und internen Prozesse zunehmen angenähert und vielfach schon ineinander verzahnt haben. Der öffentliche Diskurs über Regierungsführung, der heute in vielen afrikanischen Ländern zu beobachten ist, zeugt davon.

Prototypische Entwicklungen: Äthiopien, Ghana und Sambia

Obwohl über Definitionen, Analyse- und Messverfahren, Erklärungsmuster und Bewertungen von Regierungsführung in Afrika umfassend gestritten wird, ergibt sich aus den vielfältigen Analysen über die *Wirklichkeit von Regierungsführung in Afrika* doch ein deutliches Bild: Die Qualität von (demokratischer) Regierungsführung entwickelt sich in Sub-Sahara Afrika sehr unterschiedlich. Vier Gruppen sollen hier differenziert werden:

– Staaten mit demokratischer Regierungsführung, deren Qualität sich in den vergangenen zehn Jahren überwiegend verbessert hat;
– Staaten mit eingeschränkt demokratischer Regierungsführung, deren Entwicklung in den vergangenen zehn Jahren deutlichen Schwankungen unterlag;
– Staaten mit autoritärer Regierungsführung (in der Regel mit formaldemokratischen Elementen), deren Entwicklung in den vergangenen Jahren schwankte oder sich sogar verschlechterte;
– Staaten mit schwacher oder versagender Regierungsführung (*failing/failed states*).

Die zuletzt genannte Gruppe ist, wie schon zuvor festgestellt, ein Sonderfall in Afrika, der durch anhaltende Stagnation oder Rückschritte geprägt ist und deshalb hier nur am Rande betrachtet werden soll (vgl. dazu z. B. Debiel u. a. 2007; BMZ 2007). Die drei anderen Gruppen bilden unterschiedliche Typen politischer Transitionsprozesse in Sub-Sahara Afrika ab. Ghana, Sambia und

Äthiopien können als Prototypen der drei Gruppen verstanden werden. Dies wird zunächst anhand quantitativer Daten, danach durch qualitativ vergleichende Diskussion von verschiedenen Aspekten einer *democratic governance* diskutiert.[36]

Die schon erwähnten *Worldwide Governance Indicators (WGI)* der Weltbank zeichnen sich dadurch aus, dass sie eine Vielzahl von Indikatoren aus verschiedenen (unabhängigen, auch nicht-staatlichen) Quellen zusammenfassen. Vergleicht man die Ergebnisse der oben genannten sechs Dimensionen des WGI für die drei Beispielländer, so ergeben sich markante Unterschiede:

Im Zeitraum von 1996 (Beginn der Erhebungen der WGI) bis 2007 schneidet Ghana in allen sechs Dimensionen am besten ab. Lediglich im Bereich der *Political Stability* kann Sambia zumindest in den Jahren 2006-2007 ähnlich gute Werte erzielen.

Äthiopien bildet bei vier von sechs Dimensionen das Schlusslicht der Reihe. Nur bei *Government Effectiveness* sowie *Control of Corruption* liegt Äthiopien etwa gleichauf mit Sambia, beide jedoch deutlich hinter Ghana.

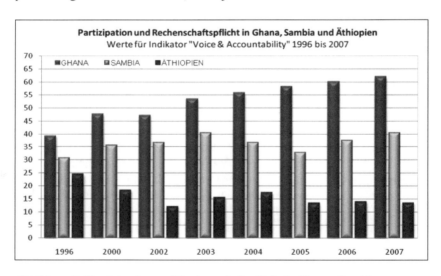

*Abbildung 2: Partizipation und Rechenschaftspflicht in Ghana, Sambia und Äthiopien (Quelle: Kaufmann/Kraay/Mastruzzi 2008)*

Sambia zeigt das klassische Mittelfeld: schwankende Werte zwischen den Extremen, in der Regel unklare Trends mit Verbesserungen, Verschlechterungen

---

[36] Die politikwissenschaftliche Afrikaliteratur kommt häufig zu ähnlichen Einteilungen (vgl. z. B. Meyns 2006 und Schmidt 2006).

oder Stagnation zwischen den einzelnen Jahren. Es ist in der Gesamtbilanz deutlich zwischen Ghana und Äthiopien positioniert.[37]

Auf einen Blick wird die Dreiteilung sehr deutlich im Bereich *Voice and Accountability,* der für die Frage nach *democratic governance* besonders aussagekräftig ist.[38] Die Graphik zeigt die in den WGI vereinten Trends in Ghana, Sambia und Äthiopien für den Zeitraum 1996 bis 2007.

Eine qualitativ-vergleichende Diskussion der drei Länder soll diese quantitative Perspektive ergänzen. Im vorherigen Kapitel wurde der Begriff *democratic governance* als angemessenes Konzept für Diskussionen über Regierungsführung erläutert. Daraus können wesentliche Dimensionen *Demokratischen Regierens* abgeleitet werden: Legitimation von Regierungsmacht, Transparenz, Partizipation und Rechenschaftspflicht. Die drei Fallbeispiele zeigen die deutliche Varianz in diesen Dimensionen auf.

**Legitimation von Regierungsmacht**: In allen drei Staaten finden regelmäßig Wahlen statt, gleichwohl mit großen Unterschieden. Die Voraussetzungen für freie und faire Wahlen werden in Äthiopien als sehr schwach eingeschätzt. Die Parlamentswahlen 2005 wurden nach übereinstimmender Bewertung der internationalen Beobachter von der Regierung so massiv beeinflusst, dass von demokratischen Wahlen nicht die Rede sein konnte. Die Proteste und Demonstrationen gegen die Manipulation der Wahlen unterdrückte die Regierung blutig: Am Ende waren mehrere hundert Tote zu beklagen und über 3000 Menschen inhaftiert. Bis Mitte 2007 saßen führende Oppositionspolitiker im Gefängnis, darunter gewählte Mitglieder des Parlaments. Von einer demokratischen Legitimation der Regierungsführung durch Wahlen und ein demokratisch gewähltes Parlament kann nicht die Rede sein. Die Situation in Sambia ist unvergleichlich besser. Auch hier ist es in der Vergangenheit allerdings regelmäßig zu Wahlbetrug und Fälschungen gekommen. Bei den jüngsten Präsidentschaftswahlen im Oktober 2008 bescheinigten Beobachter faire

---

[37] Der Senegal, der ebenfalls im Rahmen des Forschungsprojekts untersucht wurde, ist in vielerlei Hinsicht mit Sambia vergleichbar und stellt damit ein zweites Beispiel für diese Kategorie von Ländern dar (vgl. Siebold 2008).

[38] Dieser beinhaltet eine Reihe von Indikatoren, die für eine Einschätzung der demokratischen Prozesse von Bedeutung sind, darunter: *Afrobarometer, Bertelsmann Transformation Index, Economist Intelligence Unit, Freedom House Index, International Budget Project Open Budget Index, Reporters Without Borders Press Freedom Index* und andere mehr. Gemessen und bewertet werden soll »the extent to which a country's citizens are able to participate in selecting their government, as well as freedom of expression, freedom of association, and a free media« (World Bank 2007b, 2); für eine kritische Diskussion solcher Indikatoren Arndt/Oman 2006; vgl. ferner Kaufmann/Kraay 2008, hier setzen sich die Autoren auch mit der Kritik an ihrem Index auseinander.

und freie Wahlen (SADC, AU, EU), während die größte Oppositionspartei wegen angeblichen Wahlbetrugs protestierte. Ghana erweist sich hinsichtlich der demokratischen Qualität von Wahlen als Vorreiter: Von den vielfältigen Fälschungen und Manipulationen anderer afrikanischer Staaten ist das Land weit entfernt, auch wenn es regelmäßig Kritik an den amtierenden Präsidenten gibt, sie würden ihre Regierungsbasis für parteipolitische Zwecke nutzen (ein Vorwurf, der auch aus Industrieländern hinreichend bekannt ist). Doch von direkten Fälschungen kann keine Rede sein. Eine freie und sehr kritikfreudige Medienlandschaft sowie die lebendige Zivilgesellschaft ermöglichen offene Diskussionen vor Wahlen (siehe Diskussion vor den Präsidentschaftswahlen im Dezember 2008). Die Legitimation durch Wahlen wird in Ghana aber besonders dadurch unterstrichen, dass das Land zu den wenigen Ländern in Afrika gehört, in denen Regierungen abgewählt wurden, und (!): dann auch tatsächlich das politische Feld räumten (im Jahr 2000 und erneut 2008/09). Die Möglichkeit eines friedlichen Regierungswechsels durch Wahlen kann als das Gütezeichen demokratischer Legitimation von Regierungsmacht gelten.

**Transparenz**: Umfassende Informationen über das Handeln der Regierenden ist die Voraussetzung für gesellschaftliche Beteiligung an politischen Prozessen, aber auch für die Kontrolle der Regierungsführung. Transparenz schafft einen öffentlichen Raum, politische Öffentlichkeit. Die drei Länder weisen hier deutliche Unterschiede auf. Ghanas politische Öffentlichkeit ist ausgeprägt. Die Regierung hat eine Reihe von gesetzlichen Rahmenbedingungen auf den Weg gebracht, um die Transparenz des Regierungshandelns zu verbessern (vgl. APRM 2005, 30 f.). Eine vielfältige und in weiten Teilen unabhängige Medienlandschaft trägt zu einer kritischen politischen Öffentlichkeit bei. Eine sehr aktive Zivilgesellschaft hat sich als Gegenüber zur Regierung fest etabliert, insbesondere in den Städten, weniger auf dem Land. Verschiedene zivilgesellschaftliche Akteure schaffen z. B. mit ihren Maßnahmen zum Monitoring mehr Transparenz über die staatliche Ausgabenpolitik. Der APRM-Bericht über Ghana hebt die Anstrengungen zu mehr Transparenz hervor, zeigt allerdings auch bestehende Schwächen auf. Neben einigen Ministerien und Behörden, die Transparenz vermissen ließen, sei insbesondere die Transparenz des Regierungshandelns auf dezentraler, lokaler Ebene weiterhin sehr schwach und verbesserungsbedürftig (APRM 2005, xv, 60f.). Gleichwohl: Dass die ghanaische Regierung bereit war, sich als erstes afrikanisches Land dem APRM-Prozess zu stellen, belegt den politischen Willen, das eigene Handeln offen zu legen und damit Transparenz zu schaffen.[39]

---

[39] Ghanas *Peer Review* wurde mit einer Diskussion der beteiligten Staatschefs im Januar 2006 abgeschlossen. Das Land hat seither drei halbjährliche Fortschrittsbe-

Schon in dieser Hinsicht unterscheidet sich Ghana von Äthiopien und Sambia, die 2008 – drei Jahre nach Veröffentlichung des ghanaischen APRM-Berichts – noch immer ganz am Anfang des Begutachtungsprozesses stehen.[40] Mangelnde Transparenz des Regierungshandelns wird darüber hinaus insbesondere in Äthiopien beklagt. Wichtige politische Entscheidungen des Landes werden in einem kleinen parteiinternen Zirkel getroffen und im Kabinett bestätigt. Zwar hat die Regierung die Berichterstattung über das eigene Handeln in den vergangenen Jahren ausgeweitet, eine transparente, öffentliche Debatte darüber wird jedoch nicht zugelassen. Das Parlament spielt keine Rolle in der öffentlichen Kontrolle des Regierungshandelns. Die Medienfreiheit ist stark begrenzt, kritische Journalisten sehen sich regelmäßig staatlichen Repressionen gegenüber. Das Verbot des kritischen äthiopischen Journalistenverbands *Ethiopian Free Journalists Association* (EFJA) im November 2003, die massive Einschüchterung von kritischen Blättern nach den Wahlen 2005 und die uneingeschränkte staatliche Kontrolle des Fernsehens zeigen eindrücklich, dass eine Pressefreiheit in Äthiopien nicht existiert. Nach Berichten, zum Beispiel von *Reportern ohne Grenzen,* hat sich die Situation nach den Wahlen 2005 noch deutlich verschlechtert. Zivilgesellschaftliche Versuche, mehr Transparenz einzufordern, bleiben aus Angst vor Repressionen äußerst zurückhaltend und im Ergebnis überwiegend wirkungslos. In Sambia kann von Pressefreiheit zwar auch nur mit Einschränkungen gesprochen werden (das Fernsehen ist staatskontrolliert), eine Reihe von unabhängigen Zeitungen und Radiostationen sorgen aber für eine unvergleichlich bessere Öffentlichkeit als in Äthiopien. Die Regierung hat, ähnlich wie in Ghana und anderen Ländern, mit verschiedenen Programmen dazu beigetragen, die Transparenz des Handelns staatlicher Institutionen zu verbessern. Interessant ist beispielsweise die Veröffentlichung von Finanzflüssen vom Finanzministerium an die Linienministerien auf der Webseite des Finanzministeriums. Eine sehr aktive Zivilgesellschaft in Sambia nutzt ihre politischen Freiräume, um durch kritische Studien, Erhebungen und Kommentare für mehr Transparenz des Regierungshandelns zu sorgen. In punkto Transparenz ist die sambische Situation eher mit Ghana vergleichbar.

---

richte vorgelegt (den letzten 2008) (APRM 2008) – Es gibt aber auch Kritik an der langsamen Umsetzung der Empfehlungen (Advisory Board Irish Aid 2008, viii).

[40] Der APRM-Prozess in Äthiopien wurde im Juni 2008 gestartet. Nach Angaben des APRM-Sekretariats will das Land Anfang 2009 seinen eigenen Bericht vorlegen, dem dann der externe Review folgen würde (APRM Newsletter Sep 2008). – Sambias Kabinett hat 2008 eine Kommission eingesetzt, die den Prozess steuern soll. (APRM Newsletter Sep 2008). Durch den Tod von Präsident Mwanawasa im August 2008 und die folgenden Präsidentschaftswahlen Ende Oktober 2008 geriet der Prozess jedoch (vorläufig) ins Stocken.

**Partizipation**: Die Beteiligung zivilgesellschaftlicher Akteure an politischen Prozessen in Ghana und Sambia ist ausgeprägt: So haben in beiden Ländern gesellschaftliche Akteure aktiv im Entstehungsprozess der jeweiligen aktuellen nationalen Entwicklungsstrategien mitgewirkt und beteiligen sich am Monitoring dieser Strategien. Auch in der Haushaltspolitik oder sektoralen politischen Prozessen spielen zivilgesellschaftliche Akteure eine erkennbare Rolle. Gleichwohl ist die Möglichkeit zivilgesellschaftlicher Partizipation in beiden Ländern deutlich verbesserungsfähig, wie zivilgesellschaftliche Akteure selber feststellen, aber wie es auch von unabhängigen Beobachtern erklärt wird (für Ghana vgl. z. B. APRM 2005, 52; für Sambia: verschiedene Beiträge in Eberlei et al 2005). In beiden Ländern ist insbesondere die Beteiligung zivilgesellschaftlicher Akteure auf lokaler Ebene weiterhin dürftig. Darüber hinaus ist auch auf nationaler Ebene die Dauerhaftigkeit von zivilgesellschaftlicher Partizipation nicht gewährleistet, da institutionelle und rechtliche Rahmenbedingungen noch zu schwach ausgeprägt sind. Im Vergleich zur Situation in diesen Ländern vor z. B. zehn Jahren haben sich die Chancen zur Beteiligung aber deutlich erhöht. Für Äthiopien kann das nicht festgestellt werden. Zwar hatte die Regierung in einer Phase politischer Liberalisierung (etwa in den Jahren 2000 bis 2005) politische Spielräume für Partizipation eröffnet (z. B. im äthiopischen PRS-Prozess), diese sind aber seit den Wahlen 2005 und den darauf folgenden politischen Unruhen wieder erheblich begrenzt worden. Die äthiopische Zivilgesellschaft hat gegenwärtig keine Möglichkeit wirkungsvoller Beteiligung an politischen Prozessen. Im Gegenteil: sie muss angesichts Anfang 2009 weiter verschärfter rechtlicher Rahmenbedingungen für NRO mit zunehmenden Repressionen rechnen (vgl. Textbox 10).

Für alle drei Länder gilt, dass die Beteiligung von Frauen an politischen Prozessen schwach ist. Hier zeigt auch Ghana, das sonst in vielen Punkten glänzen kann, deutliche Defizite: Im nationalen Parlament wie auch in den Distriktversammlungen, in Regierungsämtern ebenso wie in den höheren Etagen des öffentlichen Dienstes (z. B. den vom Präsidenten ernannten Verwaltungschefs auf Distriktebene) und auch in den Parteien spielen Frauen noch immer eine ganz untergeordnete Rolle (Allah-Mensah 2005). In den Parlamentswahlen 2008 verschlechterte sich der Anteil der Frauen sogar noch: statt bisher 25 sind nun nur noch 18 Frauen im nationalen Parlament vertreten.[41]

---

[41] Bemerkenswert ist an dieser Stelle, dass einige andere Länder (z. B. Uganda und Ruanda) durch gesetzliche Quoten und/oder durch gezielte Förderung von Frauen in politischen Ämtern hier deutlich besser dastehen als die drei hier untersuchten Fallbeispiele.

## 10

### Neues NRO-Gesetz:
### Damoklesschwert über äthiopischer Zivilgesellschaft

Mit einem im Februar 2009 in Kraft gesetzten neuen NRO-Gesetz hat die äthiopische Regierung die rechtlichen Rahmenbedingungen für die Zivilgesellschaft im Land dramatisch verschärft. Zwar sieht die äthiopische Verfassung weitreichende Partizipationsrechte für die Bürgerinnen und Bürger des Landes vor, doch politische Rechte will die Regierung künftig nur noch jenen Organisationen gewähren, die weniger als zehn Prozent ihrer Finanzmittel von internationalen Geldgebern erhalten. Alle anderen dürfen sich zu politischen Fragen nicht mehr äußern.

Praktisch betroffen von dieser Maßregelung sind alle Menschenrechtsorganisationen sowie alle NGOs, die sich um Beteiligung an politischen Prozessen bemühen. Zumeist beziehen alle diese Organisationen – projektbezogen oder auch zur Unterstützung von Organisationsstrukturen – Mittel von mehr als zehn Prozent ihres Budgets aus dem Ausland. Für eines der ärmsten Länder der Welt ist das auch schwerlich anders vorstellbar. So macht auch der Anteil der internationalen Zuschüsse am äthiopischen Regierungshaushalt mehr als ein Viertel aller Einnahmen aus. Äthiopien ist der größte Entwicklungshilfeempfänger in Afrika. Den zivilgesellschaftlichen Organisationen gesteht die Regierung diese Finanzquelle jedoch nicht zu.

Wie sich das neue Gesetz in der politischen Praxis auswirkt, ist noch offen. Einige Beobachter meinen, dass die Regierung das Gesetz nur in Ausnahmefällen restriktiv anwenden werde. Genau diese Bedrohung aber wird viele Organisationen zur Selbstzensur führen. Und dass die Regierung nicht zurückscheut, MitarbeiterInnen von zivilgesellschaftlichen Organisationen ins Gefängnis zu stecken, haben die politischen Ereignisse nach 2005 bewiesen. Die internationalen Geber protestierten nur halblaut gegen das neue Gesetz – und gingen schnell zur Tagesordnung über.

---

**Rechenschaftspflicht**: Wie aus den vorherigen Absätzen bereits deutlich wird, kann im Falle Äthiopiens bei mangelhafter Transparenz und fehlenden Beteiligungsmöglichkeiten sowie einem praktisch nur als zeremonielle Institution fungierenden Parlament nicht davon ausgegangen werden, dass es eine inländische Rechenschaftspflicht der Regierung gäbe. Die im oben abgebildeten Schaubild erkennbaren miserablen Werte für *Voice and Accountability* sprechen hier eine deutliche Sprache. In Ghana und Sambia ist das anders. Trotz vielfacher Schwächen der Parlamente ist ihre Aufsichts- und Kontrollfunktion in den vergangenen Jahren stärker geworden (zum Beispiel, wie erwähnt, in den jährlichen Haushaltsdebatten). Auch die aktive Arbeit der zivilgesellschaftlichen Akteure in beiden Ländern zwingt die Regierung regelmäßig, Rechenschaft über ihre Arbeit abzulegen.

Zwischenfazit: Eine qualitativ-vergleichende Diskussion der drei Länder kann die eingangs dargestellte quantitative Übersicht verfeinern, differenzieren und insgesamt untermauern. Die drei ausgewählten Fälle stehen beispielhaft für die oben genannten verschiedenen Ländergruppen, die eine deutlich unterschiedliche Entwicklung in der Regierungsführung aufweisen.

Demokratische Regierungsführung kann an der Einhaltung dieser Prinzipien – Legitimation, Transparenz, Partizipation und Rechenschaftspflicht – gemessen werden. Am Ende werden Regierungen jedoch hinsichtlich der Ergebnisse und Wirkungen ihrer Arbeit für die großen Mehrheiten ihrer Bevölkerungen bewertet werden müssen. Dies ist kein Widerspruch, sondern eine notwendige Ergänzung. Mit *Amartya Sen* (1999) ist schon zuvor argumentiert worden, dass eine *demokratische Regierungsführung* die beste Voraussetzung für eine Regierungsführung ist, die den Mehrheiten der Bevölkerungen dient. Wenn 80 Prozent der Afrikanerinnen und Afrikaner in Armut leben, kann eine *Gute Regierungsführung* nur eine solche sein, die an diesem Zustand etwas zu verändern sucht.

## ARMUTSORIENTIERTE REGIERUNGSPOLITIK – EINE ZWISCHENBILANZ

Die spannende Frage ist nun, ob sich die armutsorientierte Regierungspolitik in afrikanischen Staaten in den vergangenen zehn Jahren nennenswert verändert hat. Und ob sich Ergebnisse und Wirkungen einer solchen Politik für die armen Bevölkerungsmehrheiten erkennen lassen. Vier Elemente der sogenannten Wirkungskette – *input, output, outcome, impact* – sollen helfen, die Diskussion dieser Fragen zu strukturieren (siehe Textbox 11).

***Input:*** Eine Regierung, die eine armutsorientierte Politik betreiben will, hat dafür drei Arten von Ressourcen zur Verfügung, die sie als *input* einsetzen kann: Institutionen, Strategien, Finanzmittel.

Die institutionellen Voraussetzungen für eine armutsorientierte Politik sind vielfältig. Diese beginnen mit gesetzlichen Rahmenbedingungen, die der Erfüllung von wirtschaftlichen und sozialen Menschenrechten dienlich sind (z. B. die gesetzliche Absicherung von Landrechten für Frauen oder rechtlicher Schutz für Kleinunternehmer vor willkürlicher Behandlung korrupter Bürokratien). Dazu zählen ferner handlungsfähige Institutionen, die diese Rechte auch durchsetzen (Gerichte, Polizei usw.). Institutionelle Voraussetzungen sind auch leistungsfähige Ministerien, die politische Strategien effektiv und effizient umsetzen können. Auch transparente haushaltspolitische Prozesse sind zu nennen oder dezentralisierte Strukturen, die in der Lage sind, Politik auf lokaler Ebene zu entwickeln und zu implementieren. All dies sind Beispiele für die Vielzahl an institutionellen Voraussetzungen. *Institutions matter*, dieser Grundsatz gehört seit einigen Jahren zum *common sense* der Entwicklungspolitiker – ohne angemessene rechtliche Rahmenbedingungen und einen funktionsfähigen Staatsapparat kann armutsorientierte Politik nicht fruchten.

## 11
### Die Wirkungskette: *input, output, outcome, impact*

Monitoring und Evaluierung von Regierungspolitik beleuchten vier Elemente einer Wirkungskette: *Input* bezieht sich auf die eingesetzten Ressourcen für eine Maßnahme oder auch einen Sektor, zum Beispiel budgetierte Finanzmittel für den Gesundheitsbereich oder auch die Schaffung institutioneller Voraussetzungen. Während *output* dann die tatsächlichen Leistungen abbildet (also zum Beispiel die Ausgaben im Gesundheitsbereich für den Kauf von Medikamenten), beschreibt *outcome* die indirekten Resultate (in dem Beispiel: mehr Menschen werden mit Medikamenten angemessen behandelt). Erst der *impact* zeigt jedoch die anhaltende Wirkung einer Maßnahme (im Beispiel: weniger Krankheiten, mehr gesunde Menschen).

In Sub-Sahara Afrika gibt es in diesem Bereich tatsächlich einige Bewegung: In fast allen Ländern wurden in den vergangenen Jahren Reformen des öffentlichen Sektors und staatlicher Institutionen angestoßen, in der Regel als Element der Armutsstrategieprozesse (Siebold 2008, 27). Dazu zählten unter anderem Reformen des Justizsektors, Maßnahmen zur Stärkung der Dezentralisierung staatlicher Arbeit, Programme zur Verbesserung der Dienstleistungen im Gesundheitssektor und andere mehr. Doch institutionelle Veränderungen sind nicht so schnell durchsetzbar. Selbst in den Ländern, die als Vorreiter in Sachen Armutsbekämpfung dienen, kommen institutionelle Reformen nur langsam voran (vgl. Textbox 12).

Gleichwohl, institutionelle Reformen mögen einen langen Zeitraum in Anspruch nehmen, ihre langfristige und anhaltende Wirkung auf die Lebenslagen der Armen kann aber ungleich höher eingeschätzt werden als eine schnelle, aber nur kurzfristige Ausgabenerhöhung im Bereich Bildung oder Gesundheit. Beispiel Frauenrechte. In Wissenschaft und Politik, auch in den politischen Erklärungen afrikanischer Regierungen, besteht weitgehende Einigkeit darin, dass die vielschichtige Benachteiligung von Frauen eine der wichtigsten Hindernisse für eine wirkungsvolle Armutsbekämpfung darstellt. Einigkeit besteht auch darüber, dass diese Benachteiligungen vielfach institutionelle, speziell: rechtliche Gründe haben. Das Erbrecht in vielen afrikanischen Ländern benachteiligt Frauen in starkem Maße, ebenso das Landrecht oder das Familienrecht. Häusliche Gewalt gegen Frauen wird rechtlich kaum verfolgt, die Verstümmelung von weiblichen Genitalien ist in zahlreichen afrikanischen Ländern noch immer nicht justitiabel. Auch der Handel mit Mädchen zählt in vielen Ländern zu einer üblichen Praxis, die rechtlich nicht in Frage gestellt wird. Institutionelle Reformen benötigen hier viel Zeit. Es ist deshalb als Fortschritt zu bewerten, dass viele afrikanische Länder in den vergangenen Jahren neue Gesetze verabschiedet oder Verordnungen erlassen haben, die die rechtliche Situation von Frauen verbessern. Beispiele sind die Verabschiedung von Gesetzen gegen sexuelle Belästigung (Benin 2002, Kenia 2003), genitale Verstümmelung (Benin 2003, Äthiopien 2004, Burkina Faso 2004, Mauretanien 2007), häusliche Gewalt (Senegal 1999, Kapverden 2004, Malawi 2006) oder Menschenhandel (Kamerun 2005, Ghana 2006).[42] Solche Rechtssetzungen verändern das Leben von Frauen nicht über Nacht – sie sind aber ein *input*, der langfristige Wirkungen erzielen kann.

## 12

**Ghana: Schwache Dezentralisierung behindert Armutsbekämpfung**

Die ghanaische Regierung hat in den vergangenen Jahren die Anstrengungen im Bereich der Dezentralisierung verstärkt. Die weitere Dezentralisierung ist in den beiden PRS-Strategien (von 2002 und 2006) als Priorität markiert. Die lokalen Entwicklungspläne *(District Development Plans)* müssen sich heute im Rahmen von GPRS bewegen. Gesetzliche Rahmenbedingungen für eine verstärkte Dezentralisierung wurden verbessert, insbesondere durch den *Local Government Service Act 2003*, der aber bisher kaum umgesetzt wurde. Mit einem *National Decentralization Action Plan (NDAP) 2003-2005* versuchte die Regierung, weitere Akzente zu setzen. Auf dem Papier hat die Dezentralisierung in Ghana also zweifellos Fortschritte gemacht, die Praxis hinkt jedoch hinterher.

Die bisherige Leistungsfähigkeit der dezentralen staatlichen Strukturen für Entwicklung und Armutsbekämpfung wird in verschiedenen Studien als gering eingeschätzt. Auf der Basis einer empirischen Untersuchung in zwei ländlichen Distrikten kommt Crawford (2008) zum Beispiel zu der Auffassung, dass insbesondere strukturelle Gründe auf nationaler Ebene die effiziente Arbeit lokaler Verwaltungen verhindern. Die Gründe für schwache Leistungen liegen demnach vor allem in dem Bestreben der Regierung und des Präsidenten, die politische Kontrolle über die lokale Ebene zu behalten.

---

[42] Am Weltfrauentag 2009 haben die Vereinten Nationen eine Datenbank solcher Reformen ins Internet gestellt: www.un.org/womenwatch/daw/vaw/v-database.htm

Die zweite Dimension, die als *input* für eine armutsorientierte Regierungspolitik unerlässlich ist, sind operationalisierte strategische Perspektiven einer Regierung. Während die Armutsbekämpfung früherer Entwicklungsdekaden von einer Vielzahl isolierter Programme, Projekte und Maßnahmen gekennzeichnet war, die häufig am grünen Tisch geplant, oft unverbunden, nicht zielorientiert, in der Regel von Gebern dominiert und manchmal widersprüchlich waren, sollte all dies mit der Einführung der strategischen Armutsbekämpfung Ende der 1990er Jahre ein Ende haben – ausgedrückt in den *Poverty Reduction Strategies (PRS)*. Natürlich hatte es in vielen afrikanischen Regierungen auch zuvor Nationale Entwicklungspläne oder Strategien zur Armutsbekämpfung gegeben. Neu aber war die Anlage der PRS als Politikzyklus und damit, im Ansatz, als gesellschaftlicher Lernprozess (siehe Kapitel 2). Armutsorientierte Regierungspolitik soll damit auf Wirkungen für die Armen ausgerichtet und daran gemessen werden sowie im Umsetzungsprozess daraufhin justierbar sein.

34 der 40 afrikanischen Niedrigeinkommensländer haben eine *Poverty Reduction Strategy* erarbeitet. Die Nachhaltigkeit der PRS-Prozesse ist allerdings sehr unterschiedlich (vgl. Tabelle 7 am Ende von Kapitel 3). In fünf Ländern ist der Prozess nicht über die Vorlage einer Entwurfsfassung hinaus gekommen – hier kann der Prozess als gescheitert betrachtet werden. Zehn Länder haben immerhin eine Vollversion der Armutsstrategie vorgelegt. Darunter sind einige, die erst spät in den Prozess gestartet sind (z. B. Liberia). Hier bleibt die potentielle Verankerung des Prozesses im Land abzuwarten. In einigen Fällen (z. B. Tschad und Lesotho) ist der Prozess nach Vorlage der Vollversion zum Stillstand gekommen. Deutliche Dynamik hat der Prozess aber in immerhin 20 Ländern, die bereits eine zweite Generation der Armutsstrategie erarbeitet haben, sechs von ihnen haben danach sogar schon erneut Umsetzungsberichte zur 2. Strategie veröffentlicht. In diesen 20 Ländern kann davon ausgegangen werden, dass der PRS-Ansatz nachhaltig in den politischen Prozessen des Landes verankert wurde.

Zumindest in diesen 20 fortgeschrittenen Ländern liegt eine inzwischen herangereifte armutsorientierte Strategie vor und damit ein wichtiger *input* für eine armutsorientierte Politik. Die erste Generation von Armutsstrategiepapieren entstand überall unter großem Zeitdruck (mit der Vorlage der Vollversion erfüllten die Länder eine wichtige Bedingung für einen Schuldenerlass im Rahmen der HIPC-Initiative). Auch fehlte es an nötigen Erfahrungen in vielen Regierungen, kohärente und operationalisierbare strategische Perspektiven der Armutsbekämpfung zu entwickeln. Schließlich war auch der direkte und indirekte Einfluss von IWF und Weltbank, die den Ländern zuvor im Rahmen der Strukturanpassungspolitik über 15 bis 20 Jahre strategische Vorgaben diktiert hatten, noch immer deutlich spürbar (Eberlei/Siebold 2002). Mit der zweiten Generation von Armutsstrategieprozessen erhöht sich die Qualität der Strategien signifikant. Im Rahmen des Forschungsprojekts, das auch Grundlage dieses Buches ist, analysierte Thomas Siebold eine Auswahl von PRS der zweiten Generation. Sein Fazit:

> Sie arbeiten nicht mehr schematisch eine vorgegebene (oder vermutete) Themenliste ab, sondern entwickeln häufig einen landesspezifischen Zugriff auf die Fragen von Armut und Entwicklung und fügen sich eher in die nationalen Planungsrhythmen ein. Auch wenn sie längst nicht alle Schwächen der ersten PRSP-Generation überwunden haben, sind sie als wirtschaftliche Planungsdokumente tauglicher. Dies zeigt sich insbesondere in Ländern, die den ersten PRSP-Zyklus durchlaufen und ein zweites PRSP vorgelegt haben. Diese PRSPs sind in der Regel präziser und konkreter. Sie versuchen, die wirtschaftlichen Entwicklungen in den verschiedenen Sektoren aufeinander zu beziehen und verknüpfen die wirtschaftlichen Ziele mit den MDGs, die wiederum als Zielgrößen fungieren. (2008, 29)

Inhaltlich sind die Strategien der zweiten Generation also ausgereifter und besser an die jeweiligen Situationen und politischen Prioritäten im Land angepasst. Trotz dieser Ausdifferenzierung sind aber einige übereinstimmende Linien erkennbar. Nach wie vor werden die sozialen Sektoren, insbesondere Bildung und Gesundheit, stark betont. Hier spiegeln sich Forderungen zivilgesellschaftlicher Akteure in den Ländern, die seit Jahren eine Ausweitung der Investitionen in diesen beiden als Schlüsselbereichen angesehenen Sektoren fordern. Aber auch internationale Geber erwarten Akzente in diesen Bereichen (so koppelt die Europäische Kommission ihre Budgethilfe unter anderem an die Bedingung steigender Ausgaben für Bildung und Gesundheit). Doch während die erste Generation der PRS sich insbesondere durch Akzente im sozialen Bereich auszeichnete, betonen die neuen Strategien auch ein wichtiges, zuvor vernachlässigtes Element stärker: die Förderung der Teilhabe armer Bevölkerungsgruppen am Wachstumsprozess. Viele der PRS-Länder verzeichnen seit Jahren hohe Wachstumsraten (siehe Kap. 3). Wie Arme stärker davon profitieren können, wie also ein *armutsorientiertes Wachstum (pro-poor growth)* erreicht werden kann, wird inzwischen nicht mehr nur akademisch diskutiert, sondern zumindest ansatzweise auch in den Armutsstrategien berücksichtigt (vgl. Beispiele in der Tabelle 11).

**Tabelle 11**
**Förderung der Teilhabe armer Bevölkerungsgruppen am Wachstum**

| | |
|---|---|
| **Sektorspezifische Maßnahmen zur Entwicklung produktiver Kapazitäten** (insbesondere im landwirtschaftlichen Bereich, in dem die meisten Armen beschäftigt sind) | – Errichtung von sog. *Agribusiness Centers* (ABCs) zur Fortbildung und Unterstützung von Bauern bei Verarbeitung und Vermarktung (Madagaskar)<br>– Förderung der Agrarforschung (Benin, Uganda)<br>– Ausbau der ländlichen Infrastruktur, u. a. Bau von Zubringerstraßen, um Bauern besseren Zugang zu städtischen Märkten zu ermöglichen (Tansania, Malawi, Äthiopien u. a.)<br>– Förderung des Zugangs zu Finanzierungsformen auf dem Land durch Einführung eines Fond zur landwirtschaftlichen Entwicklung sowie der Sicherstellung der Refinanzierung von Mikrokreditinstituten (Madagaskar) oder Einrichtung einer Agrarkreditbank (Gambia)<br>– Steigerung der landwirtschaftlichen Produktivität durch Bereitstellung von Saatgut, Organisation von Lagerkapazitäten, Verbesserung des Transports (Sambia)<br>– Abbau von Informationsasymmetrien, z. B. durch Ausbau neuer Kommunikations- und Informationstechnologien sowie der Telefondienstleistungen auf dem Land (Burkina Faso, Tansania) oder eines speziellen Landinformationssystems für den Agrarsektor (Sambia) |
| **Institutionelle Reformen** (zur verstärkten Teilhabe an Wachstumsprozessen und ihren Ergebnissen) | – Ausbau bzw. Reformierung von Informationseinrichtungen (z. B. Telecenter, Bildungseinrichtungen und Bibliotheken), um breiteren Bevölkerungsschichten den Zugang zu Informationen über Märkte zu ermöglichen (Tansania)<br>– Verbesserung des Kreditzugangs (*Microfinance*), auch im informellen Wirtschaftssektor (Ghana u. a.)<br>– Ausbau der institutionellen und materiellen Infrastruktur, verbesserter Zugang zu Märkten, Institutionen und Gesundheits- und Bildungssystemen (Kapverden, Malawi)<br>– Zugang zu Gesundheitsdienstleistungen für die gesamte Bevölkerung durch die Umwandlung herkömmlicher Gesundheitseinrichtungen in integrierte Gesundheitszentren, sowie durch die Einführung von Krankenversicherung und einem Sozial-Gesundheitsfond (Niger) oder die Verbesserung der Verwaltung und technischen Möglichkeiten in Gesundheitszentren (Kapverden) |
| **Maßnahmen zur Reduzierung der Ungleichheit** (besonders im Bereich ländlicher Produktionsmittel) | – Bodenreformen, z. B. Förderung der Bodenbesitzverhältnisse mittels der Entwicklung entsprechender Richtlinien (Benin) oder durch die Förderung gleichberechtigter Bodenrechte, Schaffung eines Bodenfonds zur Finanzierung und Regulierung des Bodenbesitzes (Uganda) |

Quelle: Einteilung der drei Maßnahmen zur Förderung von *pro-poor growth* auf der Basis von Führmann 2006, eigene Ergänzung von Beispielen (aus Armutsstrategien der »zweiten Generation«). Ausführliche Quellenangaben auf der Webseite zum Buch www.eberlei.de/afrika

Die dritte Dimension der *input*-Betrachtung ist die, die oft zuerst genannt wird: *money matters* – ohne ausreichende Finanzmittel, all die guten Ideen und strategischen Ansätze auch in die Wirklichkeit umzusetzen, bleibt Armutsbekämpfung ein Papiertiger. Die Einnahmenseite ist also das eine zu lösende Problem (bei dem die Entwicklungsfinanzierung in Afrika eine wichtige Rolle spielt, dazu Kapitel 6). Auf der Ausgabenseite ist dann jedoch sicher zu stellen, dass die Finanzmittel der Regierung auch tatsächlich für armutsorientierte Politik verwendet werden – und z. B. nicht für die Bedienung der Interessen von städtischen Mittelschichten, die für die politische Unterstützung von Regierungen traditionell eine wichtige Rolle spielen – ganz zu schweigen von der Mittelverwendung für elitäre Eigeninteressen bis hin zu Korruption.

Beim Blick in die Realität ist zunächst festzuhalten, dass die für afrikanische Regierungen insgesamt verfügbaren Haushaltsmittel in den vergangenen Jahren gestiegen sind. Dafür sind eine Reihe von Faktoren verantwortlich, unter anderem: Schuldenerlasse haben erhebliche Erleichterungen gebracht; günstige Weltmarktpreise für einige Exportprodukte und eine hohe Nachfrage aus asiatischen Ländern führten (zumindest bis 2008) auch zu höheren Einnahmen in den Staatskassen; der Ausbau von Budgethilfe hat eine neue direkte Einnahmequelle erschlossen; effizientere Steuerbehörden konnten die eigenen Einnahmen der Regierungen steigern. Diese und andere Faktoren haben die finanziellen Spielräume vieler afrikanischer Regierungen verbessert.

Nach Angaben des IWF wirken sich insbesondere die Schuldenerlasse im Rahmen der erweiterten HIPC-Initiative (1999) sowie der Multilateralen Entschuldungsinitiative (2005) positiv auf die Ausgaben für soziale Sektoren aus. Für die 26 Länder in Afrika, die in den vollen Genuss der Schuldenerlasse beider Initiativen kamen, hat sich der Schuldenstand signifikant reduziert – und damit auch die sonst jährlich drückenden Ausgaben für Zinsen und Tilgungen. Im Zeitraum von 1999 bis 2006 sank der Anteil der staatlich geleisteten Schuldendienste dieser Länder am Bruttosozialprodukt um durchschnittlich drei Prozentpunkte. Gleichzeitig stiegen ihre als armutsreduzierend eingestuften Ausgabentitel (insbesondere Bildung/Gesundheit) in etwa gleicher Höhe. In US-Dollar umgerechnet verdoppelten sich die Haushaltsansätze für armutsrelevante Bereiche für manche Länder im Zeitraum von 2001 bis 2006 (z. B. Burkina Faso, Gambia, Malawi, Mosambik, Senegal, Uganda), für andere verdreifachten sie sich gar (Äthiopien, Kamerun, Madagaskar, Ruanda, Tansania, Sambia). Ghanas Regierungsbudget für als armutsrelevant definierte Sektoren stieg von 241 Millionen US-Dollar im Jahr 2001 (das entsprach 4,5 Prozent des Bruttosozialprodukts) auf

1350 Millionen US-Dollar im Jahr 2006 (das waren 10,6 Prozent des Bruttosozialprodukts).[43]

***Output:*** Die Etablierung von Institutionen, Erarbeitung von Strategien und angemessene Budgetierung von Finanzmitteln *(= input)* ist notwendige Bedingung für jede Politik. Erst das *Funktionieren* staatlicher Institutionen, das *Implementieren* von Strategien, das tatsächliche *Investieren* von Finanzmitteln schafft jedoch *output*, also staatliches Handeln, das für Menschen spürbar wird. Ungezählte Beispiele in der afrikanischen Entwicklungsgeschichte belegen, dass diese simple Erkenntnis keineswegs selbstverständlich ist. In allen afrikanischen Ländern wurden in den Jahrzehnten nach der Entkolonialisierung umfangreiche staatliche Apparate aufgebaut: Dutzende von Linienministerien pro Land oder weit verbreitete lokale Bürokratien beispielsweise. Diese staatlichen Institutionen verschafften Staatsbediensteten über Jahrzehnten zwar ein mageres Einkommen. Im Sinne einer rational organisierten Verwaltung *funktionierten* diese jedoch nur eingeschränkt, oder gar nicht. Auch an Plänen und Strategien bestand niemals ein Mangel in Afrika. Nationale Entwicklungspläne (z. B. Fünf-Jahres-Pläne) und Aktenordner voller sektoraler oder übersektoraler Strategien sind seit den 1960er Jahren regelmäßig in allen afrikanischen Ländern produziert worden, und haben Heerscharen von internationalen Experten sowie inländischen Bürokraten beschäftigt. Der Bezug zur realen Politik war in der Regel gleich null. Auch die Budgetierung von Finanzmitteln hatte mit der tatsächlichen Verausgabung in der Regel nichts zu tun. Sofern die Mittelzuweisung überhaupt sorgfältig erfasst wurde (von hoffnungslos überforderten Rechnungshöfen zum Beispiel), zeigten die mit mehreren Jahren Verspätung vorgelegten Prüfberichte eklatante Abweichungen von den Ansätzen. Nur so viel war stets und überall sicher: Der Etat des Präsidenten eines Landes überstieg Jahr um Jahr sein Budget um mehrere hundert Prozent. Politische Konsequenzen: Fehlanzeige.

Diese hier nur kurz skizzierte Kultur staatlicher Handlungsunfähigkeit prägte die ersten »Entwicklungsdekaden« vieler afrikanischer Länder nach der Unabhängigkeit. Die Verantwortung dafür tragen vordergründig die überforderten Regierungsapparate, vor allem aber hab- und machtgierige einheimische Eliten einerseits und eine völlig verfehlte internationale Politik andererseits (Finanzierung von Kleptokraten in Zeiten des Kalten Krieges, Strukturanpassung mit Deregulierungspostulat, verfehlte entwicklungspolitische Ansätze usw.) (vgl. die ausführliche Analyse in van de Walle 2001).

---

[43] In den meisten Ländern wurden die Ansätze für Bildung und Gesundheit als »armutsrelevante Ausgabenbereiche definiert; in einzelnen anderen Ländern auch andere Sektoren. Deshalb ist die Vergleichbarkeit untereinander nicht gegeben. Ausführliche Daten in IDA/IMF 2008, 76-78; vgl. auch Espejo/Unigovskaya 2008.

Diese Kultur hat sich in den vergangenen 10 bis 15 Jahren in einer Reihe von Ländern stark verändert. Die Leistungsfähigkeit staatlicher Bürokratien wird nun zunehmend an ihren Taten, am *output*, gemessen. Hier tragen gewachsene Transparenz und stärkere Rechenschaftspflicht wesentliches bei. Beispiel Sambia: Wenn auf der Webseite des sambischen Finanzministeriums heute zum Beispiel zeitnah verfolgt werden kann, welche Gelder für welche Zwecke an die Linienministerien weitergeleitet wurden, können Bildungs-, Gesundheits- oder Landwirtschaftministerium sich nicht mehr damit herausreden, dass Gelder für ihre Programme nicht angewiesen wurden. Wenn der sambische oberste Rechnungsprüfer heute detailliert und zeitnah nachweist, wo Gelder in Ministerien veruntreut oder verschwendet wurden, dann führt dies zu politisch brisanten Debatten im Parlament und der Öffentlichkeit. Wenn zivilgesellschaftliche Akteure des Landes selbst in der entferntesten Provinz überprüfen können, wie viel Geld für welche Maßnahmen dort tatsächlich angekommen ist und verwendet wurde und Medien darüber berichten, dann bleibt korrupten Staatsbediensteten immer weniger Raum, sich an Finanzflüssen zu bereichern. Und wenn Gerichte tatsächlich auch Politiker, denen Diebstahl an staatlichen Ressourcen nachgewiesen werden kann, zur Verantwortung ziehen, dann werden auch dieser Spezies die Grenzen der Selbstbereicherung verdeutlicht. All dies ist heute Realität in Sambia. Das hat zwar noch nicht dazu geführt, die tiefen Wurzeln neopatrimonialen Verhaltens herauszureißen. Dennoch zeichnet sich ein Kulturwandel ab. Angesichts einer sich signifikant verbesserten Transparenz staatlichen Handelns und gewachsener Strukturen der Rechenschaftspflicht wird die sambische Regierung heute zunehmend an ihren tatsächlichen Leistungen gemessen – wie viele andere afrikanische Regierungen.

Dazu tragen auch institutionelle Neuerungen in der Umsetzung strategischer Ansätze bei. Die Implementierung der Armutsstrategiepapiere unterliegt in vielen Ländern einem inzwischen ausgefeilten Monitoring.[44] Veröffentlicht werden die Ergebnisse dieses Monitorings vor allem in den Fortschrittsberichten, die sich explizit auf die Strategieentwürfe beziehen. 18 afrikanische Länder haben in den Jahren seit Einführung des PRS-Ansatzes mindestens zwei dieser Berichte vorgelegt, sehr regelmäßige Berichterstatter sind zum Beispiel Burkina Faso, Malawi, Mosambik, Ruanda, Sambia, Tansania und Uganda.[45]

---

[44] Tansania liefert hier ein besonders beachtenswertes Beispiel. Vgl. die Webseite des Programms: www.povertymonitoring.go.tz

[45] Diese Fortschrittsberichte werden auf vielen Webseiten von Regierungen veröffentlicht, Beispiel Ghana: www.ndpc.gov.gh/Publications.html – Eine (nicht immer ganz aktuelle) Übersicht erstellt die Weltbank: www.worldbank.org/prsp (siehe *country papers*).

Die Aufstellung des jährlichen Regierungshaushalts in vielen afrikanischen Ländern wird zunehmend in eine mittelfristige Finanzplanung eingebettet, die wiederum an die Armutsstrategie gekoppelt ist. Die Veröffentlichung dieser Dokumente und die heute vielfach übliche Diskussion von Entwürfen und Ansätzen in den Parlamenten oder in öffentlichen Runden mit zivilgesellschaftlichen Akteuren schafft Transparenz. Wenn dann zeitnah – zum Beispiel durch Rechnungshöfe – verfolgt wird, wie die tatsächlichen Ausgaben sich entwickeln, dann sind die früher üblichen eklatanten Abweichungen zwischen *input* und *output* nicht mehr möglich. All dies mag technisch klingen, in der Summe haben diese Veränderungen zu realen Veränderungen in den Leistungen von Regierungen geführt. In einer Untersuchung von IWF und Weltbank wurde zum Beispiel schon für die frühe Phase der PRS-Prozesse festgestellt, dass nicht nur die Haushaltsansätze für armutsorientierte Ausgaben angewachsen sind. In den 20 Ländern, für die Daten vorlagen, stiegen auch die als armutsorientiert bezeichneten realen Ausgaben im Zeitraum von 1999 bis 2003 signifikant (um zwei Prozentpunkte beim Anteil dieser Ausgaben am Bruttoinlandprodukt; Siebold 2008, 30).

Doch wachsende Ausgaben in sozialen Bereichen sind nur ein kleiner Ausschnitt aus der Arbeit von Regierungen. Bislang gibt es keine umfassende Zwischenbilanz armutsorientierter Regierungspolitik in Sub-Sahara Afrika. Gerade die Implementierung von Maßnahmen, die sich nicht nur durch messbare Ausgaben feststellen lassen (z. B. verbesserte rechtliche Rahmenbedingungen für Frauen, Land zu erwerben oder effizientere staatliche Dienstleistungen für Kleinunternehmer), ist schwerlich bilanzierbar. Anhand zahlreicher Beispiele kann aber aufgezeigt werden, dass Regierungen zahlreicher afrikanischer Länder in den vergangenen Jahren beachtliche Ansätze armutsorientierter Politik entwickelt und umgesetzt haben (vgl. Textbox 13).

*Outcome* und *Impact*: Wenn schon eine Zwischenbilanz der armutsorientierten Leistungen *(output)* afrikanischer Regierungen aufgrund fehlender Daten nicht umfassend erfolgen kann, ist die bilanzierende Darstellung von Zusammenhängen zwischen Regierungspolitik und realen Ergebnissen *(outcome)* und Wirkungen *(impact)* für Arme in Afrika derzeit noch nicht redlich möglich. Bestenfalls können anhand einzelner Beispiele und Trends die längerfristigen potenziellen Wirkungen aufgezeigt werden. Auch bieten Ansätze von Regierungspolitiken Hinweise darauf, warum sich sozio-ökonomische Trends in manchen afrikanischen Ländern positiv, in anderen negativ entwickelt haben könnten (wie am Ende von Kapitel 3 dargestellt wurde).

## 13

**Armutsorientierte Regierungspolitik – Beispiele**

Die regelmäßig vorgelegten Umsetzungsberichte afrikanischer Regierungen *(PRS Annual Progress Reports, MDG Reports u. a.)*, aber auch Berichte unabhängiger Institutionen, zum Beispiel der UN, verdeutlichen die vielfältigen Ansätze von Regierungen, tatsächlich ihre Leistungen zugunsten von Armen zu verbessern. Ein UN-Bericht nennt folgende Beispiele für armutsorientierte Politik von Regierungen aus den Jahren 2005/06:
- Ein landwirtschaftliches Programm der Regierung Malawis, in dessen Rahmen armen Bauern kostengünstiges Saatgut und Dünger zur Verfügung gestellt wurde, hat innerhalb eines Jahres zu einer Verdoppelung der landwirtschaftlichen Produktivität geführt.
- Ghana setzt erfolgreich sein Schulernährungsprogramm um. Dabei werden vor Ort produzierte Nahrungsmittel verwendet, was auch die lokalen Kleinbauern unterstützt.
- Kenia, Tansania, Uganda und viele andere Staaten haben die Schulgebühren abgeschafft – die Einschulungsraten erhöhten sich deutlich.
- Sambia schaffte die Gebühren für Dienste der medizinischen Grundversorgung in ländlichen Gegenden ab und Burundi führte kostenfreie medizinische Versorgung für Mütter und Kinder ein.
- Niger, Togo und Sambia und eine Reihe anderer Staaten haben nationale Kampagnen zur Impfung gegen Röteln durchgeführt. Außerdem wurden dauerhaft mit Insektiziden behandelte Moskito-Netze gegen Malaria landesweit verteilt. Diese Kampagnen führten mindestens zu einer Halbierung der Malariafälle.
- Im Niger hat die Regierung großangelegte Wiederaufforstungen initiiert. Dadurch konnten hunderttausende Menschen in ländlichen Gegenden ihre Lebensgrundlage deutlich verbessern und ihre (Krisen-)Anfälligkeit innerhalb von Dürreperioden verringern.
- Senegal ist auf dem besten Wege, sein Ziel im Bereich Wasser (bzw. Trinkwasserversorgung) und Sanitärversorgung durch ein spezielles Investitionsprogramm zu erreichen.

Quelle: UN 2007, 3 (aus dem Englischen übersetzt). Vgl. weitere Beispiele in Tabelle 11.

---

Die Diskussion kausaler Zusammenhänge zwischen Regierungspolitik und Armutsbekämpfung wird nicht nur durch fehlende Daten erschwert, sie wird außerdem durch eine Vielzahl intervenierender Variabeln verzerrt. Ein Beispiel aus Äthiopien. Die Ernährungslage der Menschen auf dem Land hat sich in den Jahren seit Einführung des PRS-Ansatzes deutlich verbessert. Wirkung einer armutsorientierten Regierungspolitik? Möglicherweise. Wahrscheinlicher aber sind die positiven Effekte günstiger klimatischer Bedingungen, sprich:

wetterbedingte gute Ernten. In anderen Ländern – zum Beispiel in Ghana, insbesondere im Süden – hat sich in den vergangenen Jahren eine beispiellose wirtschaftliche Dynamik entfalten können. Zahlreiche Arbeitsplätze sind entstanden. Einkommensmöglichkeiten für Familien sind deutlich gestiegen. Vielleicht hat die unternehmerfreundliche Politik der Regierung Kufuor (seit 2000) dazu beigetragen. Vielleicht sind es aber auch späte Früchte einer stärker marktwirtschaftlich orientierten Reformstrategie in den 1990er Jahren, die nun zu mehr Aktivität des privaten Sektors, zu mehr Arbeitsplätzen, zu mehr Einkommen geführt haben. Und welchen Effekt haben die umfangreichen Rücküberweisungen *(remittances)* der im Ausland lebenden Ghanaer?

Auch nicht-intendierte Effekte von an sich armutsorientierten Maßnahmen machen eine Gesamteinschätzung schwierig. So sind in einer Reihe von afrikanischen Ländern die Schulgebühren abgeschafft worden (Uganda, Kenia, Tansania u. a.). Viele Kinder aus armen Familien können jetzt zur Schule gehen. Dies ist zweifellos ein positives Ergebnis armutsorientierter Regierungspolitik. Ein Nebeneffekt allerdings sind völlig überfüllte Klassen. Die Ausbildung und Einstellung von Lehrkräften und der Bau von Schulen, die die sprunghaft wachsende Zahl von Schülerinnen und Schülern auffangen könnten, dauert Jahre. Die Qualität der Bildung hat in vielen Fällen deutlich abgenommen. Am Ende könnte es sein, dass das Bildungsniveau – gemessen zum Beispiel an der Alphabetisierungsrate von jungen Erwachsenen – in manchen Ländern nicht zunimmt, im schlimmsten Falle sogar abnimmt.

Doch es gibt auch Beispiele einer neuen Politik, für die erste Wirkungen – zumindest mit hoher Wahrscheinlichkeit – festgestellt werden können. Schon in Kapitel 3 wurde darauf hingewiesen, dass die Kindersterblichkeitsraten in vielen afrikanischen Ländern in den vergangenen Jahren zurück gegangen sind. Die unmittelbaren Ursachen von Kindersterblichkeit – Lungenentzündungen, Durchfall, Malaria und Masern – sind vergleichsweise leicht zu bekämpfen (UN 2008a, 21 f.). Schon kleinere Verbesserungen in der gesundheitlichen Grundversorgung zeigen große Wirkungen. So kann festgestellt werden, dass der Anteil an Kindern, die gegen Masern geimpft sind, deutlich zunimmt: In den vergangenen Jahren hat sich dieser Wert in über 30 Ländern Sub-Sahara Afrikas verbessert, in Ländern wie z. B. Burkina Faso, Kamerun, Mali, Senegal, Uganda teilweise um mehr als 25 Prozentpunkte. Diese Maßnahmen retten das Leben von Millionen Kindern – nicht erst in ferner Zukunft, sondern heute.

## Fazit

Eine Analyse der vier Elemente der Wirkungskette von Politik – *input, output, outcome, impact* – zeigt, dass sich die Ansätze armutsorientierter Regierungspolitik in den vergangenen zehn Jahren in vielen afrikanischen Ländern signifikant verbessert haben. Und das steht nicht nur auf Papier – in schönen Grundsatzerklärungen und großen Plänen –, sondern setzt sich mehr und mehr in reale Politik um. Ergebnisse und Wirkungen dieser Politik sind erkennbar. Diese Politik, so die These des Buches, ist kein Zufall. Sie wird durch eine Koalition aus reformbereiten Regierungen (politischen Eliten wie Technokraten), internationalen Akteuren und weiten Teilen afrikanischer Zivilgesellschaften geformt. Sie wird eingefordert, international, vor allem aber in den Gesellschaften Afrikas selber. Die beiden folgenden Kapitel werden diese beiden zentralen Einflussfaktoren auf armutsorientierte Regierungspolitik herausarbeiten.

# Kapitel 5

# Armutsorientierte gesellschaftliche Entwicklungen

Zu Beginn des 21. Jahrhunderts ist in den meisten Staaten Sub-Sahara Afrikas ein neues Phänomen zu konstatieren: Lebendige, politisch artikulierte und einflussreiche Zivilgesellschaften entfalten in unterschiedlichen politischen Prozessen Einfluss auf nationalstaatlicher Ebene. In den demokratischen Transformationsprozessen spielen zivilgesellschaftliche Akteure inzwischen eine wichtige Rolle, zum Beispiel als *watchdogs* bei Wahlen in Sub-Sahara Afrika, als kritische Geister im *African Peer Review Mechanism (APRM)* oder als politische Widerlager bei Versuchen, verfassungsmäßige Rechte zurück zu drehen: So war es beispielsweise die sambische Zivilgesellschaft, die es zu Beginn dieser Dekade verhinderte, dass Präsident Chiluba sich über eine Verfassungsänderung eine dritte Amtszeit verschaffen konnte.

Einen deutlichen Schwerpunkt ihrer Arbeit haben viele zivilgesellschaftliche Organisationen auf die sozio-ökonomischen Entwicklungsprozesse des Kontinents gelegt. Sie kooperieren mit staatlichen Stellen und internationalen Gebern in der Umsetzung von sektoralen Entwicklungsprogrammen, zum Beispiel im Ausbau des Bildungsangebots, der Stärkung des Gesundheitssystems, der Aufklärungsarbeit über HIV/AIDS, der Beratung von Kleinbauern oder bei der Versorgung von ärmsten ländlichen Gegenden mit Wasser. Wichtige Querschnittsthemen werden maßgeblich von zivilgesellschaftlichen Organisationen bearbeitet. Insbesondere das Thema Geschlechtergerechtigkeit ist hier zu nennen, das in praktisch allen Ländern des Kontinents von aktiven Frauenrechtsorganisationen bearbeitet wird.

Seit einem guten Jahrzehnt haben sich gesellschaftliche Akteure in vielen Ländern des Kontinents auch Zugang zu wichtigen politischen Prozessen auf Makroebene verschafft, so bei der Gestaltung und Überwachung der *Poverty Reduction Strategies (PRS)*. Über die nationale Ebene hinaus sind afrikanische zivilgesellschaftliche Organisationen inzwischen auch aus transnationalen entwicklungspolitischen Prozessen nicht mehr wegzudenken, wie zuletzt beim Entwicklungsgipfel von Regierungen aus Nord und Süd im September 2008 in Accra deutlich wurde: Zahlreiche zivilgesellschaftliche Akteure des Kontinents waren aktiv in den Vorbereitungsprozess und das unmittelbare Konferenzgeschehen eingebunden. Von den 80 offiziell zur Accra-Konferenz eingeladenen VertreterInnen der Zivilgesellschaft stammte ein gutes Viertel aus Afrika.

Die These, dass in den vergangenen Jahren signifikante zivilgesellschaftliche Aufbrüche in einer ganzen Reihe afrikanischer Staaten erkennbar werden, wird durch die Ergebnisse verschiedener quantitativer Untersuchungen untermauert. Es gibt eine Reihe solcher Versuche, Entwicklungen im Bereich der politischen Entwicklung eines Landes messbar und vergleichbar zu machen. Rückschlüsse auf zivilgesellschaftliche Arbeit in Afrika sind zum Beispiel aus den *Worldwide Governance Indicators (WGI)* der Weltbank möglich. Diese bestehen aus mehreren Indizes, von denen für unsere Fragestellung insbesondere der schon erwähnte Index zu *Voice and Accountability* von Bedeutung ist. Er vereint eine Reihe von Indikatoren, die sich im wesentlichen auf das Verhältnis zwischen Staat und Zivilgesellschaft beziehen. Dieses Verhältnis entwickelt sich dem Index zufolge in Sub-Sahara Afrika erkennbar positiv: In der Mehrzahl der ärmeren Länder (genau: in 26 der 40 Niedrigeinkommensländer) haben sich diese Werte im Zeitraum 2000 bis 2007 verbessert.

## Eine neue Generation partizipativer Prozesse

Die aktive Rolle zivilgesellschaftlicher Akteure in Entwicklungsprozessen wird auch in staatlichen und zwischenstaatlichen Deklarationen ausdrücklich anerkannt. Die im September 2008 von Regierungen aus Nord und Süd sowie entwicklungspolitischen Institutionen wie der Weltbank verabschiedete *Accra Agenda for Action* formuliert, ähnlich wie andere politische Deklarationen in jüngerer Zeit, die unbedingte Notwendigkeit eines breiten innergesellschaftlichen Dialogs bei allen entwicklungsrelevanten politischen Entscheidungen. Wesentliche Rahmenbedingungen für zivilgesellschaftliche Partizipation – insbesondere die Prinzipien einer transparenten und rechenschaftsorientierten Politik von Regierungen und Gebern – werden hervorgehoben. Natürlich müssen wohlfeile Erklärungen internationaler Konferenzen in eine reale Anerkennung und Stärkung zivilgesellschaftlicher Arbeit in den einzelnen Ländern übersetzt werden, was keinesfalls selbstverständlich ist. Und natürlich bedeuten anerkennende Worte in Resolutionen noch lange keine Einigkeit im Detail über Art und Weise, Intensität und angestrebte Wirkungen von gesellschaftlicher Beteiligung. Dennoch, die Grundpositionen spiegeln eine neue Qualität und

Dimension von Partizipation in den politischen Prozessen Afrikas wider. Diese sind vor allem durch drei Faktoren zu erklären:

Erstens, Veränderungen in der **Praxis der Entwicklungszusammenarbeit** und Erfahrungen während der Phase der Strukturanpassung: Aus der Sicht der Geber standen in Afrika verschiedene Gründe über Jahrzehnte einer gesellschaftlichen Partizipation im Wege. In den 1960er und 1970er Jahren war dies die Fixierung auf staatliche Akteure, »donors aided governments, not their populations« (van de Walle 2001, 196). Auch der Paradigmenwandel in den 1980er Jahren mit den von IWF und Weltbank entwickelten Auflagen zur Strukturanpassung ließ keinen Platz für Partizipation. Die Bretton-Woods-Institutionen waren überzeugt, die richtigen Konzepte zu kennen und wussten überdies, dass ihre Auflagen viele unpopuläre Komponenten enthielten. Den zumeist autoritären afrikanischen Regierungen in jener Phase kam dieses Desinteresse an Partizipation nicht ungelegen, mussten sie damit doch sich und ihr Regierungshandeln nicht gegenüber ihren Gesellschaften legitimieren, sondern konnten im Zweifel stets auf Konditionalitäten von außen verweisen.

In der Projektarbeit der Entwicklungsagenturen wurde die Notwendigkeit von Partizipation allerdings seit den 1980er Jahren stärker thematisiert. Hintergrund waren zunehmende Erfahrungen mit gescheiterten Entwicklungsprojekten, die schlicht an den Bedürfnissen und Rahmenbedingungen der Bevölkerungen vorbei geplant und durchgeführt worden waren. Das Instrument des *Participatory Rural Appraisal* sowie weitere Methoden der Beteiligung von »Zielgruppen« entstanden (Blackburn/Holland 1998). Dabei stand der Effizienzgedanke einzelner Projekte und Programme im Vordergrund, eine Prämisse, die nicht selten dazu führte, lokale Interessen und (Macht-)Konstellationen zu übersehen und damit trotz partizipativer Mechanismen an den eigentlich Betroffenen vorbeizuarbeiten (Bliss/Neubert 2007, 38-51).

Wurden partizipative Elemente in den 1980er Jahren überwiegend auf der Mikroebene eingesetzt, verstärkte sich in den 1990er Jahren bei Gebern auch die Offenheit für Partizipation auf der regionalen, sektoralen und später nationalen Ebene (Blackburn/Holland 1998). Die von den Gebern in den 1990er Jahren stärker favorisierten Sektorreformprogramme für bestimmte Politikfelder (z. B. Landwirtschaft oder Gesundheit) enthielten regelmäßig partizipative Elemente (Dietvorst 2001). Wichtige Anstöße zur weltweiten Verankerung von Partizipation auf der Makroebene gab der UN-Weltsozialgipfel in Kopenhagen, der entsprechende partizipative Prozesse in Entwicklungsländern auslöste (Grinspun 2001). Ende der 1990er Jahre war Partizipation als Kernelement der Entwicklungszusammenarbeit fest verankert. Die Erfahrungen mit gescheiterten Programmen der Strukturanpassung hatten darüber hinaus gelehrt, dass auch makroökonomische Reformvorhaben gegen breites gesellschaftliches

Widerstreben nicht durchsetzbar sind (IMF 1998). Dass die G-7-Staaten dann 1999 bei ihrer Entscheidung über Schuldenerlasse für die ärmsten Länder verlangten, dass die zur Vorbedingung erhobenen Armutsstrategiepapiere unter zivilgesellschaftlicher Beteiligung anzufertigen seien, steht im Kontext dieser langjährigen Diskussionen.

Ein zweiter Faktor für die neue Qualität von partizipativen Prozessen findet sich in **gesellschaftspolitischen Veränderungen**. Hier sind es zwei große gesellschaftspolitische Entwicklungen seit den 1980er Jahren, die sich als Katalysatoren zivilgesellschaftlicher Arbeit in Afrika erwiesen.[46] Zum einen formierte sich zunehmend Widerstand gegen die Strukturanpassungsprogramme von IWF und Weltbank. Die politisch leichter aktivierbaren Mittelschichten waren von verschiedenen Konsequenzen neoliberaler Politik hart betroffen und unterstützten diesen Widerstand (Cheru 2002, 39; Mair 1999, 51 f.; Bratton/v. d. Walle 1997, 269). Zum anderen entwickelten sich in den autoritären Einparteienstaaten des Kontinents in den 1980er Jahren zunehmende Auseinandersetzungen um mehr politische Partizipation (Bratton/v. d. Walle 1997, Kapitel 4). Die Bildungsanstrengungen der ersten Jahrzehnte nach der Dekolonisation hätten, so konstatieren Tetzlaff/Jakobeit zurecht, »der Zivilgesellschaft zahlreiche neue ›professionals‹ und junge mobilisierte Menschen mit hohen sozialen Erwartungen zugeführt, aus denen sich dann in vielen Fällen die intellektuelle Speerspitze der Demokratisierungsbewegungen (...) bildete« (2005, 175). Die allgemeine ökonomische Krise und die Begrenzungen der Staatshaushalte durch die IWF-Auflagen verminderten dabei die Möglichkeiten der herrschenden Eliten, ihre Kritiker durch Patronagemittel zu kooptieren (Erdmann 2001, 37). Beflügelt durch die internationalen Entwicklungen – Ende des Kalten Krieges, Bürgerrechtsbewegungen in den früheren Ostblockstaaten, eine stärker auf *Good Governance* setzende westliche Gebergemeinschaft – wurde politische Partizipation auf nationaler Ebene zu einer zentralen Forderung und Erwartung der *Third Wave of Democratization* (Huntington) in Afrika.

Im Februar 1990 trafen sich auf Initiative und mit Unterstützung von UN-Organisationen 500 VertreterInnen zivilgesellschaftlicher Organisationen und Regierungen aus ganz Afrika in Arusha/Tansania, um im Rahmen einer internationalen Konferenz über die Rolle gesellschaftlicher Organisationen im

---

[46] In den ersten Dekaden nach der Unabhängigkeit afrikanischer Staaten zeigten sich zivilgesellschaftliche Strukturen nicht sonderlich entwickelt. Die koloniale Herrschaft erweist sich rückblickend als ein wichtiger Grund dafür, dass zivilgesellschaftliche Akteure erst so spät Eingang in die Politik in Afrika gefunden haben. Der Afrikaforscher van de Walle (2001, 47) bezeichnet eine »poorly developed civil society« als eines der schwerwiegenden Erbstücke der Kolonialzeit.

afrikanischen Entwicklungsprozess zu diskutieren. Die dort erarbeitete *African Charter for Popular Participation in Development and Transformation* machten sich im Mai 1990 auch die für Entwicklungsplanung zuständigen Minister afrikanischer Regierungen zueigen. Die Erklärung unterstreicht ein breites Verständnis von gesellschaftlicher Partizipation, ohne die Entwicklung in Afrika nicht stattfinden könne:

> Popular participation is both a means and an end. As an instrument of development, popular participation provides the driving force for collective commitment for the determination of people-based development processes (...). As an end in itself, popular participation is the fundamental right of the people to fully and effectively participate in the determination of the decisions which affect their lives at all levels and at all times.

Und an anderer Stelle:

> We strongly urge African Governments to promote the formulation and implementation of national development programmes within the framework of the aforesaid aspirations interests and realities, which develop as a result of a popular participatory process (...).«
> (African Charter 1990, Preamble, para 10; Kap. III A 2)

Die *African Charter* forderte also schon 1990 das, was erst in jüngster Zeit realisiert wurde: die Öffnung der Türen für gesellschaftliche Akteure zur Makroebene afrikanischer Politik. Am Beispiel der strategischen Armutsbekämpfung, die seit 1999 in der Mehrzahl der afrikanischen Länder eingeführt wurde, wird dies unten exemplarisch belegt werden.

Und noch ein dritter Faktor, der sich auf die neue Qualität von Partizipation ausgewirkt hat: Gesellschaftliche Partizipation ist in verschiedenen menschenrechtlichen Erklärungen verankert und hat sich **völker- und verfassungsrechtlich** in den vergangenen Dekaden stark weiterentwickelt. Bereits die *Allgemeine Erklärung der Menschenrechte* von 1948 legte das Fundament für elementare politische Freiheiten. Der *Internationale Pakt über bürgerliche und politische Rechte* (Zivilpakt) von 1966 weitete diese Basis aus und gab allen StaatsbürgerInnen das Recht »an der Gestaltung der öffentlichen Angelegenheiten unmittelbar oder durch frei gewählte Vertreter teilzunehmen« (Art. 25 a). Die *UN-Frauenrechtskonvention* von 1979 unterstreicht, dass Frauen wie Männer das Recht auf Stimmabgabe besitzen, ferner »das Recht, an der Ausarbeitung und der Durchführung der Regierungspolitik mitzuwirken«, »das Recht auf Mitarbeit in nichtstaatlichen Organisationen und Vereinigungen, die sich mit dem öffentlichen und politischen Leben des Landes befassen« (Art. 7) sowie das Recht auf »Mitwirkung auf allen Ebenen an der Ausarbeitung und Durchführung von Entwicklungsplänen« (Art. 14, 2 a). Die *UN-Kinderrechtskonvention* (1989) verpflichtet die Vertragsstaaten dazu, auch die Beteiligungsrechte von Kindern bzw. Jugendlichen zu beachten.

Diese globalen Vereinbarungen im UN-System wurden auch von den afrikanischen Staaten mitgetragen und spiegelten sich gelegentlich in regionalen politischen Erklärungen (vgl. z. B. *Banjul Charta* 1981), blieben aber ansonsten ohne Bedeutung. Erst die neue Generation afrikanischer Verfassungen, entstanden in den frühen 1990er Jahren, zeichnete sich durch wesentlich präziser formulierte politische Grundfreiheiten und demokratische Rechte für oppositionelle gesellschaftliche Kräfte aus. Für die politischen Spielräume einer Zivilgesellschaft ist nun natürlich nicht die Verfassungstheorie, sondern die Verfassungswirklichkeit von Bedeutung. Genau hier werden aber tatsächlich Veränderungen beobachtet, insbesondere die verstärkte Einhaltung formaler rechtsstaatlicher und demokratischer Spielregeln (Erdmann 2007). Völker- und verfassungsrechtliche Entwicklungen schufen damit einen bedeutsamen institutionellen Rahmen für die kritische Öffentlichkeit in Sub-Sahara Afrika.

Diese drei Entwicklungen – rechtliche, gesellschaftliche, entwicklungspolitische – haben das politische Gesicht Afrikas verändert. In politischen Prozessen in Afrika, aber auch auf internationalen Konferenzen und in entwicklungspolitischen Debatten sind afrikanische zivilgesellschaftliche Organisationen heute nicht mehr wegzudenken.

## ZIVILGESELLSCHAFT IN AFRIKA – AKTEURE DER ARMUTSBEKÄMPFUNG

Das Konzept *Zivilgesellschaft* ist ursprünglich ein westliches Konstrukt, dessen Wurzeln – angelehnt an politische Philosophen von Aristoteles bis Hegel – insbesondere durch die sehr unterschiedlich akzentuierten Arbeiten von Alexis de Tocqueville und Antonio Gramsci Eingang in die westliche Politik und die Sozialwissenschaften gefunden haben (Schade 2002 als Überblick). Wenn jedoch heute Begriffe wie *Civil Society* oder *Civil Society Organisations* auch in Afrika ganz selbstverständlich benutzt werden (von Intellektuellen und Medien wie von Politikern, von internationalen Organisationen wie von Repräsentanten der Zivilgesellschaft selber), zeigt sich darin, dass das Konzept in seinem Siegeszug um den Globus auch vor Afrika nicht Halt gemacht hat. Doch es bleibt die Frage, wer oder was gemeint ist, wenn von »Zivilgesellschaft« in Afrika die Rede ist?

In den zahlreichen Dokumenten der internationalen Geber (einschließlich großer internationaler NRO) wird diese Frage selten oder nie thematisiert. Zivilgesellschaft besteht dann mehr oder minder aus den in der Entwicklungsarbeit präsenten nicht-staatlichen Organisationen. Gould (2005) kritisiert, insbesondere am Beispiel Tansanias, dass viele Geber Zivilgesellschaft schlicht mit »Nichtregierungsorganisationen« übersetzten, sich auf diese westlich orientierten und ausschließlich aus internationalen Finanzquellen finanzierten Organisationen stützten und gleichzeitig soziale Bewegungen ignorierten. Hearn argumentiert, dass die gegenwärtige Version von Zivilgesellschaft in Afrika geradezu ein Produkt der Geber sei: von Gebern finanziell getragene zivilgesellschaftliche Organisationen würden damit nicht mehr den *status quo* herausfordern, sondern dazu beitragen, ihn zu erhalten (2001, 47). Lewis (2002) kritisiert einerseits die unreflektierte Übernahme eines westlichen Verständnisses auf die afrikanische Zivilgesellschaft, hält aber auch die undifferenzierte Kritik an Zivilgesellschaft als Erfüllungsgehilfe einer unheiligen Allianz von Staatsklassen und Gebern für falsch. Tatsächlich hätten sich in Afrika über einen langen Zeitraum zivilgesellschaftliche Formationen ausgebildet, die das westlich generierte Konzept erfolgreich adaptiert hätten. Sie spielten heute eine wichtige Rolle in den politischen Aushandlungsprozessen zwischen Bürgerinnen und Bürgern und staatlichen Strukturen (Lewis 2002, 582). Die folgende Analyse zivilgesellschaftlicher Arbeit im Kontext der Armutsbekämpfung unterstützt diese Sichtweise.

Hinsichtlich der Prozesse strategischer Armutsbekämpfung in Afrika ist schon früh festgestellt worden, dass sich damit der Raum für politische Aushandlungsprozesse zwischen Regierungen und zivilgesellschaftlichen Akteuren deutlich vergrößert habe (Booth 2003, 25-36). Zwar ist die Frage umstritten, ob dieser vergrößerte Raum auch zu vermehrtem Einfluss geführt hat oder gar zu einer Verschiebung von Machtpotenzialen zugunsten der Zivilgesellschaft (vgl. für die frühe Phase der PRS-Prozesse skeptische Sichtweisen in Brock et al 2004). Die Nutzung dieses politischen Spielraums hat sich gleichwohl in den Jahren seither verstärkt.

Wer sind diese Akteure? In den afrikanischen Armutsstrategieprozessen haben sich eine Reihe unterschiedlicher zivilgesellschaftlicher Organisationen beteiligt. Als Übersicht seien folgende Typen skizziert (siehe auch Tabelle 12):

In praktisch allen Ländern gibt es offiziell anerkannte bzw. staatlich registrierte Nichtregierungsorganisationen (NRO). Und dies häufig in großer und in den 1990er Jahren sprunghaft angestiegener Zahl. Sie arbeiten in der Regel mit konkreten Projekten zu Entwicklungs-, Menschenrechts- und Umweltfragen. Viele einzelne NRO, insbesondere ihre Hauptstadtbüros, waren an den Armutsstrategieprozessen in der einen oder anderen Weise beteiligt. Innerhalb der Gruppe der NRO ist zwischen einheimischen (indigenen) und auslandsbasierten NRO zu unterscheiden. Eine Reihe großer, internationaler nicht-staatlicher Organisationen finanzieren Büros oder nationale Dependancen in einer Vielzahl von Ländern (z. B. *Water Aid* oder *Action Aid*). Zwar sind diese rechtlich selbständig und beschäftigen weitgehend einheimisches Personal, allerdings sind sie finanziell in der Regel weitgehend, nicht selten zu 100 Prozent, von ihrer ausländischen Geldquelle abhängig. Diese, häufig sehr professionell arbeitenden NRO-Ableger verfügen zwar oft über profunde Kenntnisse der Armutsthematik sowie politischer Prozesse, haben sich demzufolge auch in mehreren Ländern sehr im PRS-Prozess beteiligt, sind jedoch eher selten auch in den jeweiligen Gesellschaften verankert. Die Frage, wie diese NRO legitimiert sind bzw. wen sie repräsentieren, stellt sich in vielen Fällen mit einer gewissen Berechtigung.

Des weiteren ist die Unterscheidung von Spezialisten und Generalisten nützlich. Nur eine kleinere Gruppe von NRO hat sich mit dem *generellen* PRS-Prozess und den PRS-Inhalten insgesamt beschäftigt, viele NRO konzentrieren sich auf die Spezialgebiete, in denen sie auch operativ tätig sind. Dies gilt vor allem für den Bildungs- und Gesundheitssektor, mit Abstufung auch für den Agrarsektor oder für Gender-Aspekte.

Eine dritte Differenzierung bezieht sich auf die Mitgliederbasis. In Sub-Sahara Afrika gibt es nur selten NRO mit großer Mitgliederzahl (einige Frauenorganisationen stellen zu beachtende Ausnahmen dar). In der Regel handelt es sich um kleine Mitgliederzahlen, häufig nahezu identisch mit den ehren- oder hauptamtlichen Mitarbeitern einer NRO. Oftmals rekrutieren sich die MitarbeiterInnen dieser NRO aus städtischen Bildungseliten.

In mehreren Ländern spielen NRO-Netzwerke eine wichtige Rolle. Netzwerke verfügen über eine wesentlich besser begründbare Legitimation. Ihre Strukturen ermöglichen es, ein breites Themenspektrum kompetent abzudecken. Ihre Verhandlungsmacht gegenüber Regierungsstellen ist in der Regel wesentlich größer als jene einzelner NRO. In einigen Ländern unterliegen gerade die Netzwerke aber staatlichen Begrenzungen oder gar Repressionen (z. B. PANE oder CRDA in Äthiopien). Zu unterscheiden sind breite, inklusive Netzwerke, die allen NRO offen stehen (so der NRO-Dachverband in Kenia) von speziellen Netzwerken, die sich einem Themenbereich widmen (z. B. nationale Frauengruppen-Netzwerke in Ghana oder Kamerun). In mehreren Ländern gibt es auch spezifisch zu den Fragen von PRS-Prozessen bzw. zu Strukturanpassung und Verschuldung arbeitende Netze (das gilt unter anderem für Uganda, Mosambik, Malawi, Sambia, Tansania).

**Tabelle 12**
**Übersicht über zivilgesellschaftliche Akteure in PRS-Prozessen**

| Typus | Unter-/Sondergliederungen | Merkmale |
|---|---|---|
| Nichtregierungsorganisationen (NROs bzw. engl.: NGOs) | Einheimische vs. internationale NRO landesweite vs. regional aktive Spezialisten vs. Generalisten Mitgliederorganisationen vs. Eliten | – Beachtliches Know-how.<br>– Selbstbild: Anwalt der Armen.<br>– internationale Vernetzung.<br>– Legitimation oft unklar.<br>– Knappe Ressourcen; oft abhängigkeit von ausländ. Geld.<br>– z. T. wenig koordiniert. |
| NRO-Netzwerke | umfassende, inklusive Netze vs. spezielle Netzwerke, z. B. zum PRS-Prozess oder zu sektoralen Themen | – Größere Legitimation.<br>– Politisch einflussreich.<br>– Mehr Ressourcen (Personal, Informationen, Finanzen).<br>– Schwerfälligere Entscheidungen.<br>– Ggf. anfällig für staatliche Kontrolle. |
| Community Based Organisations (CBOs) | offene CBOs/spezifische CBOs (z. B. Frauengruppen) | – Große Legitimation als Selbstorganisation der Armen.<br>– Geringe politische Durchsetzungschancen.<br>– Kaum Ressourcen. |
| Traditionale Akteure | Dorfälteste, Heiler, Indigene Repräsentanten | – Legitimation; von (Teilen der) Bevölkerung anerkannt.<br>– Geringe Beachtung auf nationaler Ebene. |
| Religiös begründete Institutionen | Christliche Kirchen, Kirchliche Organisationen; Institutionen anderer Religionen | – Hohe Mitgliederzahlen.<br>– Moralische Autorität.<br>– Kompetentes Personal.<br>– Z. T. wenig politikorientiert.<br>– Z. T. nur sehr grundsätzliche Positionen, wenig spezifisch. |
| Explizit wirtschaftspolitisch bzw. wirtschaftlich orientierte Verbände | Gewerkschaften, Unternehmerverbände, Genossenschaften, Produzenten | – wirtschaftspolitische Kompetenz.<br>– Unternehmen: Profitinteressen dominieren.<br>– Gewerkschaften: Geringer Organisationsgrad. |
| Medien/JournalistInnen | Abhängige/unabhängige | – Befördern öffentliche Debatten.<br>– Anfällig für staatliche Kontrolle. |
| WissenschaftlerInnen/wiss. Institutionen | Staatl. Universitäten; unabhängige Institute. | – Know-how.<br>– Gewisse Unabhängigkeit.<br>– Kein explizites politisches Mandat. |

In einigen Ländern wirkten sie in den dezentralisierten partizipativen PRS-Prozessen mit (z. B. in Äthiopien, Kenia, Lesotho, Tansania und Mosambik). In Kilifi an der kenianischen Küste diskutierten zum Beispiel Dorfkomitees ihre Vorstellungen von Armutsbekämpfung und beauftragten Repräsentanten, ihre Ideen und Forderungen im Rahmen der Distriktkonsultationen zu Gehör zu bringen (was am Ende in der Hauptstadt aber kaum ankam). Mit positiverem Ausgang wird aus Tansania berichtet, dass bei der Entwicklung der revidierten Strategie durch dezentralisierte Strukturen über 18 000 Menschen, viele davon aus lokalen Organisationen, beteiligt wurden. Eine so weit reichende Einbindung lokaler Organisationen scheint aber eher die Ausnahme zu sein. Vielfach bleiben die Prozesse auf die größeren Städte und auch hier insbesondere auf etablierte Akteure konzentriert – lokale Selbsthilfegruppen und kleinere soziale Bewegungen sind außen vor. In Sambia, um ein Beispiel zu nennen, sind zivilgesellschaftliche Akteure auf lokaler Ebene – trotz starker zivilgesellschaftlicher Präsenz in der Hauptstadt – bislang nur schwach oder gar nicht in diese Debatten einbezogen (Waldenhof 2005; Imboela 2005). Auch für bestimmte, politisch eher schwach durchsetzungsfähige Bevölkerungsgruppen wie zum Beispiel Frauen aus armen Verhältnissen, sind die Zugänge zu den politischen Arenen zumeist verschlossen (Siebold 2007, 19). Politische Strategien der Armutsbekämpfung werden bislang vor allem ohne die unmittelbar Betroffenen entwickelt (siehe Textbox 14).

Aus verschiedenen afrikanischen Ländern wird die Beteiligung weiterer Akteursgruppen aus der Zivilgesellschaft berichtet. Dazu zählen Dorfälteste, traditionelle Heiler oder VertreterInnen von indigenen und/oder ethnischen Bevölkerungsgruppen (u. a. Mosambik, Ghana, Ruanda), Kirchen und religiöse Organisationen (u. a. Sambia, Tansania), Gewerkschaften und Unternehmerverbände einschließlich Genossenschaften oder Bauernverbände (u. a. Burkina Faso, Mauretanien, Ghana, Sambia), Medien und JournalistInnen (z. B. in Tansania und Uganda), WissenschaftlerInnen und wissenschaftliche Institutionen (u. a. belegt in Uganda, Sambia, Ghana, Kenia).

### 14
**Armutsbekämpfung ohne Empowerment der Armen?**

Die öffentlichen und politischen Räume für zivilgesellschaftliche Akteure haben sich in Afrika zweifellos weit geöffnet – aber sind auch die Betroffenen selber hier repräsentiert oder lediglich die in Mittelschichten verankerten NRO mit ihren Büros in der Hauptstadt? Selbst die ansonsten stets positiv über die partizipativen PRS-Prozesse sprechenden Bretton-Woods-Organisationen konstatieren, dass die Sichtweisen armer und marginalisierter Bevölkerungsgruppen nicht »angemessen« in den Strategien reflektiert seien (IMF/World Bank 2005, 33). Die »Machtlosigkeit der Armen« (ebd.) hat strukturelle Gründe.

Dazu zählt die Haltung vieler Regierungen, aber auch der internationalen Geberorganisationen. Sie verstehen vor allem die in der Hauptstadt präsenten NRO als »die Zivilgesellschaft«. Oft konzentrieren sich die staatlichen Stellen auf diese Akteure, weil es einfacher ist, mit den ihnen im Prinzip wohlgesinnten, eher technisch orientierten und den *Entwicklungsslang* sprechenden NRO zu verhandeln als mit unbequemen sozialen Bewegungen, die auch fundamentale Kritik an Regierungen und internationalen Gebern üben (vgl. Gould 2005).

Häufig unterbleibt die Einbindung von Stimmen aus ärmsten Bevölkerungsschichten aber auch aus Unkenntnis oder aus ganz pragmatischen Gründen: »because direct engagement of poor people takes more time than existing planning cycles allow, and empowerment of the most vulnerable members of society is fundamentally difficult to do« (IMF/World Bank 2005, 33).

Insbesondere die ärmsten Bevölkerungsschichten verfügen über einen schwachen Grad an Selbstorganisation. Eine eigeninitiierte Partizipation in politischen Prozessen ist damit eher die Ausnahme. Hinzu kommt, dass es »die Armen« als homogene Gruppe nicht gibt. Auch innerhalb der Ärmsten ist eine Vielzahl von unterschiedlichen Interessenlagen anzutreffen (z. B. zwischen Frauen und Männern; zwischen ländlichen und städtischen Armen; zwischen Armen, die ihr Überleben im informellen Sektor relativ gut sichern können und denen, die ohne jede Arbeit vor der täglichen Existenzfrage stehen usw.). Analysen haben häufig darauf hingewiesen, dass lokale, als »partizipativ« bezeichnete Prozesse von harten Machtfragen geprägt sind und dabei keinesfalls sicher ist, dass »die Armen« mit ihren Interessen zum Zuge kommen – im Gegenteil, »Partizipation« könne dann auch potenziell ungerechte, nicht legitimierte Herrschaft auf lokaler Ebene untermauern (vgl. Cooke/Kuthari 2001; Bierschenk u. a. 2002; Bliss/Neubert 2007, 123).

Diese kritischen Stimmen können sich auf viele empirische Befunde stützen. Nun aber das Kind mit dem Bade auszuschütten – also den Ansatz partizipativer Armutsstrategieprozesse prinzipiell als »Alibi« zu entlarven – erscheint ebenso wenig angemessen. Zurecht stellt Freyhold fest, dass »diese Varianten radikaler Kritik (...) die tatsächliche historische Situation« der Armen überhaupt nicht wahrnähmen. Diese hätten »gar keine Alternative mehr als die, je nach Situation, durch Protest oder durch Kooperation nach mehr Verhandlungsmacht (zu) streben und auf Kompromisse strategischer Gruppen hinzuarbeiten, die ihre Position in der Gesellschaft und dem Staat gegenüber verbessern. Um dies zu tun, können sie den herrschenden Diskurs nur in ihrem Sinne verändern, wenn sie sich auch ein Stück weit darauf einlassen.« (Freyhold 2002, 289).

## ZIVILGESELLSCHAFTLICHE BETEILIGUNG IN PRS-PROZESSEN

Die 1999 eingeführten Armutsstrategieprozesse haben zu einer deutlichen Belebung des Dialogs zwischen Regierungen und Zivilgesellschaften geführt. Die Prozesse sind, wie bereits ausgeführt wurde, im Sinne eines Politikzyklusses organisiert (Armutsanalyse, Strategieformulierung, Implementierung, Monitoring, Evaluierung/Revision, Formulierung der zweiten Strategiegeneration usw.). Von den insgesamt 34 Staaten in Sub-Sahara Afrika, die PRS-Prozesse gestartet haben, konnten inzwischen 20 den Zyklus mindestens einmal durchlaufen und haben ein zweites Strategiepapier erarbeitet. Zivilgesellschaftliche Beteiligung an PRS-Prozessen ist in allen Stadien des Politikzyklusses erkennbar, wiewohl, naturgemäß, in den einzelnen Ländern sehr unterschiedlich ausgeprägt.

In der Erstellungsphase der ersten Strategien waren nicht-staatliche Akteure überall mehr oder minder vertreten, in vielen Fällen auf Druck der internationalen Entwicklungsorganisationen, angeführt von der Weltbank (Booth 2003). In einigen Ländern wurden tragfähige Dialogstrukturen etabliert, die zivilgesellschaftlichen Akteuren einen erheblichen Einfluss auf die Formulierung der Dokumente bescherten (z. B. in Uganda). In anderen Staaten organisierten sich zivilgesellschaftliche Akteure so wirkungsvoll und stiegen so schnell und kompetent mit Vorschlägen in die öffentliche Debatte ein, dass Regierungen gar nicht umhin konnten, zivilgesellschaftliche Forderungen in die Strategien aufzunehmen (z. B. in Sambia). Der Normalfall zivilgesellschaftlicher Beteiligung in dieser ersten Phase ist aber bestenfalls mit dem Begriff der Konsultation beschrieben: Regierungen veröffentlichten die Entwürfe, luden zu einem öffentlichen Hearing ein (mit oft mehreren hundert Teilnehmerinnen und Teilnehmern), stellten dort ihre Strategie vor, nahmen unkommentiert Stellungnahmen entgegen und entschieden später im stillen Kämmerlein, an ihrem Entwurf wenig oder nichts zu verändern.

In den Phasen nach der Fertigstellung des PRS-Papiers geht die Einbindung zivilgesellschaftlicher Akteure wieder zurück. Die Umsetzung der Strategie bleibt überwiegend den Regierungsinstanzen überlassen, teilweise, weil diese sich hier nicht zivilgesellschaftlicher Mitwirkung aussetzen wollen, teilweise, weil auch zivilgesellschaftliche Organisationen aus ihrem Rollenverständnis heraus Distanz üben. Eine bereits erwähnte Ausnahme liegt in der Implementierung von Projekten und Programmen in bestimmten sozialpolitischen Sektoren. In einigen Ländern wird die Umsetzung der Strategie in die jährliche Haushaltsplanung von gesellschaftlichen Akteuren analysiert und kommentiert. In Malawi ist es dabei zu engeren Kooperationen zwischen Parlament und Zivilgesellschaft gekommen. Im Monitoring ist zivilgesellschaftliche Beteiligung zumindest auf dem Papier in der Regel vorgesehen. Selten jedoch kann davon gesprochen werden, dass die Beteiligung an Institutionen des Monitorings klar geregelt wäre (positive Ausnahme sind z. B. Tansania und Mosambik). In einigen Ländern haben zivilgesellschaftliche Akteure unabhängige Verfahren des Monitorings entwickelt und die Ergebnisse veröffentlicht (z. B. in Malawi, Mali, Uganda und Sambia, siehe Textbox 15).

## 15
### Kritische Begleitung durch sambische Zivilgesellschaft

Das 2001 gegründete sambische Netzwerk *Civil Society for Poverty Reduction* (*CSPR*), das mehr als 80 Mitgliedsorganisationen umfasst, liefert besonders bemerkenswerte Beispiele für eine aktive zivilgesellschaftliche Arbeit im PRS-Kontext. Das Netzwerk hat sich sowohl bei der Erarbeitung der ersten Armutsbekämpfungsstrategie des Landes 2001 als auch bei der Entwicklung der revidierten Strategie 2005/06 mit umfangreichen Vorschlägen an die Regierung gewandt. Die Eingaben wurden von Expertinnen und Experten aus Mitgliedsorganisationen, teilweise aber auch von Wissenschaftlern der Universität in Lusaka erarbeitet. Nach eigenen Angaben von CSPR haben viele dieser Anregungen Eingang in die Regierungsstrategie gefunden.

Das Netzwerk beteiligt sich intensiv an Dialogen mit der Regierung und anderen nationalen Akteuren. So wirken Repräsentanten von CSPR in den von der Regierung eingesetzten Sektorarbeitsgruppen sowie weiteren Gremien auch auf Provinz- und Distriktebene mit, wo Fortschritte (oder auch Probleme) in der Umsetzung der Armutsstrategie diskutiert werden. Während der jährlichen Haushaltsberatungen im sambischen Parlament gibt CSPR stets eine umfangreiche Stellungnahme zum Regierungsentwurf ab.

Zur unabhängigen Bewertung der Umsetzung der Armutsbekämpfungsstrategie führt das Netzwerk ein eigenes Monitoringprogramm durch. Dazu werden jährlich in mehreren Distrikten Studien zur Armutslage und zur Qualität staatlicher Dienstleistungen durchgeführt. Die Ergebnisse dieser Studien speist CSPR wieder in nationale Debatten ein.

Trotz seiner kritischen Einstellung gegenüber der Regierung und den Gebern ist das Netzwerk in der politischen Arena Sambias hoch angesehen und als fachkompetenter Akteur akzeptiert.

Weitere Informationen: www.cspr.org.zm

Bei der Evaluierung und Neuformulierung *(revision process)* der Strategien sind in offenbar allen Ländern erneut stärkere öffentliche Diskussionen und zivilgesellschaftliche Interventionen zu verzeichnen. Fallstudien zu Uganda

(Ssewakiryanga 2005) und Tansania (Eberlei 2007c) belegen beispielsweise eine intensive Beteiligung der Zivilgesellschaft in dieser Phase.

In einer Minderheit von Ländern haben sich Strukturen für zivilgesellschaftliche Beteiligung ausgebildet, wenngleich oft noch schwach abgesichert. In mehreren Ländern wurden zum Beispiel *Sektorarbeitsgruppen* eingerichtet, die aus den Fachministerien, aus Umsetzungsorganisationen, teilweise aus Geberorganisationen und zivilgesellschaftlichen Repräsentanten zusammengesetzt sind (vgl. z. B. Uganda oder Sambia). Ihr Arbeitsfeld orientiert sich häufig an den klassischen Sektoren (Bildung, Gesundheit, Landwirtschaft u. a.), gelegentlich auch an übersektoralen Fragestellungen (typische Beispiele sind *Gender* und *Good Governance*). In üblicherweise drei bis vier Sitzungen pro Jahr werden eher grundsätzliche Fragen der sektoralen Politik diskutiert. In einigen Ländern (z. B. Tansania oder Sambia) werden diese Sektorforen durch ein jährliches großes Zusammenkommen aller Sektorgruppen ergänzt. Hier sind in der Vergangenheit zum Beispiel die Fortschrittsberichte der Regierungen hinsichtlich der Strategieumsetzung oder auch neue Strategieelemente diskutiert worden. In anderen Ländern sind Strukturen nicht sektoral organisiert, sondern eher an die allgemeine Armutsdebatte oder die Diskussion des nationalen Haushalts gekoppelt. Beispiele dafür sind die Arbeit des Armutsobservatoriums in Mosambik (Francisco/Matter 2007), der *Poverty Action Fund* in Uganda, das *Uganda Participatory Poverty Assessment Programme* (Ssewakiryanga 2005) oder das *National Poverty Monitoring Steering Committee* in Tansania.

Dauerhafte Dialogstrukturen sind aber in den meisten Ländern nicht zustande gekommen. Entsprechend vage blieb die Beteiligung der Zivilgesellschaft dort nach Vorlage des ersten Strategiepapiers. Zumeist fanden nur gelegentliche, ad hoc einberufene Veranstaltungen (Workshops) statt, deren Zusammensetzung eher zufällig bzw. von der Regierung gesteuert war.

Ein spezifisches Teilproblem der nur ansatzweise ausgeprägten institutionellen Strukturen stellen die insgesamt als schwach zu bewertenden rechtlichen Rahmenbedingungen für zivilgesellschaftliche Beteiligung dar. Wie ausgeführt wurde, sehen die Verfassungen der Staaten Sub-Sahara Afrikas inzwischen in ausnahmslos allen Fällen die für zivilgesellschaftliche Aktivitäten notwendigen Grundrechte vor (Meinungs-, Presse-, Versammlungs-, Vereinigungsfreiheit u. a. m.). Trotz des offenbaren Trends, dass rechtstaatliche Regeln heute in einer Mehrzahl der Länder stärker beachtet werden als vor 15 bis 20 Jahren, sind zumindest aus einer Gruppe von Ländern erhebliche Schwierigkeiten für zivilgesellschaftliche Arbeit zu berichten. Der größte gegenwärtig erkennbare Widerspruch zwischen einer ausgeprägt partizipationsfreudigen Verfassung auf der einen Seite und restriktiver spezieller Gesetzgebung auf der anderen ist in Äthiopien auszumachen: Das kürzlich verabschiedete NRO-Gesetz begrenzt zivilgesellschaftliche Arbeit massiv (vgl. oben Textbox 10). Doch auch in anderen Ländern ist ein konkreter, ggf. einklagbarer rechtlicher Rahmen für die Beteiligung zivilgesellschaftlicher Organisationen bislang nur schwach ausgebildet. Die Beteiligung am PRS-Prozess – der immerhin für die meisten Länder gegenwärtig zentrale entwicklungsstrategische Prozess – ist in praktisch keinem Land klar rechtlich geregelt. Als ein positives Beispiel für mindestens politisch einklagbare Regeln des PRS-Prozesses können die Richtlinien für die Neuformulierung der Armutsstrategiepapiere in Uganda und Tansania angesehen werden. Hier hat es immerhin schriftlich fixierte Absprachen zwischen Regierungen und Zivilgesellschaften über Regeln und Mechanismen für das Verfahren gegeben.

Eine zusammenfassende und abgrenzende Kategorisierung von Ländergruppen hinsichtlich der Beteiligung von Zivilgesellschaft an politischen Prozessen ist nur mit Vorsicht zu erstellen. Belastbar vergleichbare Daten für Sub-Sahara Afrika insgesamt liegen nur bedingt vor. Auf der Basis eigener qualitativer Analysen der Beteiligung von zivilgesellschaftlichen Akteuren in PRS-Prozessen einerseits sowie unter Berücksichtigung des bereits erwähnten *Voice and Accountability Index* des *World Bank Institute* andererseits soll jedoch folgende Bewertung zur Diskussion gestellt werden.

In elf Ländern, also einem knappen Drittel der insgesamt 34 PRS-Länder in Sub-Sahara Afrika, spielt zivilgesellschaftliche Beteiligung eine beachtliche Rolle (vgl. Tabelle 13). Das heißt: Die Beteiligung ist hier über mehrere Jahre mit wahrnehmbarer Intensität zu beobachten; eine Vielzahl von Akteuren nimmt teil; rechtliche Rahmenbedingungen für Partizipation sind weitgehend gesichert; Strukturen für Dialoge mindestens in Ansätzen vorhanden und zivilgesellschaftliche Akteure verfügen über ein Minimum an personellen und finanziellen Ressourcen, um eine dauerhafte Beteiligung sicher zu stellen. In einer weiteren Gruppe von zehn Ländern ist zivilgesellschaftliche Arbeit im Kontext der strategischen Armutsbekämpfung erkennbar, die vorgenannten Dimensionen sind jedoch deutlich defizitär, ein kontinuierlicher Dialog zwischen Regierungen und Zivilgesellschaften ist bisher nicht etabliert. In der dritten Gruppe der restlichen 13 Länder kann nicht von signifikanter und anhaltender zivilgesellschaftlicher Arbeit im PRS-Kontext gesprochen werden.

| Tabelle 13 | |
|---|---|
| **Zivilgesellschaftliche Beteiligung in PRS-Prozessen in Afrika** | |
| Zivilgesellschaftliche Beteiligung: *beachtliche* Rolle im PRS-Prozess (11) | Benin, Ghana, Kap Verde, Kenia, Malawi, Mali, Mosambik, Sambia, Senegal, Tansania, Uganda (alle Länder haben eine zweite PRS-Generation vorgelegt) |
| Zivilgesellschaftliche Beteiligung: *erkennbare, aber defizitäre* Rolle im PRS-Prozess (10) | Burkina Faso, Gambia, Guinea, Kamerun, Lesotho, Madagaskar, Mauretanien, Niger, Ruanda, sowie Äthiopien (mit deutlicher Verschlechterung seit 2005) (2. PRS-Generation liegt vor, außer für Kamerun und Lesotho) |
| Zivilgesellschaftliche Beteiligung: *keine signifikante* Rolle im PRS-Prozess (13) | Burundi, DR Kongo, Guinea-Bissau, Liberia, Nigeria, Sao Tome und Principe, Sierra Leone, Tschad (Länder mit erster PRS-Vollversion) Côte d'Ivoire, Komoren, Republik Kongo, Togo, Zentralafrikanische Republik (nur Interim-PRS) |
| Bisher kein PRS-Prozess initiiert (6) | Angola, Eritrea, Sudan, Simbabwe, Somalia, Swasiland |
| Länder der Middle-Income-Gruppe (kein PRS-Ansatz vorgesehen) (7) | Äquatorial Guinea, Botswana, Gabun, Mauritius, Namibia, Seychellen, Südafrika |
| Quelle: Eigene Zusammenstellung unter Berücksichtigung des *Voice and Accountability Index* (World Bank 2008) sowie eigener qualitativer Länderanalysen. | |

Dass insbesondere die Länder, die sich anhaltend im PRS-Prozess engagieren, stärkere Spielräume für zivilgesellschaftliche Beteiligung aufweisen, wird durch den *Voice and Accountability* Index unterstrichen: Je frühzeitiger und anhaltender sich ein Land auf den PRS-Prozess eingelassen hat, desto besser sind die durchschnittlichen Index-Werte der jüngsten Erhebung (World Bank 2008).[47] Ein Vergleich zwischen den Index-Werten der Jahre 2000 und 2007 zeigt überdies, dass demnach insbesondere in PRS-Ländern positive Dyna-

---

[47] Eine Gruppe von zehn Ländern, die frühzeitig mit dem PRS-Prozess begonnen hat und ihre zweite PRS-Generation schon bis 2006 vorlegen konnte, verfügt über die durchschnittlich besten Werte im Index (negative Ausnahme: Äthiopien). Eine zweite Gruppe von ebenfalls zehn Ländern, die ihre zweite PRS-Generation 2007 oder 2008 vorlegte (inkl. Kamerun, das kurz vor Abschluss des Dokuments steht), liegt mit ihren durchschnittlichen *Voice and Accountability*-Werten auf Platz 2, gefolgt von der Gruppe von neun Ländern, die bisher nur eine erste Strategiegeneration auf den Weg brachte. Mit deutlichem Abstand folgen die Länder, die lediglich eine Interim-Version erarbeitet haben, sowie – nochmals abgesetzt – die Low-Income-Länder ohne PRS-Prozess.

miken hinsichtlich *Voice and Accountability* festzustellen sind: Von den 47 Ländern in Sub-Sahara Afrika haben 28 Länder zwischen 2000 und 2007 verbesserte Werte im Index erzielt. 20 dieser 28 Länder haben zumindest die erste Vollversion der Armutsbekämpfungsstrategie (»Full-PRSP«) vorgelegt, sind also im Prozess schon weiter vorangeschritten. Auch diese Korrelation erscheint bemerkenswert.

Der Gesamteindruck belegt die starken Veränderungen im Vergleich zu der politischen Situation vor gut einem Jahrzehnt, als in fast allen Staaten Sub-Sahara Afrikas von etablierten politischen Dialogen zwischen Regierungen und Zivilgesellschaften nicht einmal im Ansatz die Rede sein konnte.

## ZUR FUNKTION ZIVILGESELLSCHAFTLICHER EINFLUSSNAHME

Es ist also zweifelsfrei erwiesen, dass sich die Beteiligung zivilgesellschaftlicher Akteure an politischen Entscheidungsprozessen in Sub-Sahara Afrika signifikant verändert hat. Im Grundsatz ist diese Rolle nicht-staatlicher Akteure auch unbestritten (das Recht auf Partizipation ist schließlich auch völker- und verfassungsrechtlich verankert, siehe oben). Doch über die Funktion zivilgesellschaftlicher Einflussnahme auf demokratisch gewählte Regierungen besteht in der politischen Praxis vieler afrikanischer Länder kaum Klarheit. Wie weit soll »Beteiligung« gehen? Gibt es Grenzen? Wann endet die Einflussmöglichkeit zivilgesellschaftlicher Akteure vis-à-vis demokratisch gewählten Regierungen? Diese Fragen blitzen in der Praxis immer wieder auf.

So beurteilen zivilgesellschaftliche Stimmen in Afrika ihre Einflusspotenziale auf reale Politik regelmäßig recht skeptisch. Während eine Gruppe von zivilgesellschaftlichen Organisationen die grundsätzliche Offenheit politischer Prozesse und die neuen Dialogmöglichkeiten anerkennt, gleichwohl auf die Schwächen der bisherigen Prozesse verweist, gibt es nicht wenige Vertreter der Zivilgesellschaft, die die bisherige Partizipation als »Alibi-Veranstaltungen« bewerten und den Missbrauch von vermeintlicher Beteiligung zur Legitimation von Regierungs- und/oder Geberpolitik kritisieren (Siebold 2007 als Übersicht). Vielfach ist von zivilgesellschaftlicher Seite die Kritik zu vernehmen, dass Partizipation im PRS-Kontext lediglich die erste Stufe der so genannten »Partizipationsleiter« erreicht habe, also Information der Öffentlichkeit, bestenfalls Konsultation. Sie sei aber nicht zu den höheren Stufen aufgestiegen: der de facto Beteiligung an Entscheidungen.[48] Regelmäßig wird moniert, dass

---

[48] Die »Partizipationsleiter« ist im Kontext von Entwicklungsprojekten entstanden. Beteiligung beginnt danach mit dem Teilen von Informationen, gefolgt von Konsul-

Regierungen die Vorschläge der Zivilgesellschaft (bzw. manche Vorschläge) am Ende nicht berücksichtigt hätten.

Auf der anderen Seite – bei den Regierungen – stößt der bisherige Einfluss der nicht-staatlichen Akteure keinesfalls auf ungeteilte Freude. Inzwischen wird erkennbar, dass nach der Einführung partizipativer Prozesse vor einigen Jahren das Ende des *honeymoons* erreicht ist. Nach anfänglichem Lob für die Kompetenz und das Engagement zivilgesellschaftlicher Akteure sind in einer Reihe von Ländern heute von Regierungsseite kritische Haltungen gegenüber der Zivilgesellschaft zu erkennen. Vielen Machthabern sind zivilgesellschaftliche Organisationen mit ihren unbequemen Forderungen nach Beteiligung, Transparenz und Rechenschaftspflicht ein Dorn im Auge. Teilweise äußert sich das in abfälligen Bewertungen von Politikern über die Arbeit von zivilgesellschaftlichen Organisationen und in der regelmäßig geäußerten Frage nach ihrer Legitimität. In einer Reihe von Ländern versuchen die Regierungen aber auch, die rechtlichen Daumenschrauben anzuziehen und gesellschaftliche Akteure unter Druck zu setzen, siehe das bereits erwähnte Beispiel aus Äthiopien (Textbox 10). In Sambia dagegen scheint die Zivilgesellschaft inzwischen stark genug, dies zu verhindern: Ein 2007 von der Regierung in das Parlament eingebrachtes NRO-Gesetz, das inhaltlich schärfer formuliert war als das NRO-Gesetz in Simbabwe, scheiterte an öffentlichen Protesten und einer Koalition von Parlamentariern, Gebern und Zivilgesellschaft.

Beide Perspektiven – die Kritik an den Einfluss einfordernden nicht-staatlichen Organisationen auf der einen Seite, die Kritik mangelnder Partizipation im Sinne der »Partizipationsleiter« auf der anderen – greifen zu kurz. Sie lassen ein klares Verständnis darüber vermissen, welche Funktion eine Zivilgesellschaft in politischen Systemen, insbesondere in demokratisch legitimierten politischen Systemen, hat. In der »langen Phase der Konsolidierung der Demokratie«, der Phase von Transformationsprozessen, in der sich viele Sub-Sahara Staaten in der ersten Dekade des 21. Jahrhunderts befinden, müssten »die lange Zeit unterdrückte *civil society* sowie die politischen Oppositionsparteien (...) Gelegenheit haben und nutzen, demokratische Werte und Verhaltensweisen zu verinnerlichen und zu erproben – als kritische Partner und ergänzende Korrektur der Regierung«, schreiben Tetzlaff/Jakobeit (2005, 164). Dem kann gefolgt werden – doch wie ist das funktionale Zusammenspiel beider Seiten demokratietheoretisch zu präzisieren?

Jürgen Habermas hat einen Vorschlag für diese komplexe Beziehung gemacht, der – wenngleich entwickelt im Kontext westeuropäischer Demokratien

---

tationen, gemeinsamen Entscheidungen und schließlich den eigenständig initiierten und ausschließlich selbst verantworteten und gesteuerten Prozessen.

– auch für die Diskussion in Sub-Sahara Afrika fruchtbar sein könnte. Habermas' Theorie einer »deliberativen Demokratie« geht von dem »Zusammenspiel einer zivilgesellschaftlich basierten Öffentlichkeit mit der rechtsstaatlich institutionalisierten Meinungs- und Willensbildung« aus (1992, 448).[49] In seiner Analyse dieses Zusammenspiels identifiziert er zwei Formen von Macht. Ihm zufolge wird die »kommunikative Macht«, die von der Zivilgesellschaft in der Sphäre politischer Öffentlichkeit entwickelt wird, über institutionalisierte Verfahren demokratischer Entscheidungsprozesse »in administrativ verwendbare Macht umgeformt«. Diese theoretische Perspektive bettet die Zivilgesellschaft in ein demokratisches System ein und weist ihr eine entscheidende Rolle als kommunikativer Vermittler zwischen der »Lebenswelt« der Menschen einerseits und dem Staat andererseits zu. Zivilgesellschaftliche Akteure leiten demnach ihre Legitimität nicht aus einer – vorhandenen oder nicht-vorhandenen – Massenbasis ab, ebenso wenig aus abstrakten normativen Vorgaben. Sie werden legitimiert durch ein »weitgespanntes Netz von Sensoren (...), die auf den Druck gesamtgesellschaftlicher Problemlagen reagieren und einflussreiche Meinungen stimulieren« (1992, 363 f.). Für Habermas »kann nur das politische System ›handeln‹ (...). Die nach demokratischen Verfahren zu kommunikativer Macht verarbeitete öffentliche Meinung kann nicht selber ›herrschen‹, sondern nur den Gebrauch der administrativen Macht in bestimmte Richtungen lenken« (1992, 364).

Soweit die Theorie. Zurück zur Realität: Ist es zivilgesellschaftlichen Akteuren in afrikanischen Entwicklungsprozessen in den vergangenen Jahren gelungen, in dieser Weise Einfluss auf ihre Regierungen zu nehmen?

## WIRKUNGEN ZIVILGESELLSCHAFTLICHER ARBEIT

Zivilgesellschaftliche Akteure in Sub-Sahara Afrika haben in den vergangenen 15 bis 20 Jahren ihre *kommunikative Macht* wesentlich ausbauen können. Ihre Anzahl ist signifikant gewachsen und ihre Handlungsfähigkeit ist um ein Vielfaches größer geworden (u. a. durch Vernetzung, Professionalisierung und Nutzung moderner politischer Kommunikationsmittel; siehe oben). Ihre Einbettung in politische Debatten und Dialoge auf nationalstaatlicher Ebene ist heute in einer Mehrheit afrikanischer Länder selbstverständlich, wenn auch mit

---

[49] Unter Zivilgesellschaft versteht er die »mehr oder weniger spontan entstandenen Vereinigungen, Organisationen und Bewegungen (...), welche die Resonanz, die die gesellschaftlichen Problemlagen in den privaten Lebensbereichen finden, aufnehmen, kondensieren und lautverstärkend an die politische Öffentlichkeit weiterleiten« (1992, 443).

sehr unterschiedlicher Intensität. Anhand einer Vielzahl von Einzelbeispielen lassen sich wichtige Wirkungen dieses verstärkten zivilgesellschaftlichen Engagements nachzeichnen: Gesellschaftliche Leitbilder verändern sich, ebenso die sich daraus ergebenden politischen Strategien der Regierenden. Und: Die Mächtigen werden zunehmend daran gemessen, ob sie neue Leitbilder und Strategien auch in Realpolitik umsetzen. Zivilgesellschaftliche Akteure können sich diese Entwicklungen nicht allein zugute schreiben. Reformorientierte Akteure in nicht homogenen politischen Eliten und ein – politisch gesehen – vergleichsweise günstiges internationales Umfeld spielen eine ebenfalls wichtige Rolle.[50] Ohne eine wachsende gesellschaftliche Nachfrage nach einer anderen Politik würden diese Faktoren alleine aber nicht ausreichen, eine Politik zu entwickeln und durchzusetzen, die den armen Bevölkerungsmehrheiten dient.

Einfluss auf Leitbilder und Strategien

Zwei wesentliche Leitbilder, die heute afrikanische Politik prägen – das Konzept der *Menschlichen Entwicklung* und das Konzept der *Demokratischen Regierungsführung* –, hätten sich ohne zivilgesellschaftliche Einforderung bzw. Unterstützung kaum in dem heute erkennbaren Maße durchgesetzt.

Zivilgesellschaftliche Proteste gegen das neoliberale Entwicklungsparadigma seit den 1980er Jahren haben den entwicklungspolitischen Diskurs auf dem Subkontinent wesentlich mitgeprägt. Selbst dem IWF wurde Ende der 1990er Jahre klar, dass seine neoliberalen Grundlinien gegen den anhaltenden innergesellschaftlichen Widerstand nicht durchsetzbar waren. Das von UNDP in den frühen 1990er Jahren entwickelte Konzept der *Menschlichen Entwicklung (human development)*, das die Lebenschancen und die Lebensqualität für Menschen in den Mittelpunkt von Entwicklungsdebatten rückte, ist in afrikanischen Zivilgesellschaften stark rezipiert worden. Dass Ende der 1990er Jahre das Thema Armutsbekämpfung im Sinne dieses Konzepts ganz nach oben auf die politischen Agenden afrikanischer Regierungen rückte, hatte einerseits mit der internationalen Diskussion zu tun (ganz wesentlich im Umfeld des UN-Weltsozialgipfels 1995 und des UN-Millenniumsgipfels 2000). Es spiegelte aber auch klare Forderungen afrikanischer zivilgesellschaftlicher Akteure nach einer Politik, die sich an der Einlösung der Menschenrechte orientiert.[51]

---

[50] Als gute Übersicht über die verschiedenen politischen Akteure (einschließlich, aber nicht ausschließlich der zivilgesellschaftlichen) und ihre Einflusspotenziale auf armutsorientierte Entwicklungsprozesse in Afrika siehe zum Beispiel die umfangreiche Studie *Drivers of Change* (vgl. dazu Dahl-Østergaard et al 2005).

[51] Vgl. zum Beispiel die Arbeit des *African Women's Development and Communication Network (FEMNET)* oder des Netzwerks *African Forum and Network on Debt*

Das Konzept der Menschlichen Entwicklung ist insbesondere in den *Wirtschaftlichen, Sozialen und Kulturellen Menschenrechten* verankert (WSK-Rechte). Diese spielen heute, auch aufgrund zivilgesellschaftlicher Interventionen, eine wichtige Rolle in afrikanischen Debatten über gesellschaftliche Wert- und Leitvorstellungen (auch wenn eine Umsetzung in eine entsprechende Politik dann noch eine ganz andere Frage ist). Ein Beispiel für eine solche, auf die Setzung von Normen abzielende Arbeit leistet das *Jesuit Centre for Theological Reflexion (JCTR)* in Sambia, das mit einer breiten zivilgesellschaftlichen Kampagne darauf hinwirken will, dass die WSK-Rechte in der sambischen Verfassung verankert werden.

Bezüge zu international formulierten Normen und Zielen finden aber auch Eingang in die alltägliche Lobbyarbeit dieser Organisationen. In vielen Ländern beziehen sich zivilgesellschaftliche Akteure regelmäßig auf die UN-Millenniumsziele und auf andere wichtige Beschlüsse der Vereinten Nationen (z. B. der Weltfrauenkonferenz in Peking) und verhelfen auch diesen damit in den innergesellschaftlichen Diskussionen zu Beachtung und Stellenwert. Die Regierungen werden so an ihren eigenen Erklärungen gemessen. Ein hervorragendes Beispiel dafür liefern zahlreiche Frauenrechtsorganisationen, zum Beispiel das *NGO Council for Gender and Development* in Sambia, *Abantu for Development* in Ghana oder das *Tanzania Gender Networking Programme*. Diese Organisationen beziehen sich immer wieder explizit – zum Beispiel in Stellungnahmen zur Ausgabenpolitik der Regierung – auf Beschlüsse der Weltfrauenkonferenz in Peking.

Über diese inhaltlichen Bezugnahmen auf menschenrechtlich basierte Leitbilder hinaus haben zivilgesellschaftliche Akteure seit den 1990er Jahren stark dazu beigetragen, demokratische Grundprinzipien (einschließlich guter Regierungsführung) anzumahnen und ihre Umsetzung einzufordern. Auch hier haben Akteure der politischen Klasse mitgewirkt, ebenso eine Reihe von Geberagenturen, die entsprechende Reformen forderten oder unterstützten. Doch auch hier wäre der wesentliche Wandel der vergangenen Jahre ohne die Beiträge der Zivilgesellschaft nicht denkbar gewesen (wie bereits in Kapitel 4 dargestellt).

Diese wichtigen Veränderungen in politischen Leitbildern haben sich in den nationalen Strategien der Armutsbekämpfung niedergeschlagen. Zivilgesellschaftliche Akteure haben diese Strategien von Anfang an beeinflusst. Ihrem starken Fokus auf Menschliche Entwicklung ist es zweifellos zu verdanken, dass den sozialen Grundpfeilern Bildung und Gesundheit in den Strategiepa-

---

*and Development* (AFRODAD), die seit Ende der 1980er bzw. Mitte der 1990er Jahre afrikanische zivilgesellschaftliche Positionen auf internationalen Konferenzen einbringen.

pieren großes Gewicht beigemessen wurde (so groß, dass manche Beobachter fürchteten, die Armutsstrategiepapiere würden rein sozialpolitische Papieren bleiben, statt auch die ökonomischen Aspekte von Armut zu bearbeiten). Sie setzen sich ferner dafür ein, dass strategische Vorhaben von Regierungen, die doch eher dem alten neoliberalen Paradigma folgen, öffentlich debattiert und kritisiert werden. In Ghana zum Beispiel hat die NGO *Integrated Social Development Centre* (ISODEC) schon vor Jahren eine Kampagne gegen die Privatisierung der Wasserversorgung gestartet und die Umsetzung der Pläne bislang verhindern können. Dass das alte Vorhaben der Regierung in jüngeren Strategiepapieren nicht mehr auftaucht, wird dem Einfluss der Zivilgesellschaft zugeschrieben (vgl. Siebold 2008, 34).

Auch die strategischen Perspektiven zum Leitbild *Democratic Governance* sind von zivilgesellschaftlichen Akteuren beeinflusst worden. Ihr Engagement für demokratische Prinzipien, Transparenz, Rechenschaftspflicht und Partizipation hat nicht nur die PRS-Prozesse selber geprägt, sondern auch die in den Strategiepapieren in der Regel enthaltenen Aspekte zu *Good Governance*. In einzelnen Ländern war es überhaupt der Zivilgesellschaft zu verdanken, dass Fragen von guter Regierungsführung in die Strategiepapiere aufgenommen wurden (vgl. Eberlei/Führmann 2004).

Insgesamt ist festzuhalten, dass die Veränderungen handlungsleitender politischer Leitbilder und Strategien in Sub-Sahara Afrika ohne eine »Nachfrage von innen« nicht möglich gewesen wären.

Einfluss auf realpolitische Entwicklungen

Möglicherweise noch folgenreicher für langfristige politische Entwicklungen in Afrika sind aber die Wirkungen von Kontrolle und öffentlicher Kritik der realen, alltäglichen Regierungspolitik. Zivilgesellschaftliche Akteure – einschließlich unabhängiger Medien – sind heute als *watchdogs*, als »Wachhunde« nicht mehr aus der politischen Kultur afrikanischer Länder wegzudenken (auch wenn besonders autoritäre Regierungen wie die Simbabwes oder Äthiopiens das gerne hätten und auch daran arbeiten). Dass Regierungen, die einen demokratischen Anspruch aufrecht erhalten wollen, ihren Bürgerinnen und Bürgern Rechenschaft über ihr Handeln ablegen müssen, hat sich als Grundsatz in den vergangenen Jahren tief in der afrikanischen Politik verankern lassen. Dieser Grundsatz wird noch längst nicht oder nicht befriedigend eingelöst – doch die Pflicht der Regierungen zur öffentlichen Rechenschaftslegung an sich wird nicht mehr offen bestritten.

Dass Transparenz, Rechenschaftslegung und offene Kritik daran auch eine Regierungspartei Amt und Würden kosten kann, ist bisher noch die Ausnahme:

Ghanas Regierungspartei *National Patriotic Party (NPP)*, die das Land mit Präsident Kufuor an der Spitze von 2000 bis 2008 regierte, musste Anfang Januar 2009 die Regierungsbank und alle Ministerien räumen, nachdem die Oppositionspartei *National Democratic Congress (NDC)* mit dem heutigen Präsidenten Mills an der Spitze die Wahlen gewinnen konnte. Als wahlentscheidende Faktoren können zum einen die wachsende Kritik an anhaltender Korruption einiger Regierungsmitglieder genannt werden, zum anderen die öffentliche Kritik daran, dass die positiven ökonomischen Erfolge der vergangenen Jahre nicht oder nicht hinreichend zu den Ärmsten durchgedrungen sind. Die Landkarte mit den Wahlkreisen des Landes, die von der Opposition gewonnen wurden, ist in vielen Teilen identisch mit einer Karte der ärmsten Regionen des Landes. Die Mehrheit der Ghanaer war nicht zufrieden mit ihrer Regierung und wählte sie ab. Auch die NDC war 2000 abgewählt worden. Nun hat sie eine neue Chance: Regierungswechsel in einem demokratischen Land. Ohne eine äußerst lebendige Zivilgesellschaft in Ghana – angefangen von unabhängigen Medien über viele politische Verbände und Organisationen und soziale Bewegungen – wäre eine solche Selbstverständlichkeit des demokratischen Wechsels nicht denkbar. Neben Ghana haben in den vergangenen Jahren auch in Benin, Kenia und Sierra Leone Oppositionsparteien bzw. unabhängige Kandidaten nationale Wahlen gewonnen; auch hier spielten die politischen Öffentlichkeiten eine zentrale Rolle. Doch auch abseits von Wahlen fordern zivilgesellschaftliche Stimmen ihre Regierungen zunehmend heraus, Rechenschaft über ihr Handeln abzulegen.

Erstens, in praktisch allen afrikanischen Ländern gibt es zivilgesellschaftliche Akteure, die die Politik ihrer Regierungen unter menschenrechtlichen Gesichtspunkten verfolgen und diese, wo nötig, deutlich kritisieren. Während das Engagement für die klassischen politischen Rechte (z. B. Meinungs- und Pressefreiheit) seit Jahrzehnten zu beobachten ist, findet in jüngerer Zeit eine sehr viel stärkere Bezugnahme auf die *Wirtschaftlichen, Sozialen und Kulturellen Rechte* statt. Zivilgesellschaftliche Akteure in verschiedenen Ländern messen die Arbeit ihrer Regierungen inzwischen an diesen Rechten. Einen spektakulären Erfolg verzeichnete zum Beispiel die Organisation *Timidria* im Niger. Mit einer jahrelangen Kampagne prangerte sie die faktisch praktizierte Sklaverei im Land als schwere Menschenrechtsverletzung an. Ergebnis: 2003 erließ das Parlament ein Gesetz, das Sklaverei verbietet und unter Strafe stellt. Damit ist Sklaverei faktisch noch nicht beseitigt, ihre Bekämpfung hat nun aber endlich eine rechtliche Grundlage. Initiativen gegen Kinderhandel oder gegen die sexuelle Ausbeutung von Frauen sind weitere Beispiele für die heute breit angelegte menschenrechtliche Arbeit in Afrika. Weniger spektakulär, aber trotzdem von großer Bedeutung ist die Einforderung sehr grundlegender

WSK-Rechte, zum Beispiel das Recht auf Ernährung (vgl. die Arbeit des kürzlich gegründeten *African Right to Food Network*). Zweitens, in einer zunehmenden Zahl von afrikanischen Ländern gibt es inzwischen Medien, die eine – manchmal nur begrenzt – kritische Berichterstattung über ihre Regierungen und das Regierungshandeln zulassen. Während das Fernsehen fast überall unter staatlicher Kontrolle ist, sind es unabhängige Zeitungen und – für die breiten Bevölkerungsschichten viel wichtiger – kleine, politisch unabhängige Radiostationen, die die Regierungsarbeit begleiten und damit auch zu einer Stärkung armutsorientierter Politik beitragen können (vgl. Hudock 2003). Ob Ghana, Sambia, Uganda, Senegal, Tansania oder Kenia: In einer ganzen Reihe von Ländern haben unabhängige Medien in den vergangenen Jahren Geldverschwendung und Korruption in Ministerien bekannt gemacht und kritisiert. Dabei wirken Medien und zivilgesellschaftliche Organisationen oft zusammen. Kirchen oder einige auf *Governance*-Fragen spezialisierte NRO (z. B. *Transparency International*, mit Ländersektionen in verschiedenen Ländern Afrikas) mischen sie sich mit Stellungnahmen zu aktuellen politischen Vorgängen oder auch mit grundsätzlichen Studien ein – und erhalten durch die Medien die dafür nötige Plattform. So hat in Sambia der von *Transparency International Zambia* vorgelegte Bericht *Show me the money* erheblichen öffentlichen Wirbel ausgelöst. Ebenso berichten die sambischen Zeitungen und Radiostationen ausführlich über die jährlichen Kontrollberichte der staatlichen Rechnungsprüfer. In Ghana wurden die öffentlichen Sitzungen eines parlamentarischen Kontrollausschusses, der Korruptionsvorwürfe thematisierte, in den Medien ausführlich dargestellt – und dürften zur Wahlniederlage der Regierungspartei beigetragen haben. Selbst unter schwierigen politischen Rahmenbedingungen leisten Journalistinnen und Journalisten oft mutige Aufklärungsarbeit. Um nur ein Beispiel zu nennen: *Radio Okapi* – ein Sender in der Demokratischen Republik Kongo – hat in vielen nachweisbaren Fällen dafür gesorgt, Korruption von Polizisten, Bürokraten und Politikern aufzudecken und Menschen zu ihrem Recht zu verhelfen (Grega et al 2008, 109).[52]

Drittens, der Umgang mit staatlichen Geldern findet heute generell große Aufmerksamkeit (nicht nur bezüglich korrupter Praktiken, sondern bezogen auf die ganz reguläre Ausgabenpolitik von Regierungen). In praktisch allen afrikanischen Ländern überwachen NRO in der ein oder anderen Weise die Haushaltspolitik ihrer Regierungen. Die Anzahl der zivilgesellschaftlichen

---

[52] Gerade Journalistinnen und Journalisten sind in verschiedenen afrikanischen Staaten aber auch erheblichen Gefahren für Leib und Leben ausgesetzt. *Reporters Without Borders* (2008) listet in seinem neuesten Jahresbericht zwölf afrikanische Länder auf, in denen besondere Repressalien gegen Medien dokumentiert wurden.

Organisationen, die sich an haushaltspolitischen Prozessen in Sub-Sahara Afrika beteiligen, ist in den letzten zehn Jahren stark angestiegen.[53] Selbst in Ländern, in denen die Haushaltsprozesse der Öffentlichkeit wenig Einblick gewähren (wie z. B. in Nigeria, Burkina Faso oder dem Tschad) und nur ein sehr begrenzter Zugang zu Daten und Informationen besteht, haben sich NRO mit haushaltspolitischen Engagement gebildet. Die meisten beteiligen sich an haushaltspolitischen Prozessen mittels Öffentlichkeitsarbeit oder Forschungs- und Analysetätigkeiten. Eine direktere Mitwirkung an haushaltspolitischen Entscheidungsprozessen ist bisher nur selten zu finden. Auch hier gibt es aber bemerkenswerte Ausnahmen: In Kenia und Malawi kooperieren Parlament und zivilgesellschaftliche Organisationen seit Jahren bei der Haushaltsanalyse und -diskussion. Auch in Sambia ist inzwischen zur Regel geworden, dass das Parlament zu Beginn der Haushaltsberatungen ein Hearing mit zivilgesellschaftlichen Akteuren durchführt, in dem diese zum Haushaltsentwurf der Regierung Stellung nehmen können. Die Arbeit zivilgesellschaftlicher Akteure hört aber nicht mit der Beschlussfassung über das Budget auf. In vielen Ländern verfolgen gesellschaftliche Akteure auch die tatsächliche Verwendung der Gelder. Das *Uganda Debt Network* verfolgt zum Beispiel regelmäßig – mit Unterstützung des Finanzministeriums – die tatsächlichen Mittelflüsse bis auf die lokale Ebene und hat damit in vielen Einzelfällen dazu beigetragen, dass Gelder für Krankenhäuser und Schulen tatsächlich ihre Bestimmung erreichten.[54] Einen ähnlichen Ansatz verfolgt zum Beispiel auch das NRO-Netzwerk *Malawi Economic Justice Network*.

Viertens, nicht nur in der Haushaltspolitik, sondern auch in einer ganzen Reihe von konkreten Politikfeldern nehmen zivilgesellschaftliche Akteure heute eine wichtige Kontrollfunktion ein. In Sektoren, in denen größere politische Übereinstimmungen mit den Regierungen bestehen, z. B. im Grundbildungsbereich, verläuft dies in der Regel unspektakulär. In verschiedenen

---

[53] Eine in der Forschungsstelle Entwicklungspolitik der Fachhochschule Düsseldorf durchgeführte Vorstudie hat über 50 solcher Organisationen in Sub-Sahara Afrika identifiziert (vgl. Müller-Goldenstedt 2007). Viele dieser Akteure arbeiten auch zu speziellen Aspekten (vgl. z. B. im Gender-Bereich die Arbeit des *Tanzania Gender Networking Programme*). Auch Akteure aus dem Bildungsbereich, der Menschenrechtsarbeit oder aus dem Agrarbereich versuchen durch die Verfolgung der Ausgabenpolitik und/oder durch Lobby-Arbeit sektorspezifische Verbesserungen zu erreichen.

[54] Vgl. Informationen auf der Webseite des Netzwerkes: www.udn.or.ug/(und siehe auch Krafchik/Renzio o. J.). Dass das ugandische Finanzministerium ausführliche Informationen auf der Webseite bereit stellt, unterstützt dies sehr (www.finance.go.ug/).

Ländern gibt es inzwischen zivilgesellschaftliche Akteure, die z. B. die Umsetzung von Bildungspolitik auf lokaler Ebene verfolgen und die Qualität der Ergebnisse erfassen (z. B. über partizipative Erhebungsmethoden), um diese auf nationaler Ebene wieder in die Diskussion einspeisen zu können. Doch auch politisch heikle Themen, wie die Militärpolitik von Regierungen oder der Umgang mit ethnischen Minderheiten, werden regelmäßig von zivilgesellschaftlichen Organisationen beobachtet und kommentiert. In Sambia hat sich die Organisation SACCORD bei der Regierung sehr unbeliebt gemacht, weil sie z. B. versteckte Militärausgaben im Budget kritisierte. Zeitweilig wollte ihr die Regierung gar die Lizenz entziehen (was Gerichte verhinderten). Auch in dem höchst sensiblen – weil lukrativen – Handel mit bestimmten Rohstoffen mischen zivilgesellschaftliche Akteure sich heute häufiger ein, um die Interessen der lokalen Bevölkerungen zu vertreten, so z. B. bei der Erdölausbeutung im Grenzgebiet Tschad/Kamerun oder der Diamantenausbeute in Sierra Leone (vgl. Rieken 2006; Misereor 2006). Dass der Einsatz für Menschenrechte in solchen Politikfeldern aber weiterhin auch gefährlich sein kann, erleben zivilgesellschaftliche Akteure nicht nur in den autoritären Staaten des Subkontinents: In Kenia wurden im März 2009 zwei Menschenrechtsaktivisten auf offener Straße erschossen. Sie hatten dazu beigetragen, mafiöse Strukturen innerhalb der Polizei publik zu machen.

Fazit

Zivilgesellschaftliche Akteure in Sub-Sahara Afrika haben also zum einen deutlichen Einfluss auf Leitbilder und Strategien der Politik in Afrika. In Anlehnung an Antonio Gramsci lässt sich argumentieren, dass es afrikanischen zivilgesellschaftlichen Akteuren gelungen ist, den gesellschaftlichen Grundkonsens zu beeinflussen, der die jeweiligen Entwicklungsziele und -strategien eines Landes bestimmt.[55] Zum anderen zeigen zivilgesellschaftliche Akteure Wirkungen hinsichtlich der Durchsetzung von Transparenz und Rechenschaftspflicht als Grundprinzipien politischen Handelns in Afrika. Sie füllen damit zunehmend auch in afrikanischen Ländern den Raum der politischen Öffentlichkeit, der über Jahrzehnte allein von den Regierungen – und ihren internationalen Gebern – besetzt war.

Diese im Grundsatz positive Darstellung der bisherigen Wirkungen zivilgesellschaftlicher Arbeit soll nun nicht über zahlreiche Defizite und Schwierigkeiten hinwegtäuschen, vor denen zivilgesellschaftliche Akteure in Afrika stehen. Schwache Strukturen für politische Dialoge, fehlende rechtliche Rah-

---

[55] Gramsci spricht in diesem Zusammenhang von »kultureller Hegemonie« (vgl. Kößler/Melber 1993, 81).

menbedingungen, fehlende Ressourcen für eine nachhaltige Handlungsfähigkeit und anderes mehr – das *Potenzial* zivilgesellschaftlicher Arbeit und ihrer positiven Effekte ist bei weitem nicht ausgeschöpft.[56] Vorschläge und Empfehlungen, wie die Arbeit der afrikanischen Zivilgesellschaften konkret gestärkt werden kann, gibt es zahlreiche.[57] Manche sind inzwischen von Regierungen oder Gebern aufgegriffen worden, viele andere werden sich die zivilgesellschaftlichen Akteure noch erstreiten müssen.

Dennoch: Dass die Armutsdebatte weiterhin ganz oben auf der Agenda der Entwicklungspolitik steht, dass in den vergangenen fünf bis zehn Jahren die Anstrengungen afrikanischer Regierungen in der Bildungs- und Gesundheitspolitik verstärkt wurden oder dass Gender-Fragen heute aus keiner politischen Strategie ausgeklammert werden können: diese und andere Entwicklungen sind zweifelsohne als Wirkungen zivilgesellschaftlicher Einflussnahme auf politische Prozesse zu verbuchen. Damit ist ein wichtiger – nach Auffassung des Autors: der wichtigste – Einflussfaktor auf armutsorientierte Regierungspolitik beschrieben. Der zweite Faktor ist die Politik der »internationalen Kooperationspartner«, wie die Entwicklungshilfegeber sich heute nennen.

---

[56] Die im Rahmen der Studie *prsp-watch.de* untersuchten PRS-Prozesse in afrikanischen Staaten zeigen viele Beispiele für solche Schwächen auf. Im Auftrag des *Verbandes Entwicklungspolitik deutscher Nichtregierungsorganisationen (VENRO)* untersucht die *Forschungsstelle Entwicklungspolitik* der Fachhochschule Düsseldorf im Rahmen einer längerfristigen *desk study* die Beteiligung von zivilgesellschaftlichen Akteuren in PRS-Prozessen, vgl. Online: <www.prsp-watch.de>. Besonders erfasst werden dabei: die Dauer und Intensität der Beteiligung, die Vielzahl der eingebundenen Akteure, rechtliche Rahmenbedingungen, strukturelle Verankerungen von Beteiligung sowie Einschätzungen zur Handlungsfähigkeit der Zivilgesellschaft.

[57] Zentrale Voraussetzungen für eine wirkungsvolle zivilgesellschaftliche Partizipation sind eine Verankerung demokratischer Rechenschaftspflicht in der politischen Kultur eines Landes, die Institutionalisierung von Partizipation und das Empowerment der betroffenen Menschen selber (vgl. dazu konkrete Vorschläge in Narayan 2002, Rodenberg 2007, Eberlei 2007a/b).

# Kapitel 6

# Armutsorientierte Entwicklungszusammenarbeit

In den vergangenen Jahren haben die Regierungen in Nord und Süd gemeinsam die Weichen für eine grundlegende Reform der Entwicklungszusammenarbeit gestellt. Wesentliche Meilensteine sind die *Millenniumserklärung* und die *Millenniumsziele* (2000/2001) sowie die in der *Erklärung von Paris über die Wirksamkeit der Entwicklungszusammenarbeit* (2005) formulierten neuen Prinzipien (vgl. Einführung in Kapitel 2). Dabei geht es nicht nur um ein paar technische Neuerungen. Noch nie in der Geschichte der Entwicklungszusammenarbeit hat es ein so systematisch abgestimmtes Set von Normen, Prinzipien, Regeln und Prozeduren gegeben, auf das sich fast alle beteiligten Regierungen in Nord und Süd geeinigt hätten. Der Anspruch, der aus dieser Neuorientierung erwächst, ist entsprechend fulminant. In der *Accra Agenda for Action* (2008) wird visionär nichts weniger als eine Überwindung von Armut sowie ein Ende der Abhängigkeit von Entwicklungshilfe in den Blick genommen. Die Erklärung schließt mit den Sätzen:

> Today, more than ever, we resolve to work together to help countries across the world build the successful future all of us want to see – a future based on a shared commitment to overcome poverty, a future in which no countries will depend on aid.

Man kann solche Worte als die üblichen hehren Formulierungen internationaler Konferenzdokumente belächeln, die das bedruckte Papier nicht wert sind. Man kann aber auch danach fragen, was von den wohlklingenden Beschlüssen der vergangenen Jahre Eingang in die Praxis der Entwicklungszusammenarbeit gefunden hat. Und man muss danach fragen, welchen Beitrag Entwicklungszusammenarbeit tatsächlich leistet, um große Ziele Wirklichkeit werden zu lassen.

## ARMUTSBEKÄMPFUNG ALS OBERZIEL: NUR SCHÖNE WORTE?

Über die Rhetorik der Gebergemeinschaft kann kein Zweifel bestehen: Die Bekämpfung der extremen Armut ist Geberpriorität Nr. 1 in Afrika. Dies lässt sich nicht nur an der ausdrücklichen Unterstützung der Millenniumsziele erkennen. Auch in den stärker programmorientierten Papieren einzelner Geber wird immer wieder dezidiert auf die Armutsbekämpfung Bezug genommen. Dies gilt für die Dokumente der großen multilateralen Organisationen IWF und Weltbank und für die der Europäischen Kommission sowie ebenso für die meisten bilateralen Geber, also die einzelnen Regierungen im Norden, zum Beispiel die deutsche Bundesregierung. Der damalige Bundeskanzler Schröder griff die UN-Ziele 2001 explizit auf. Die Bundesregierung reagierte mit einem eigenen Maßnahmenpaket, dem sogenannten *Aktionsprogramm 2015*. Dieses sollte dazu beitragen, wie Entwicklungsministerin Wieczorek-Zeul es damals formulierte, »der globalen Entwicklung ein menschliches Antlitz zu geben«. Damit, so die Ministerin weiter, rücke »zum ersten Mal in der Geschichte unseres Landes die Bekämpfung der weltweiten Armut auf die Tagesordnung der gesamten Regierung. Armutsbekämpfung wird zu einem überwölbenden Ziel.« Künftig habe sich die Politik in allen Ressorts daran zu orientieren, wie die extreme Armut in den Partnerländern eingedämmt werden könne.[58]

Ähnlich ambitionierte Erklärungen werden regelmäßig auch von der britischen Regierung formuliert (die sich als besonders aktiven Advokaten der Armutsbekämpfung begreift) oder von der Weltbank, deren Unternehmensvision zufolge nichts weniger angestrebt wird als *a world free of poverty*.

Die Wirklichkeit ist weniger überzeugend als diese schönen Worte. Zwar herrscht sowohl unter den meisten entwicklungspolitischen Akteuren (einschließlich Zivilgesellschaft) als auch in der Wissenschaft weitgehende Einigkeit darüber, dass die Geber ihre Entwicklungsarbeit heute in erheblich stärkerem Maße auf Ansätze der Armutsbekämpfung konzentrieren als dies vor zehn Jahren der Fall war. Die Umsetzung der großen Ziele in reale Politik wird jedoch von vielen Schwierigkeiten begleitet. Beispielhaft soll die Entwicklungspolitik der deutschen Bundesregierung, der EU und der Weltbank dies verdeutlichen.

Beispiel 1: Deutschland

chon unter rot-grünen Vorzeichen wurde von Deutschland höchstens halbherzig umgesetzt, was Kanzler und Ministerin seinerzeit zu den Millenniumszielen vorgetragen hatten. Richtig ist, dass die Armutsbekämpfung ab 2001 einen

---

[58] Deutscher Bundestag, Plenarprotokoll 14/164 (5.4.2001), S. 15956 f.

zentralen Platz in BMZ-Erklärungen erhielt. Mit einer Reihe von Maßnahmen bemühte sich das Ministerium, dem *Aktionsprogramm 2015* Leben einzuhauchen. Verschiedene Studien – darunter die ausführlichen jährlichen Berichte der *Gemeinsamen Konferenz Kirche und Entwicklung* (GKKE) – beschreiben jedoch detailliert die Kluft zwischen Anspruch und Realität. Sie bemängeln die insgesamt schwache Ausrichtung der EZ auf Armutsbekämpfung; kritisieren mit guten Argumenten die fehlende entwicklungspolitische Kohärenz zwischen den Ministerien; verweisen auf die schwache Mittelausstattung für die große Aufgabe und monieren entsprechend die fehlende Implementierung armutsorientierter Grundsätze und Beschlüsse. Am Ende der rot-grünen Regierungsperiode stellte die GKKE mit Blick auf das *Aktionsprogramm 2015* fest, dass »signifikante Ergebnisse nicht zu konstatieren« sind (2005, 6).[59] Auch ein Prüfbericht der OECD forderte die Bundesregierung im Jahr 2005 auf, die neuen Ansätze nun doch bitte auch konsequent umzusetzen (2006, 11). Sogar eine eigene BMZ-Evaluierung schlussfolgerte, dass zwar eine Mehrzahl von EZ-Vorhaben armuts*orientiert* sei, eingetretene Wirkungen aber nur »teilweise« bescheinigt werden könnten (BMZ 2005, 2).

Nach dem Regierungswechsel 2005 blieb zwar die Entwicklungsministerin, das *Aktionsprogramm 2015*, das von CDU/CSU von Anfang an kritisch beäugt worden war, verschwand in der Regierungszeit der Großen Koalition jedoch nach und nach in der Versenkung.[60] Dass das von Wieczorek-Zeul seinerzeit so gefeierte Programm offenbar still kassiert wurde, ist noch kein Drama an sich. Die Qualität des Papiers ist ohnehin von vielen Seiten stark kritisiert worden. Jedoch stellt sich die Frage, ob mit dem *Aktionsprogramm 2015* nun auch die Absicht aufgegeben wird, die EZ konsequent an den UN-Zielen auszurichten. Drei Beispiele sollen illustrieren, wie Worte und Taten auseinanderfallen können.

Erstens: Die UN-Millenniumsziele sehen Bildung als Schlüssel für die Armutsbekämpfung und zwar insbesondere die Schulbildung im Primar- und Sekundarbereich (vor allem das zweite, aber auch das dritte Millenniumsziel). Seit vielen Jahren verspricht die EZ, der Bildung und insbesondere der Grundbildung besondere Beachtung zu schenken. Doch noch immer haben mehr als 40 Millionen Kinder in Afrika keine Chance, zur Schule zu gehen,

---

[59] Ähnlich kritisch argumentieren die jährlichen Berichte von terre des hommes und Deutscher Welthungerhilfe: Die Wirklichkeit der Entwicklungshilfe, Bonn/Osnabrück, oder die verschiedenen Stellungnahmen des Verbandes Entwicklungspolitik deutscher NRO (VENRO) zu den deutschen MDG-Beiträgen (www.venro.org).

[60] Letzte Dokumente zum Aktionsprogramm wurden vom Bundesministerium für wirtschaftliche Zusammenarbeit und Entwicklung (BMZ) im Jahr 2005 vorgelegt und auch im Parlament wurde es in den Jahren seither nicht mehr erwähnt.

zwei Drittel davon Mädchen. Zudem sind Klassenräume völlig überfüllt und je nach Schätzung fehlen zwei bis vier Millionen Lehrkräfte. Die deutsche EZ hat immer proklamiert, Bildung sei ein Schwerpunkt ihrer Arbeit. Tatsächlich investiert die Bundesregierung in den vergangenen Jahren zunehmend auch im Bildungsbereich, aber vor allem im tertiären Sektor, also der Berufs- und Hochschulbildung. Die Grundbildung, die für die Armutsbekämpfung als besonders wichtig angesehen ist, wird von der Bundesregierung trotz ihres politischen Bekenntnisses zu den Millenniumszielen vernachlässigt: Der Etat für diese Aufgabe betrug in 2007 ca. 1,7 Prozent der deutschen Entwicklungsleistungen. In nur zwei afrikanischen Ländern (Malawi und Mosambik) engagiert sich das BMZ schwerpunktmäßig im Bildungssektor. Auch wenn bei gut organisierter internationaler Arbeitsteilung nicht jeder Geber in jedem Land jeden Sektor unterstützen muss, zeigt die Bildungssituation in den ärmsten Ländern, dass das Engagement der verantwortlichen Akteure (Regierungen der Empfängerländer und Geber) in diesem Schlüsselsektor den Erfordernissen bei weitem nicht entspricht. Wenn das BMZ die Armutsbekämpfung durch Bildungsförderung tatsächlich vorantreiben wollte, müsste es weit aktiver als bisher für mehr Qualität und Quantität im Grundbildungsbereich eintreten.

Zweitens: 70 Prozent der Armen sind Frauen und Mädchen. Die Millenniumsziele unterstreichen an mehreren Stellen die Notwendigkeit, das zu ändern und für gerechtere Verhältnisse zwischen den Geschlechtern einzutreten. Das BMZ hat in den vergangenen Jahren verschiedene Anstrengungen unternommen, um diesem Anspruch gerecht zu werden. Dies wird auch von einer BMZ-Evaluierung zu diesem Thema unterstrichen. Vor allem die konzeptionelle Ebene wird gelobt. Aber: Nach Angaben der EvaluatorInnen »klafft eine große Lücke zwischen der hochrangig verankerten politischen Absicht einerseits und der für das Thema offenen, aber ungenügend ausgestatteten Arbeitsebene andererseits« (BMZ 2006, 6 f.). Dies hat insbesondere Auswirkungen in der Praxis: So werden nach Erkenntnis der Evaluierung nur selten Gender-Analysen in die EZ-Planung eingebunden – mit anderen Worten: Eine Berücksichtigung der Interessen von Frauen ist in der deutschen EZ eher Zufall und von sensibilisierten Einzelpersonen abhängig, aber nicht systematisch abgesichert.

Drittens: Drei Viertel der absolut Armen weltweit leben auf dem Land. Wer Armut und Hunger bekämpfen will, muss ländliche Entwicklung fördern. »Kaum ein entwicklungspolitischer Zusammenhang ist in der Empirie besser belegt als das Verhältnis zwischen Agrarförderung im Kontext ländlicher Entwicklung und der Reduktion von Armut und Hunger«, schreibt der Leiter des Referats Ländliche Entwicklung und Welternährung im BMZ, um dann mit selten gelesener Offenheit zu bestätigen, was deutsche Nichtregierungsorganisationen seit Jahren kritisieren: »Gerade deshalb erstaunt es, dass sich die deutsche Entwicklungszusammenarbeit aus diesem Betätigungsfeld zurückgezogen hat« (Kohlmeyer 2006, 18). Die ländliche Entwicklung sei zu einem »Stiefkind der deutschen Entwicklungszusammenarbeit« geworden, kritisieren große NRO in einer gemeinsam herausgegebenen Studie (Forum Umwelt und Entwicklung u. a. 2006). Der Politik des BMZ seit Ende der 1990er Jahre wird ein besonders schlechtes Zeugnis ausgestellt. Die jährlichen Ausgaben der deutschen bilateralen EZ für Landwirtschaft, Fischerei und entwicklungsorientierte Ernährungssicherung seien in dieser Phase erheblich zusammengestrichen worden. Doch nicht nur die Reduzierung der Haushaltsmittel wird kritisiert. Die jüngst vollzogene konzeptionelle Neuorientierung der »Agrarwirtschaftsförderung« der deutschen EZ ziele nur noch auf »kommerziell orientierte landwirtschaftliche Unternehmen, deren Marktintegration und internationale Konkurrenzfähigkeit verbessert werden sollen«, bemängelt Jörg Goldberg (2006), der selber langjährig als Entwicklungsexperte in Afrika gearbeitet hat. Diese Orientierung an Marktstrukturen und Wertschöpfungsketten gehe völlig an den realen Problemen der großen Mehrheit von afrikanischen Kleinbauern vorbei, die weiterhin einen täglichen Überlebenskampf in der Subsistenzwirtschaft führten. Darüber hinaus kritisiert Goldberg, dass die ländliche Bevölkerung in anderen neuen »Profilbereichen« der deutschen EZ, z. B. der Wasserversorgung, signifikant vernachlässigt werde.

Die hier angeführten Beispiele zur Programmatik deutscher EZ zeigen: Von einer konsequenten Ausrichtung auf Armutsbekämpfung ist die deutsche EZ trotz nicht zu verkennender Bemühungen noch weit entfernt – ganz zu schweigen von der ursprünglich intendierten und vermutlich gänzlich illusorischen Ausrichtung der gesamten Außen-, Sicherheits- und Außenwirtschaftspolitik der Bundesregierung auf dieses globale Problemfeld.

Beispiel 2: Die Europäische Union

Auch in der Europäischen Union klafft diese Lücke zwischen Anspruch und Wirklichkeit. In zahlreichen Grundsatzerklärungen haben Europäischer Rat und Europäische Kommission die Bedeutung der Armutsbekämpfung unterstrichen. Die Umsetzung dieser politischen Vorgabe ist bisher nicht überzeugend gelungen.[61] Grundlage der konkreten europäischen EZ in afrikanischen Ländern sind die jeweiligen *Country Strategy Paper (CSP)*. Für einen Zeitraum von sechs Jahren legen diese Pläne fest, was die EU wo und wie an EZ leistet. Entgegen den politischen Erklärungen bezogen sich die CSP für den Zeitraum 2002 bis 2007 nur ganz am Rande auf die nationalen Armutsbekämp-

---

[61] Vgl. dazu die detaillierte Analyse in Auclair/Eberlei 2007 (auf der Basis von Länderfallstudien verschiedener Autoren, darunter zu Äthiopien, Sambia und Kamerun).

fungsstrategien. In den Strategien 2008 bis 2013 hat sich dies verbessert. Der Eindruck entsteht jedoch, dass sich die Kommission ähnlich wie andere Geber rhetorisch geschickt aus den Armutsreduzierungsstrategien das herauspickt, was die eigene, ohnehin festgelegte Programmarbeit legitimieren kann. Weiterhin dominieren große, eher auf ökonomische Entwicklung abzielende Infrastrukturprojekte (bei denen schnell viel Geld abfließen kann, das nicht in der EU-»Pipeline« stecken bleiben soll). Ob nicht zum Beispiel der Ausbau kleiner Zubringerstraßen aus dem Hinterland der Armutsbekämpfung wesentlich förderlicher wäre als der mehrspurige Ausbau einer transnationalen Straße, die vor allem dem Güterverkehr dient, wird in diesen Strategiepapieren selten oder nie abgewogen. Die EU-Präferenzen sind klar.

Die neuen Länderstrategiepapiere der EU beziehen sich rhetorisch stets auf die Millenniumsziele. Das ist ein Fortschritt, der doch zumindest die politische Absicht verdeutlicht. Doch die konkrete Arbeit führt weiterhin ein Eigenleben. Weder sind die bisherigen Länderstrategien der Kommission systematisch aus den Millenniumszielen (und/oder den nationalen Armutsstrategiepapieren) abgeleitet, noch werden die Erfolgsindikatoren der europäischen Entwicklungszusammenarbeit stringent auf die Erfolgsindikatoren der Millenniumsziele (oder der nationalen Armutsbekämpfungsstrategien) bezogen. Positiv zu bewerten ist hingegen, dass die EU in vielen Ländern großen Wert auf Investitionen im Bildungsbereich legt.

Die EU-Entwicklungspolitik reflektiert, dass insbesondere außenwirtschaftliche Interessen Europas weiterhin gegenüber konsequent armutsorientierten Ansätzen obsiegen. So bettet die Europäische Kommission ihre Entwicklungspolitik in einen umstrittenen wirtschaftspolitischen Rahmen ein. Seit Jahren übt die Kommission Druck auf die afrikanischen Staaten aus, Wirtschaftsabkommen mit der EU zu unterzeichnen. Diesen *Economic Partnership Agreements (EPAs)* wird aber der Vorwurf gemacht, sie unterstützten einseitig die außenwirtschaftlichen Interessen der EU. Die meisten Länder des Kontinents zögern entsprechend.[62] Die mit den EPAs einhergehende weitere Liberalisierung von Handelsbeziehungen, das heißt auch die weitere Integration afrikanischer Volkswirtschaften in ein für sie schwieriges weltwirtschaftliches System, sei der Entwicklung und Armutsbekämpfung in Afrika nicht förderlich, sagen die Kritiker. Die Europäische Kommission argumentiert dagegen, dass die Integration in den internationalen Handel letztlich auch der Bekämpfung von Armut diene. Die Kommission will daher weiterhin und auch verstärkt

---

[62] Zum Stand der Verhandlungen vgl. ECDPM 2009, in kritischer Perspektive auch Kappel 2008. In verschiedenen europäischen Ländern versucht eine zivilgesellschaftliche Kampagne, den Abschluss der EPAs zu verhindern, siehe: www.stopepa.de

ihre Mittel der EZ dafür einsetzen, eine so ausgerichtete Wirtschaftspolitik zu fördern. Viele zivilgesellschaftliche Stimmen aus Afrika, aber auch zahlreiche Regierungsvertreter kritisieren dies – und verhinderten bisher den Abschluss der EPAs. Wie lange jedoch dem Druck der EU widerstanden werden kann, ist fraglich. Kritisiert wird in diesem Zusammenhang auch immer wieder die Doppelbödigkeit der EU: Während sie einerseits die afrikanischen Partnerländer zu Liberalisierungen drängt, schottet sie sich selber im Bereich der Agrarwirtschaft ab bzw. begünstigt ihre eigenen Bauern durch umfangreiche Subventionen.[63]

Beispiel 3: Die Weltbank

Anders als die Europäische Kommission oder auch der IWF bemühte sich die Weltbank schon frühzeitig, ihre Länderstrategiepapiere *(Country Assistance Strategy, CAS)* auf das neue übergeordnete Ziel der Armutsbekämpfung zu fokussieren, zumindest auf dem Papier. Beispiel Sambia. Das Länderstrategiepapier der Bank für Sambia für den Zeitraum 2004 bis 2007 wurde explizit und systematisch aus der sambischen Armutsreduzierungsstrategie abgeleitet. In mehreren Veranstaltungen mit sambischen Akteuren wurden Entwürfe der CAS vorgestellt und diskutiert. Die neue Länderstrategie der Weltbank scheint sowohl hinsichtlich des Entstehungsprozesses als auch der inhaltlichen Ausrichtung der Prototyp einer im Einklang mit der PRS formulierten Geberstrategie zu sein (und damit auch dem in der Paris Erklärung formulierten Prinzip der Ausrichtung auf nationale Strategien – *alignment* – zu entsprechen). Die CAS entwickelt drei strategische Prioritäten, die sich alle auf die Implementierung der sambischen PRS beziehen. Ausgehend von den PRS-Zielen werden strategische Ziele für die Weltbank-Arbeit in Sambia sowie Indikatoren formuliert. Erstmals stellt sich die Weltbank-Strategie einer ergebnisorientierten Überprüfung *(results-based approach),* was von Weltbank-Mitarbeitern als besonders innovativ gelobt wird.

Schaut man jedoch hinter den Vorhang des wie so oft gefällig und politisch korrekt formulierten Weltbank-Textes, dann muss das Bild modifiziert wer-

---

[63] Auch *außenpolitische* Interessen der EU kollidieren immer wieder mit dem Ziel der konsequenten Armutsorientierung. So hat auch die EU nicht gezögert, an der Seite der amerikanischen Bush-Administration die äthiopische Regierung massiv zu unterstützen, weil diese als Garant politischer Stabilität und pro-westlicher Ausrichtung am Horn von Afrika gesehen wird – Wahlmanipulationen und Menschenrechtsverletzungen zum Trotz. In anderen Fällen wird die Unterstützung von autoritären Regimen im nördlichen und westlichen Afrika durch die EU auch dadurch begünstigt, dass diese sich dafür einsetzen, Migrationsbewegungen nach Europa zu bekämpfen (z. B. Mauretanien).

den. In der Substanz gibt es inhaltlich keine Veränderung zwischen der CAS 1999 und der neuen CAS 2004. Die drei strategischen Prioritäten, in 2004 als PRS-bezogen präsentiert, sind auch schon im 1999er Papier enthalten. Spiegelt dies Ignoranz gegenüber der sambischen PRS wider oder reflektiert die sambische PRS im Sinne vorauseilenden Gehorsams gar die alten Bank-Prioritäten? Aus der Sicht eines Mitarbeiters im Weltbank-Büro in Lusaka sind die Prioritäten der Bank in Sambia dieselben wie 1999 – ganz einfach weil: »these are Zambia's major problems, this has not changed«. Offensichtlich besteht ein breiter Graben zwischen dieser starken Feststellung und der rhetorischen Verbindung zwischen CAS und PRS. Letztere scheint doch eher ein Ergebnis der professionellen Weltbankrhetorik zu sein, die eloquent mit Begriffen wie *country ownership* oder *country driven strategy* umgeht, während die Praxis weiterhin der eigenen Agenda folgt.

Deutlich wird diese Praxis durch eine Untersuchung der Kriterien, nach denen die Weltbank ihre Kredite und Zuschüsse an die ärmsten Länder vergibt. Die Weltbank-Tochter IDA steuert die Höhe ihrer Mittel an ärmste Entwicklungsländer ganz wesentlich auf der Basis des sogenannten *Performance Based Allocation Systems (PBA)*. Zentrales Element dieses Systems ist die schon in Kapitel 4 erwähnte Bewertung von Institutionen und Politikreformen der Länder *(Country Policy and Institutional Assessment, CPIA)*. Das CPIA hat nicht nur Bedeutung für die Mittelvergabe der Weltbank. Die Bewertung ist auch eine wichtige Grundlage für die Inhalte der Weltbank-Länderstrategien, denn diese sollen die durch CPIA markierten Defizite in der Politik eines Landes vorrangig bearbeiten. Während die Weltbank unterstreicht, dass das Indikatoren-System ihres Bewertungssystems auf Entwicklung und Armutsbekämpfung ausgerichtet ist, gehen Kritiker von einer Kontinuität in der Auflagenpolitik der Bank aus (vgl. Alexander 2004; Waeyenberge 2006; Siebold 2008). Sie kritisieren den Ansatz als anhaltend neoliberal und dem alten *Washington Consensus* verpflichtet. Dabei stünden die Liberalisierung der Ökonomien und die Privatisierung von Unternehmen bei strikter Haushaltsdisziplin sowie die Schaffung eines unternehmerfreundlichen Umfeldes im Zentrum. Zwar habe die Weltbank rhetorisch auf Konditionalitäten verzichtet, sie steuere aber die alte Politik durch die CPIA-Indikatoren weiterhin, wenn auch jetzt eher verdeckt. Die Weltbank bestreitet dies und verweist auf die neuen (sozialen und politischen) Dimensionen im CPIA-Ansatz.»The index has evolved well beyond the ›Washington Consensus‹« (World Bank 2007a, 3). Diese Aussage lässt allerdings offen, ob sich die Bank von ihren neoliberalen Perspektiven verabschiedet oder diese nur erweitert hat. Grundsätzlich kritisiert Alexander, dass die Bank die falsche Institution sei, um in solchen Bereichen Bewertungen abzugeben, in denen sie wenig Erfahrung habe oder in der Vergangenheit eher durch verfehlte Politiken aufgefallen sei: beispielsweise in den Bereichen institutionelle Entwicklung, Geschlechterverhältnisse und der Förderung von beschäftigungswirksamem Wachstum (2004, 6).

Kritik wird auch an der Gewichtung der CPIA-Indikatoren geübt. Diese sei weiterhin zu stark an ökonomischen Entwicklungen orientiert, während spezifisch armutsorientiert ausgerichtete Indikatoren schwächer gewichtet werden und die Auswirkungen makroökonomischer Politik auf soziale Entwicklung erst gar nicht thematisiert wird (Waeyenberge 2006, 7). So wird z. B. die Frage, ob eine Regierung Maßnahmen gegen ausbeuterische Kinderarbeit ergreift, 40mal schwächer bewertet als die Frage nach der »richtigen« Finanzpolitik einer Regierung. Die CPIA-Indikatoren orientieren sich darüber hinaus nicht an den Indikatoren der Millenniumsziele. Überhaupt werden die UN-Ziele im CPIA-Fragebogen nur am Rande erwähnt.

Zwischenfazit: Armutsbekämpfung ist bei der Weltbank wie auch bei anderen Gebern heute als Oberziel ihrer Arbeit in Afrika anerkannt. Trotz wichtiger Reformschritte und zusätzlicher Mittel wird der Weg zur Umsetzung dieses Ziels in die praktische Entwicklungszusammenarbeit noch längst nicht konsequent und energisch genug begangen. Institutionelle Eigeninteressen, das Beharrungsvermögen jahrzehntelang verfolgter eigener Strategien der Geber, traditionelle ökonomische Perspektiven sowie eigene außenwirtschaftliche und außenpolitische Interessen behindern die konsequente Ausrichtung der Geberpolitik auf die Bekämpfung der extremen Armut in Afrika.

## Die neuen Prinzipien: Rhetorik oder Realität?

Nicht nur das übergreifende Ziel von EZ wurde neu justiert. In der von Regierungen in Nord und Süd gemeinsam verabschiedeten *Erklärung von Paris zur Wirksamkeit von Entwicklungszusammenarbeit* (2005) verpflichten sich die Geber auch auf die Anerkennung einer Reihe von neuen Prinzipien.[64] Allem anderen voran bekräftigten die Geber das Prinzip der Eigenverantwortung der Entwicklungsländer *(ownership)*. Sie sagten ferner zu, die vielfältigen Beiträge der vielen Geber in einem Land künftig auf die nationalen Strategien der Armutsbekämpfung auszurichten *(alignment)* und eng koordiniert, abgestimmt und nach standardisierten Regeln und Verfahren zu implementieren *(harmonization)*. In der Gesamtarbeit sollen die Wirkungen in den Mittelpunkt gestellt

---

[64] Vgl. ausführlicher in Kapitel 2. Diese Prinzipien – in Paris gemeinsam von Regierungen in Nord und Süd verabschiedet – hatten schon seit Ende der 1990er Jahre schrittweise Eingang in die entwicklungspolitische Debatte gefunden. Vgl. z. B. die Leitlinien zur Armutsbekämpfung der OECD (2001).

werden *(managing for results);* für die beide Seiten verantwortlich seien *(mutual accountability).* Was davon ist Rhetorik geblieben, was ist Wirklichkeit geworden? Der Blick auf einige Beispiele verdeutlicht die gemischte Bilanz der vergangenen Jahre.

## Eigenverantwortung und gegenseitige Rechenschaftspflicht

Seit der Einführung des PRS-Konzepts 1999 gibt es eine anhaltende Debatte darüber, ob das Prinzip *country ownership* seinen Weg in die tatsächliche Politik zwischen Gebern und den ärmsten Ländern gefunden hat oder ob es reine Rhetorik bleibt. Verschiedene Argumente stützen eine kritische Perspektive. Da ist zunächst einmal die Tatsache, dass die nationalen Strategien von den Entscheidungsgremien des IWF und der Weltbank akzeptiert werden müssen, um Schuldenerlasse oder neue Entwicklungskredite zu erhalten. Das Ergebnis dieser Anforderung spiegelt sich in vielen Armutsstrategiepapieren: Schon in der Entstehungsphase des PRS-Ansatzes antizipierten die Verfasser die potenziellen Erwartungen von IWF und Weltbank (zumal die damals allseits gelobte ugandische Strategie als eine Art Prototyp zur Verfügung stand). Folgerichtig sind in den bisher vorgelegten PRS-Papieren zahlreiche Übereinstimmungen zu finden. Zumindest hinsichtlich der makroökonomischen Rahmensetzungen erinnern die Dokumente an die überall einheitlichen Vorlagen zu Zeiten der Strukturanpassung. Wen wundert es? Noch immer setzen die westlichen Geber voraus, dass die Länder ein Abkommen mit dem IWF abgeschlossen haben und einhalten. Die Eckdaten für die Armutsstrategiepapiere afrikanischer Länder wurden damit frühzeitig gesetzt (Eberlei/Siebold 2002). Zumindest für die erste Generation der PRS kann man nicht von eigenen Entwicklungsstrategien sprechen (das hat sich in jüngerer Zeit tendenziell verbessert).

Nicht nur die IWF-Vorgaben, auch die offenen oder versteckten Konditionalitäten anderer Geber zeigen, dass die Eigenverantwortung der Länder nur bedingt anerkannt wird. Beispiel Weltbank: Einerseits bekennt sich die Bank zum Prinzip der Eigenverantwortung der Länder und hat in ihren Policy-Papieren auch ihr eigenes Verständnis von Konditionalitäten deutlich verändert (zuletzt 2005), andererseits signalisieren die bereits erwähnten *Country Policy and Institutional Assessments (CPIA),* auf deren Basis die Weltbank ihre Gelder an ärmste Länder vergibt, ganz unzweifelhaft, welche Art von Politik unterstützt wird und welche nicht. Da die ärmsten Länder auf Weltbank-Kredite angewiesen sind und die Bank darüber hinaus auch weiterhin eine Signalwirkung für andere Geber hat, ist in der Praxis nur wenig Veränderung zu beobachten: Geld fließt, wenn die Nehmer sich so verhalten, wie die Geber dies für richtig erachten.

## 16
### Gebereinfluss auf die Politik Sambias

Ein Blick auf die Erfahrungen einzelner Länder verdeutlicht den weiterhin starken Einfluss externer Akteure auf Politikgestaltung in Afrika. Beispiel Sambia. Zu konstatieren ist zunächst, dass sowohl die erste Armutsbekämpfungsstrategie des Landes von 2002 als auch die neue Entwicklungsstrategie von 2006 eine eigene Handschrift zeigen. Die Dokumente wurden – auf der Basis vergleichsweise breiter partizipativer Prozesse – im sambischen Finanzministerium verfasst und schließlich vom Präsidenten und seinem Kabinett verabschiedet. Dies spricht für eine relativ starke *country ownership*. Gleichwohl darf der enorme Einfluss der Geber nicht unterschätzt werden:

Die Geber wirkten direkt auf den partizipativen Prozess ein. Vertreter der Geber saßen in allen PRS-Arbeitsgruppen, die die beiden Strategiedokumente inhaltlich vorbereiteten. In der 13köpfigen Arbeitsgruppe Makroökonomie, die die Grundlagen des PRSP 2002 maßgeblich mitprägten, waren die Geber gleich durch sechs Repräsentanten vertreten.

Wichtige Themen waren nicht frei verhandelbar, sondern schon andernorts festgelegt worden. Um den Schuldenerlass zu erhalten, musste die sambische Regierung im Jahr 2000 das *decision point document* akzeptieren, das eine Reihe von Auflagen auf dem Weg zum *completion point* enthielt (dem vollständigen Schuldenerlass, erreicht schließlich im Frühjahr 2005) und bei der Formulierung des PRSP wenig Raum für alternative Überlegungen ließ. Ebenso legten die Abkommen mit dem IWF (u. a. das PRGF 2004-2006 sowie verschiedene *letters of intend*) wichtige Eckpunkte für die zweite Generation des PRS (2006-2010) fest.

Für Länder wie Sambia hängt weiterhin viel vom »grünen Licht« des IWF ab: Die großen Budgethilfegeber, zum Beispiel die EU, machen ihre Mittel von tadellos laufenden IWF-Abkommen abhängig. Als die sambische Regierung 2003 die Gehälter der öffentlich Bediensteten anhob und damit aber eine mit dem IWF vereinbarte Grenze des Haushaltsdefizits überschritt, erklärte der IWF das Abkommen für geplatzt *(off track)*, die EU und andere froren Auszahlungen ein – erst nachdem die Regierung eine Reihe von Bedingungen erfüllt hatte, floss das Geld wieder.

Auch nach Wiederaufnahme der Zahlungen wird die Budgethilfe für Sambia (wie auch in anderen Ländern) an eng definierte Auflagen der Geber geknüpft. In den sogenannten *Performance Assessment Frameworks (PAF)* haben die Geber ausführlich Indikatoren festgelegt, anhand derer die Regierungspolitik regelmäßig gemessen wird. Erfüllt die Regierung die Vorgaben, kann sie mit dem Geld der Geber rechnen, andernfalls wird gekürzt.

Einige Kritiker gehen so weit zu sagen, dass das CPIA-System wesentlich machtvoller und durchsetzungsfähiger sei als die alte, »harte« Konditionalitätenpolitik zur Zeit der Strukturanpassungsprogramme (Alexander 2004, 8; Waeyenberge 2006, 25). Das für alle Länder angewandte System transportiert weiterhin eine *one-size-fits-all*-Sichtweise, also eine Standardisierung von politischen Inhalten, Maßnahmen und Institutionen, die von der Weltbank als »richtig« angesehen werden. Doch zum einen stehen Länder vor unterschiedlichen Herausforderungen, zum anderen ist selbst unter Ökonomen umstritten, was z. B. eine richtige Handelspolitik ist. Es war eine der Lehren aus dem Scheitern der Strukturanpassungsprogramme, dass einheitlich in allen Ländern verwendete Schablonen nicht hilfreich sind.

Doch davon unbeeindruckt verlangen die Geber von den Regierungen konkrete, inhaltlich definierte Politik. Dies geschieht zumeist hinter verschlossenen Türen, zum Beispiel in den regelmäßigen Sitzungen zwischen Regierungen und der Gruppe der Geber, die Budgethilfe leisten (mit oft starker Rolle der Europäischen Kommission). Die dort diskutierten und für die Auszahlung von Budgethilfe ganz entscheidenden regelmäßigen Überprüfungen und Bewertungen der Regierungspolitik folgen den Standards der Geber – und beeinflussen damit weiterhin politische Inhalte von außen (vgl. Textbox 16).

Dass die Geber weiterhin so starken Einfluss ausüben, reflektiert auch ein Dilemma, das sich im Prinzip der gegenseitigen Verantwortlichkeit *(mutual accountability)* spiegelt, einem ebenfalls in der Pariser Erklärung enthaltenen neuen Zauberwort. Es unterstreicht, dass Regierungen im Süden und Norden gemeinsam Verantwortung für Entwicklungserfolge tragen – wie dies aber mit dem Prinzip der Eigenverantwortung zu versöhnen sei, darüber schweigt sich die Pariser Erklärung aus. Illustrieren kann dies noch einmal das in der Textbox 16 genannte Beispiel der IWF-Sanktionen gegen Sambia. Verschiedene, auch IWF-kritische Studien stellen fest, dass die Ausgabenpolitik der sambischen Regierung 2002/2003 aus dem Ruder lief. Dies hätte unter Umständen zu erheblichen wirtschaftlichen Problemen geführt (neue Verschuldung, ansteigende Inflation, Ausgabenkürzungen in armutsrelevanten Bereichen u. a. m.). Mangelnde Kompetenz in der Haushaltskontrolle war ein Grund für die Schieflage (die Regierung kannte zum Beispiel die genaue Zahl der öffentlich Bediensteten nicht, für die Gehälter zu zahlen waren). Ein wesentlicher Faktor für die Haushaltsprobleme waren aber überzogene Ausgaben, um klientelistische Interessen im Regierungslager zu bedienen.[65] Dass ein in Ein-

---

[65] Siebold (2008, 14 f.) fasst mehrere Studien zu diesem Vorgang zusammen. Zu der auf die Bedienung von klientelistischen Interessen ausgerichteten sambischen Politik jener Phase vgl. auch Eberlei et al 2005.

nahmen und Ausgaben ausgeglichener Regierungshaushalt im Grundsatz eine wichtige Voraussetzung für eine stabile Entwicklung darstellt, ist in Wissenschaft und Entwicklungspolitik kaum umstritten. Wie sollen externe Akteure wie der IWF reagieren, wenn der Eindruck sich verfestigt, dass eine Regierung die Haushaltskontrolle verliert? Zusehen und zahlen? Oder – im Sinne einer »gemeinsamen Verantwortung« – die Notbremse ziehen?

Die Accra-Erklärung nimmt erneut Bezug auf das Prinzip der *mutual accountability* und spricht zum Beispiel von »gemeinsam vereinbarten Ergebnissen«, »gemeinsamen Bewertungen« und »gemeinsam vereinbarten Konditionalitäten« – inwieweit sich diese Reihe von Gemeinsamkeiten aber von der bisherigen Auflagenpolitik unterscheidet, die ja auch stets rhetorisch auf Freiwilligkeit basierte, ist fragwürdig.[66] Offen ist auch, inwieweit sich dann auch Geber in die *gegenseitige* Rechenschaftspflicht einbinden lassen. Zivilgesellschaftliche Akteure haben das seit langem gefordert (vgl. z. B. Mutasa 2007). Genauso unklar ist aber, wie Geber mit Situationen umgehen sollen, in denen Regierungen im Süden Entscheidungen treffen, die einer armutsorientierten Entwicklung abträglich sind. Bislang ist es nicht gelungen, die inhaltliche Widersprüchlichkeit der beiden Prinzipien *ownership* und *mutual accountability* aufzulösen (siehe auch Textbox 17).

So bleibt auch die Praxis widersprüchlich: Einerseits mischen sich die Geber permanent in inhaltliche Entscheidungen afrikanischer Regierungen ein und üben erkennbaren Einfluss aus. Andererseits ist aber auch die von vielen internationalen NRO und manchen Wissenschaftlern immer wieder aufgestellte Behauptung des *deterministischen* Einflusses von IWF und Weltbank zweifelhaft. Die zum Beispiel von Siebold formulierte These, dass IWF und Weltbank mit ihren Konditionen weiterhin »den Rahmen abstecken, in dem sich die partizipativ entwickelten Konzepte der Armutsbekämpfung entfalten können« oder gar »bestimmenden Einfluss auf die Entwicklungspolitik der PRSP-Länder haben« (2008, 9 und 41) überschätzt die Einflussmöglichkeiten externer Akteure. Implizit widerlegt Siebold diese These in seiner Studie durch verschiedene Beispiele aus dem Senegal, aus Ghana, Sambia, Äthiopien und anderen Ländern, die verdeutlichen, dass die Regierungen dieser Länder über den letztlich entscheidenden Einfluss auf die reale Politik in ihren Ländern verfügen.

---

[66] Auch bisher verbargen sich hinter harmlos klingenden Begriffen wie *Policy Framework Paper* oder *letter of intend* harte Auflagen der Gebergemeinschaft unter Führung von IWF und Weltbank.

## 17
### Eigenverantwortung versus Konditionalitäten?

Die Debatte um Eigenverantwortung *(ownership)* und Gegenseitige Rechenschaftspflicht *(mutual accountability)* verdeutlicht ein Dilemma: Die Entwicklungsländer sollen ihre Strategien eigenständig entwickeln können, dafür selber verantwortlich sein und sich mit diesen identifizieren – andererseits stehen auch die Geber in der Verantwortung gegenüber der Öffentlichkeit in den Industrieländern, Mittel der EZ so zu verwenden, dass damit armutsorientierte Politik unterstützt wird. Was also zum Beispiel tun, wenn eine Regierung in starkem Maße korrupt ist oder Entwicklungshilfegelder ganz offensichtlich für Militärausgaben genutzt werden? Blinde Unterstützung im Zeichen von *country ownership* wird dann wohl niemand fordern.

Das Dilemma lässt sich nur bedingt auflösen. Ein wichtiger Beitrag dazu wäre es, wenn inhaltliche Konditionalitäten auf der einen, prozessuale Konditionalitäten auf der anderen Seite unterschieden würden. Internationale Geber können unter Beachtung der Eigenverantwortung von Entwicklungsländern sehr wohl darauf bestehen, dass die Grundsätze *Demokratischen Regierens* konsequent respektiert werden (vgl. Kapitel 4). Mit welchen inhaltlichen Konzepten eine Regierung dann aber die Politik im eigenen Lande gestalten will, ist ihre Sache. Dass Geber prozessuale Konditionalitäten ernst nehmen, zum Beispiel demokratische Rechenschaftspflicht ihrer Partnerregierungen im Süden, sollte außer Frage stehen. Das heißt dann aber auch, dass eine abgestufte Reaktionsmöglichkeit entwickelt werden muss. Statt Kürzungen bei Nichterfüllung empfehlen sich hier Anreize bei besonders ehrgeizigen Zielerreichungen bzw. positiven Entwicklungen (das neue Anreizsystem der Europäischen Kommission, das zusätzliche Mittel bei besonders positiver Governance-Bewertung vorsieht, zeigt im Prinzip in die richtige Richtung). Im Extremfall (vgl. Simbabwe) ist jedoch auch eine Exit-Option unausweichlich.

Ein zweiter Schritt zur Versöhnung des Prinzips der Eigenverantwortung mit der Notwendigkeit der Geber, ihrerseits Rechenschaft über armutsorientierte Entwicklungshilfe ablegen zu müssen, wäre es, die Indikatoren für die Bewertung von Regierungspolitik nicht selber zu formulieren, sondern diese strikt und konsequent aus den Millenniumszielen und/oder den jeweiligen Armutsstrategiepapieren abzuleiten (teilweise geschieht das). So würden Regierungen an ihren eigenen Zielen gemessen – nicht an dem, was Gebern als »richtige Politik« vorschwebt. Auch hier wäre es sinnvoll, nicht über Sanktionen bei Nichterfüllung zu diskutieren, sondern über Anreize für eine besonders erfolgreiche armutsorientierte Politik.

---

Ein wichtiges Element von *country ownership* (nicht nur *government ownership*) wäre eine weit gehende Beteiligung zivilgesellschaftlicher Akteure im PRS-Prozess. Diese wurde bisher aber vor allem auf die Formulierung der

Strategie bezogen. Das ist wichtig. Aber: Wenn der PRS-Ansatz nicht nur ein neuer »Plan« sein soll (ähnlich den alten, höchst wirkungslosen Fünfjahresplänen in vielen afrikanischen Staaten), muss das Potenzial als Politikzyklus ganz anders entfaltet werden. Das heißt hier: Entscheidend ist der kontinuierliche Dialog, um einen gesellschaftlichen Lernprozess in Sachen Armutsbekämpfung zu ermöglichen und eine Arena für die dabei notwendigen Aushandlungsprozesse zu schaffen. Ein solcher Dialog bedarf jedoch institutionalisierter Rahmenbedingungen. Doch genau hier, Kapitel 5 hat das verdeutlicht, sind viele Defizite zu verzeichnen. Die Geber haben nicht nachhaltig dazu beigetragen, das zu ändern.

In den Jahren 1999 bis 2002, der Startphase des PRS-Ansatzes, forderten die Geber die Beteiligung von zivilgesellschaftlichen Akteuren an den Armutsstrategieprozessen ein und trugen damit dazu bei, die Türen zu Dialogen zwischen Regierungen und Zivilgesellschaften (manchmal erstmals) aufzustoßen. Ausgelöst unter anderem durch zu hohe Erwartungen an die Zivilgesellschaft, sich in so kurzer Zeit kraftvoll, nachhaltig und unmittelbar umsetzungsfähig in das politische Alltagsgeschäft einbringen zu können, bröckelte das Engagement für zivilgesellschaftliche Beteiligung zunehmend. Bemühungen, zivilgesellschaftliche Beteiligung auf ein dauerhaftes Fundament zu stellen, erreichten viel zu schnell enge Grenzen. So gab es bei der Konkretisierung der Pariser Erklärung auch den Vorschlag, die Institutionalisierung von Partizipation in den PRS-Prozessen als Teil von *ownership* durch einen spezifischen Indikator zu messen. Ein Entwurf des Indikatorenkatalogs vom Mai 2006 enthält diese Idee – die dann aber die Regierungsverhandlungen nicht überlebte (siehe Textbox 18). Eigenverantwortung im Sinne der Pariser Erklärung heißt jetzt nur noch: eine Regierung hat eine operationalisierte Entwicklungsstrategie erarbeitet.[67]

Wie sehr die Geber sich inzwischen damit zufrieden geben, dass *country ownership* als Regierungsperspektive akzeptiert wird, zeigt das Beispiel Äthiopien: Von einer Beteiligung des Parlaments am PRS-Prozess und einer ergebnisoffenen Einbeziehung der Zivilgesellschaft kann keine Rede sein. Die äthiopische Regierung lässt sich von niemandem in ihrem eigenen Kurs beirren. Transparenz? Partizipation? Rechenschaftspflicht? Fehlanzeige. Die Geber scheint das nicht zu stören. Die ohnehin im Vergleich außerordentlich hohen EZ-Zuflüsse an die äthiopische Regierung sind auch in den Jahren seit 2005, in denen die Regierung besonders rücksichtslos gegen Kritiker vorging, weiter angestiegen.

---

[67] Gemäß Indikatorenanhang der Paris Erklärung ist von *ownership* dann zu sprechen, wenn Länder »klare strategische Prioritäten haben, verbunden mit einem mittelfristigen Finanzrahmen und reflektiert in jährlichen Regierungshaushalten«. So formuliert sind mit *ownership* eindeutig nur die Regierungen gemeint.

# 18

## Gesellschaftliche Beteiligung – kein Aspekt von *country ownership*?

Seit Jahren wird über die Bedeutung und Funktion von gesellschaftlicher Partizipation als notwendigem Teil einer demokratisch verankerten Eigenverantwortung der Länder *(country ownership)* diskutiert. Bei der Ausarbeitung von Indikatoren für die *Pariser Erklärung* von 2005 konnten sich die Befürworter eines solchen Konzepts allerdings nicht durchsetzen. Noch im Entwurf des Indikatorenkatalogs findet sich der Vorschlag, institutionalisierte Partizipation als einen von mehreren Indikatoren für die Bewertung von *country ownership* zu wählen.
In den endgültig verabschiedeten Indikatoren, die für die Diskussion von Fortschritten bei der Umsetzung der Pariser Erklärung verwendet werden (vgl. z. B. OECD 2008b), taucht dieser Aspekt nicht mehr auf. Dabei war die Forderung nach institutionalisierter Partizipation insbesondere im Kontext der Armutsstrategiepapiere auch von Geberseite erhoben worden (vgl. zum Beispiel IWF/Weltbank 2005, 10). Bereits kurz nach Einführung des PRS-Ansatzes war die Notwendigkeit eines dauerhaft verankerten – institutionalisierten – Dialogs zwischen Regierungen und Zivilgesellschaften angemahnt worden (Brinkerhoff/Goldsmith 2001, Eberlei 2001, 2002).

Das Prinzip Harmonisierung

Neben *country ownership* und *mutual accountability* ist der Vorsatz einer weitgehenden Harmonisierung der Geberarbeit eine weitere Neuerung, die eine zentrale Rolle in der aktuellen entwicklungspolitischen Debatte spielt. Das Prinzip wird in der Pariser Erklärung ausführlich und vergleichsweise konkret erläutert: In jeder Phase der Entwicklungszusammenarbeit in den Ländern des Südens wollen die Geber künftig Hand in Hand arbeiten: gemeinsame Planung, gemeinsame Finanzierungsmechanismen, gemeinsame Arrangements für Monitoring, Evaluierung und Berichtssysteme. Hinzukommen soll eine effektive Arbeitsteilung zwischen den Gebern. Bis in Details wird die Harmonisierung festgelegt: So sollen bis 2010 zwei Drittel aller Finanzflüsse durch programmbasierte Instrumente erfolgen (vor allem Budgethilfe) und 40 Prozent aller »Gebermissionen ins Feld« gemeinschaftlich durchgeführt werden.

Tatsächlich verdeutlicht eine Vielzahl von Entwicklungen, dass Geber dabei sind, sich in dieser Weise neu und »harmonisiert« auszurichten. In einer Reihe von Ländern – zum Beispiel in Tansania, Sambia und Ghana – vereinbarten Geber und Regierung des Empfängerlandes über die Pariser Erklärung hinaus gehende detaillierte Absprachen über Prinzipien, Regeln und Prozedere für die harmonisierte Entwicklungszusammenarbeit, dokumentiert in sogenannten *Joint Assistance Strategies* (JAS). Diese Papiere schaffen überdies eine transparente Übersicht darüber, welche Geber was in einem jeweiligen Land fördern. Dies trägt *de facto* zu einer Harmonisierung der diversen Geberorganisationen in einem Land bei und stärkt die Arbeitsteilung. Über die JAS hinaus kommt es tatsächlich auch operativ zu deutlich verstärkter Zusammenarbeit. Der Anteil der programmbasierten Entwicklungsfinanzierung steigt und die auf Wirkungen ausgerichtete Programmplanung und -evaluierung entwickeln sich.

In der tatsächlichen Zusammenarbeit vor Ort hakt es allerdings noch immer an vielen Stellen. Das bestreiten auch die Geber nicht. In der von Regierungen aus Nord und Süd 2008 verabschiedeten Erklärung der Accra-Konferenz über Entwicklungszusammenarbeit heißt es selbstkritisch und bescheiden:

> Evidence shows we are making progress, but not enough. A recent evaluation shows that the Paris Declaration has created powerful momentum to change the way developing countries and donors work together on the ground. According to the 2008 Monitoring Survey, a large number of developing countries have improved their management of public funds. Donors, in turn, are increasingly improving their co-ordination at country level. Yet the pace of progress is too slow. Without further reform and faster action we will not meet our 2010 commitments and targets for improving the quality of aid.

Und in der Tat zeigen verschiedene Studien und Evaluierungen im Vorfeld der Konferenz die begrenzte und gemischte Bilanz bei der Umsetzung der Pariser Erklärung im allgemeinen und dem Prinzip der Harmonisierung im speziellen.[68] Naturgemäß war das Spektrum der Bewertungen von EZ weit gespannt, entsprechend der grundsätzlichen Debatte über EZ: von überwiegend positiv mit Anregungen für leichte Verbesserungen über im Grundsatz positiv, aber hinsichtlich der Umsetzung kritisch, bis insgesamt ablehnend bzw. gescheitert.[69] Zwei als besonders kritisch angesehene Aspekte wurden im Rahmen

---

[68] Noch immer ist zum Beispiel die Zahl der »Gebermissionen« für viele Länder unerträglich hoch und belastet die knappen Zeitressourcen wichtiger Mitarbeiter/-innen in den Regierungen: Durchschnittlich über 250 Delegationen von Geberorganisationen gaben sich 2007 bei den Regierungen der Nehmerländer die Klinke in die Hand. In Tansania klopften zum Beispiel 407 Gebervertreter an die Türen, in Mosambik 337, in Madagaskar 509. Durchschnittlich nur jede fünfte dieser Missionen ist mit anderen Gebern koordiniert (vgl. OECD 2008b, Anhang).

[69] Die von den Gebern in Auftrag gegebene Studie der OECD (2008b) ist das zentrale Referenzwerk für das Monitoring von Fortschritten bei der Umsetzung der Pariser Erklärung. Eine gute Übersicht über das Spektrum der Positionen bot im Vorfeld der Accra-Konferenz eine Veröffentlichung des *International Poverty Centre (IPC)*

eines *Runden Tisches* der Accra-Konferenz diskutiert: Erstens besteht weiterhin eine Vielzahl von unkoordinierten Doppelungen und Überlappungen in der Arbeit von Gebern in einem Land – von einer systematischen Arbeitsteilung und Abstimmung der Geber kann noch immer nicht die Rede sein. Zweitens zeigen erste Erfahrungen mit Harmonisierungsbemühungen, dass eine bessere Koordination der Geberarbeit in klassischen Sektoren (z. B. Bildung, Gesundheit, Infrastruktur) vorankommt, dass aber insbesondere sektorübergreifende Fragestellungen – z. B. Anstrengungen im Gender-Bereich – deutlich vernachlässigt werden.[70]

All dies verdeutlicht, dass die Gebergemeinschaft noch immer einen weiten Weg zurückzulegen hat, um eine harmonisierte Basis für ihre Kooperation in den einzelnen Ländern zu erreichen. Gemessen an den oft hohen Erwartungen an afrikanische Länder, Reformen innerhalb kurzer Zeitfristen durchzupeitschen, ist die Geschwindigkeit der Geberreformen gering. Dafür und für die anhaltenden Ungereimtheiten in der Praxis der Geberpolitik gibt es eine Reihe von Gründen:

Erstens unterscheiden sich die übergreifenden Ziele der Geber. Für die Armutsbekämpfung von Bedeutung ist die unterschiedliche Haltung zu den Millenniumszielen. Während einige starke Befürworter der Millenniumsziele (z. B. das britische DFID, Irland, Schweden und die Niederlande) ihre Länderstrategien im Lichte der Millenniumsziele entwickeln und die nationalen Armutsbekämpfungsstrategien als das zentrale Vehikel zur Erreichung der UN-Ziele ansehen, sind die zögerlichen Geber (wie die Weltbank) viel stärker durch ihre eigene Policy-Agenda geleitet und betrachten die PRS in der Praxis eher losgelöst von den Millenniumszielen. Für einige Geber spielen die Millenniumsziele und die PRS-Ansätze überhaupt keine Rolle.[71]

Zweitens gibt es erheblichen Streit über zentrale Elemente der Harmonisierung, insbesondere die Budgethilfe. Während einige Geber die Budgethilfe sehr schnell ausweiten wollen (z. B. die Europäische Kommission und einige kleinere bilaterale Geber), zögern andere. Die Bundesregierung zum Beispiel konnte aufgrund innenpolitischen Drucks die Budgethilfe nicht so schnell ausbauen wie von ihr gewünscht.

---

(Ehrenpreis 2007). Insbesondere NRO trugen eine Reihe von kritischen Punkten zusammen, vgl. The Reality of Aid 2008; von deutschen Akteuren Morazán 2008, VENRO 2008.

[70] Zu beiden Aspekten vgl. die Berichte über die Roundtable-Diskussionen in Accra (Third High Level Forum 2008, 25-34)

[71] Die USA, die sich zu Zeiten der Bush-Administration distanziert zu den MDG verhielten, scheinen nun unter der Obama-Regierung offener an der Erreichung der Millenniumsziele mitwirken zu wollen.

Drittens beginnen die Variationen schon *innerhalb* einzelner Geberagenturen. Zwei Beispiele: Bei vielen Gebern gibt es augenscheinlich einen klaren Unterschied zwischen der Zentrale *(headquarter)* auf der einen Seite, die auf der globalen Ebene über EZ-Prinzipien diskutiert, und den Länderbüros auf der anderen Seite, die sich mit der konkreten Ländersituation auseinandersetzen. Die Erfolgsindikatoren der Länderbüros sind in der Regel an die möglichst reibungslose Implementierung von EZ-Programmen und -Projekten gekoppelt, zum Beispiel gemessen an der tatsächlichen Auszahlung der zugesagten Kredite. Zweitens gibt es in praktisch allen Geberinstitutionen unter der Oberfläche heftige interne Auseinandersetzungen zwischen verschiedenen Fraktionen, in der Weltbank z. B. zwischen den Unterstützern des neoliberalen *Washington Consensus* und den Befürwortern des armutsorientierten Ansatzes.

Viertens diskutieren einige Geber schon seit Jahren darüber, wie die EZ effizienter und effektiver gestaltet werden kann (z. B. die britische Entwicklungsagentur DFID), häufig ausgelöst durch starke Kritik im eigenen Land – während diese Debatte in anderen Ländern (z. B. Deutschland oder Japan) niemals besonders ausgeprägt geführt wurde.

Fünftens haben einige Geber (z. B. die Skandinavier) ihre institutionelle EZ-Landschaft schon vor Jahren reformiert und dabei neue Ansätze berücksichtigt (und haben z. B. die unproduktive Trennung von technischer und finanzieller EZ aufgehoben oder wesentlich mehr Gestaltungsmacht in die Länderbüros vor Ort delegiert), während andere unverändert in ihren überkommenen institutionellen Strukturen verhaftet sind und alle wichtigen Entscheidungen noch immer in den Zentralen getroffen werden. Dies gilt in besonderer Weise auch für Deutschland (siehe Textbox 19). In einer Evaluierung des BMZ zur Umsetzung der Pariser Erklärung in der deutschen EZ heißt es denn auch: »Als größte Herausforderung des Harmonisierungsprinzips wird jedoch eine bessere Koordinierung innerhalb der deutschen Entwicklungszusammenarbeit gesehen« (BMZ 2008, 4).

Ziele und Prinzipien der Entwicklungszusammenarbeit haben sich in den vergangenen zehn Jahren deutlich verändert. Die Umsetzung in die Praxis erfolgt nur langsam (noch einmal: erstaunlich langsam im Vergleich zu den Reformgeschwindigkeiten, die Geber von afrikanischen Regierungen erwarten). Gleichwohl, neue Ziele und Prinzipien hinterlassen inzwischen auch erste Spuren in der Wirklichkeit der EZ. Drei wichtige Veränderungen in der Geberpolitik sollen näher beleuchtet werden: die Förderung von *Governance*-Prozessen, die Ausweitung der Entwicklungsfinanzierung durch Budgethilfe als einem stark »harmonisierenden« EZ-Instrument und die stärkere Berücksichtigung von Wirkungen.

## 19
### »Entwicklungszusammenarbeit aus einem Guss«?

Wie schwierig die Harmonisierung von Geberagenturen ist, lässt sich am deutschen Beispiel gut studieren: Bereits vor ein paar Jahren erfand das BMZ den Slogan »Entwicklungszusammenarbeit aus einem Guss!«. Versprochen wurde, endlich Schluss zu machen mit dem Wirrwarr der deutschen EZ-Institutionen. Anders als die meisten anderen Industrieländer tritt die deutsche staatliche EZ in Afrika und anderswo nämlich nicht etwa mit einer Stimme auf. Neben den Botschaften sind in den Empfängerländern auch die deutschen »Durchführungsorganisationen« mit eigenen Büros und eigenem Personal und eigenem Logo vertreten – also die Gesellschaft für Technische Zusammenarbeit (GTZ), die Kreditanstalt für Wiederaufbau (KfW), der Deutsche Entwicklungsdienst (DED), weitere kleine Organisationen und die diversen politischen Stiftungen. Die Vielfalt von Institutionen deutscher EZ, die in Afrika niemand versteht und nur Verwirrung auslöst, zieht natürlich eine noch größere Vielfalt von Instrumenten, Traditionen, Organisationskulturen, konzeptionellen Unterschieden, personellen Akzenten usw. nach sich.

Entwicklungsministerin Wieczorek-Zeul hatte schon bei ihrem Amtsantritt 1998 versprochen, das »Vorfeld« des BMZ zu ordnen. In den folgenden zehn Jahren ist es ihr aber nicht gelungen, die beiden größten Durchführungsorganisationen – die GTZ und die KfW – zu fusionieren. Diese wehren sich, im Sinne ihrer Eigeninteressen, mit Erfolg. Der Institutionen-Wirrwarr mit Doppel- und Dreifachstrukturen in vielen Bereichen trägt dazu bei, dass deutsche EZ permanent geschwächt auftritt. Niemand von den Partnern in Entwicklungsländern oder den Partnern anderer Geberländer weiß genau, wer denn eigentlich nun für die deutsche EZ spricht. Gerade bei den neuen Mechanismen – den »Programmorientierten Ansätzen der Gemeinschaftsfinanzierung« (z. B. SWAPs, Budgethilfe) – fällt dies besonders negativ ins Gewicht. Statt sich auf die Koordination mit anderen Gebern konzentrieren zu können, werden zunächst erhebliche Ressourcen durch die interne Koordination gebunden. Sehr diplomatisch und zurückhaltend formulierte es ein Prüfbericht der internationalen Gebergemeinschaft, wonach die deutsche Organisationslandschaft als »nicht mehr wirklich zweckmäßig« eingestuft wird (OECD 2006, 12).

### STÄRKUNG VON DEMOKRATISCHER REGIERUNGSFÜHRUNG

Alle internationalen Geberorganisationen haben die Stärkung von *Guter Regierungsführung* auf ihre Agenda gesetzt, zumeist weit oben. Der Blick auf die Entwicklungspolitik der vergangenen Jahre zeigt, dass die Geber im wesentlichen vier Instrumente nutzen, um dieses Ziel in Afrika zu verfolgen: Stärkung internationaler Normen; politische Dialoge mit Regierungen im Süden; spezifische Programme zur Stärkung politischer Akteure und Institutionen, insbesondere der Regierung; und, als neues Instrument, die Budgethilfe.

Internationale Normsetzung: *democratic governance*

Der ursprünglich vorherrschende technokratische Ansatz zur Förderung von *Guter Regierungsführung*, der lediglich auf die effektive und effiziente Gestaltung eines ordnungspolitischen Rahmens für makroökonomische Entwicklungen und das korrekte Abwickeln von EZ-Geldern abzielte, wird heute auch in Geberkreisen nicht mehr uneingeschränkt vertreten. Das neoliberale Konzept einer äußerst marginalen Rolle des Staates bröckelte bereits seit Mitte der 1990er Jahre. Gegenwärtig sind zwei Trends der Geberpolitik erkennbar: In schwachen, fragilen Staaten wachsen die Ansätze zur Stabilisierung und langsamen Stärkung der bestehenden Strukturen. Davon deutlich zu unterscheiden ist die Entwicklung in den stabileren Staaten des Kontinents. Hier bricht sich – wenn auch zögerlich – bei Regierungen in Nord und Süd das Konzept *democratic governance* Bahn, dokumentiert zum Beispiel in der *UN-Millenniumserklärung* oder der *Accra Agenda for Action 2008* (vgl. Kapitel 4). Aus der Perspektive einer *Global Governance*-Theorie kann in diesem Kontext auf die wichtige Funktion von Normsetzungen durch internationale Regime verwiesen werden.[72] Das *Entwicklungsregime* bindet Akteure aus Industrie- und Entwicklungsländern an die Pariser Erklärung und den Accra Aktionsplan sowie die darin enthaltenen Normen, Prinzipien, Regeln und Verfahren. Für Akteure in den Ländern – vor allem für die Zivilgesellschaften und Parlamente – eröffnen solche international vereinbarten Rahmenbedingungen politische Bezugspunkte und Handlungsspielräume.

Politische Dialoge

Politikdialoge zwischen den Akteuren in Nord und Süd gehören seit Jahren zum Standardinstrumentarium in der Entwicklungszusammenarbeit. Fragen *Guter Regierungsführung* haben dabei stets (zumindest seit Beginn der 1990er Jahre) eine wichtige Rolle gespielt. In der Regel wurde diese Kommunikation von Beobachtern weniger als Dialog, sondern als Einflussnahme der Geber wahrgenommen: Der Begriff der *Politische Konditionalitäten* erschien deshalb angemessener. Konditionalitäten – auch politische – spielten eine wesent-

---

[72] Das Konzept *Internationaler Regime*, die sich durch vier Elemente charakterisieren lassen – Normen, Prinzipien, Regeln und Verfahren –, wird seit den 1980er Jahren in der Wissenschaft zur Analyse globaler Politikgestaltung genutzt.

liche Rolle in den Strukturanpassungsprogrammen von IWF und Weltbank. Auch der PRS-Ansatz, der umfangreiche politische Prozesse in den Ländern auslöste und erforderte, ist zunächst einmal als Konditionalität zu betrachten: ohne Armutsstrategiepapier kein Schuldenerlass und keine finanziellen Mittel zu vergünstigten Bedingungen mehr (z. B. konzessionäre Kredite). Ob dann Fragen der guten Regierungsführung als Konditionalität tatsächlich eine ernsthafte Rolle spielten, wird teilweise skeptisch gesehen (Steiner 2005). Auf jeden Fall werden politische Konditionalitäten an die Vergabe von Budgethilfe geknüpft.

Die Formen der politischen Dialoge zwischen Gebern und Regierungen waren und sind vielfältig. Zu den multilateralen Dialogen gehörten bereits die *Consultative Group Meetings*, in denen die Gruppe der großen EZ-Geber eines Landes mit der jeweiligen Regierung, gelegentlich auch unter teilweiser Einbeziehung der Zivilgesellschaft, wichtige Entwicklungsthemen diskutierten – regelmäßig auch *Governance*-Fragen. In den vergangenen Jahren haben sich diese Dialoge deutlich verstetigt und auf eine andere Ebene verlagert. So gibt es in einer Reihe von Ländern Arbeitsgruppen zu *Governance*, an denen Geber, Regierungsvertreter und partiell auch zivilgesellschaftliche Akteure teilnehmen. Auch im Rahmen des Prozesses zur Steigerung der Wirksamkeit der EZ hat es eine Reihe von multilateral angelegten Dialogen über wichtige politische Fragen gegeben, zum Beispiel bei der Ausarbeitung von gemeinsamen EZ-Strategien, in denen politische Entwicklungen und Regierungsführung eine wichtige Rolle spielen (vgl. z. B. *den Joint Assistance Strategies* für Ghana, Tansania oder Sambia).

Regelmäßig wurden *Governance*-Fragen auch während der konkreten bilateralen Verhandlungen über neue EZ-Programme diskutiert, nach Angaben des BMZ z. B. regelmäßig in den Regierungsverhandlungen mit dem Partnerland. Neben diesen praktisch institutionalisierten Formen des Dialogs gibt es immer wieder ad-hoc-Debatten zwischen Gebern und Regierungen, insbesondere bei aktuellen Anlässen (z. B. vor, während oder nach Wahlen oder wenn Verletzungen von Menschenrechten bekannt werden).

Eine Gesamtbilanz dieser Dialogstränge zu ziehen oder gar ihre Wirkungen zu diskutieren, wäre eine rein spekulative Angelegenheit. Belastbare Daten für eine umfassende Bewertung liegen nicht vor. Anhand von Einzelbeispielen wird gelegentlich über die möglichen Wirkungen dieser Interventionen diskutiert. Üblicherweise wird den Gebern ein deutlicher, aber kein unbegrenzter Einfluss zugeschrieben. So haben Geber in Sambia sicher die Zivilgesellschaft darin gestärkt, das Vorhaben des Ex-Präsidenten Chiluba zu stoppen, sich über eine Verfassungsänderung eine dritte Amtszeit zu ermöglichen. Auch der Rückzug des scharfen NRO-Gesetzentwurfes der sambischen Regierung im Jahr 2007 erfolgte aufgrund einer gemeinsamen Intervention von Gebern und zivilgesellschaftlichen Akteuren. Viele andere solcher Beispiele könnten genannt werden. Dagegen stehen Beispiele, in denen politische Initiativen der Geber – wenn überhaupt – nur bescheidene Wirkungen zeigen. So setzt sich die Gebergemeinschaft in Äthiopien zwar nach eigenem Bekunden für eine Verbesserung des Verhältnisses zwischen Regierung und Zivilgesellschaft ein, das seit den Wahlen 2005 zerrüttet scheint, jedoch konnte auch die Gebergemeinschaft das neue, sehr scharf formulierte NRO-Gesetz in Äthiopien nicht verhindern (vgl. Textbox 10 in Kapitel 4). Insgesamt ist zu fragen, ob die Interventionen der Geber in aktuelle politische Prozesse eine strukturelle, anhaltende Wirkung auf die Entwicklung von guter Regierungsführung zeigen. Von manchen Beobachtern wird das skeptisch gesehen (vgl. *Advisory Board for Irish Aid* 2008).

Darüber hinaus muss der Einfluss der Geber keinesfalls automatisch förderlich für eine Weiterentwicklung guter Regierungsführung sein: So dürften die klaren Signale der US-amerikanischen Bush-Administration an die äthiopische Regierung, diese als engen Verbündeten im »Krieg gegen den internationalen Terror« zu betrachten, die Herrschenden in ihrem harten Kurs gegen die innenpolitische Opposition bestärkt haben. Auf die Gewalt gegen die Demonstranten und die Massenverhaftungen, auch von gewählten Politikern, reagierten die Geber, einschließlich der deutschen Bundesregierung, spät und schwach – und unter dem Strich wurde die äthiopische Regierung weiterhin massiv unterstützt.[73] Auch der völkerrechtswidrige Einmarsch in Somalia hat die westlichen Geber, einschließlich der Bundesregierung, nicht dazu gebracht, die äthiopische Regierung zu kritisieren oder ihr die Mittel signifikant zu kürzen. Bei ihrer Kurzvisite in Afrika im Oktober 2007 besuchte Bundeskanzlerin Merkel Äthiopien als eines von drei Ländern – ein erneuter Beweis der Unterstützung der Regierung. Immerhin sprach sie auch vorsichtig die Notwendigkeit demokratischer Reformen an. Gleichwohl entsteht der Eindruck, dass demokratische Regierungsführung in Zeiten internationaler Terrorismusbekämpfung noch immer ein relatives Ziel der Entwicklungszusammenarbeit ist, das notfalls anderen Interessen untergeordnet wird.

Programme und Projekte

Die Unterstützung staatlicher Institutionen und Strukturen durch spezifische EZ-Programme gehört seit Beginn der EZ zu ihren Aufgaben. In jüngster Zeit

---

[73] Brüne (2007) kritisiert u. a. die Europäische Kommission, die trotz ihres Gewichts viel zu spät und viel zu zögerlich auf die Verhaftung von Oppositionspolitikern, Journalisten und NGO Aktivisten reagiert habe.

haben aber nicht nur die Grundsatzpapiere zum Thema, sondern auch die Ausgaben für die Stärkung von Guter Regierungsführung deutlich zugenommen. Statistiken der OECD zufolge verdreifachten sich die Entwicklungsmittel für die Kategorie »Regierung und Zivilgesellschaft« zwischen den Jahren 2000 und 2006 mindestens (vgl. auch Textbox 20).

Das neue Gewicht geht einher mit Veränderungen in den *Governance*-Strategien der Geber. Für die folgende Übersicht sollen drei Generationen unterschieden werden.

Die erste Generation der *Governance*-Arbeit im Rahmen von EZ reicht zumindest bis in die 1990er Jahre, teilweise bis heute. Sie ist gekennzeichnet durch Projekte und Programme einzelner Geber, die in der Regel auf eher technische Verbesserungen in der Regierungsführung abzielten. Dazu zählte die Beratung von Linienministerien, die Unterstützung von Planungsprozessen, die Stärkung dezentraler Verwaltungen, die Beratung von Gerichten und vieles andere mehr. Zugrunde lag diesen Ansätzen in der Regel ein modernisierungstheoretisch ausgerichtetes, technokratisches *Governance*-Konzept, das sich auf das Management des öffentlichen Sektors konzentrierte und gesellschaftliche Teilhabe lediglich als eine funktionale Übung ansah, ohne gesellschaftliche Machtfragen und die Demokratisierung von Entscheidungsprozessen zu berühren (vgl. Mkandawire 1999, 126-129). Diese Programme und die ihnen zugrunde liegenden Konzepte waren selten oder nie mit anderen Gebern abgestimmt.

**20**

**BMZ-Förderung von Good Governance**

Auch die deutsche EZ hat ihre Förderung von guter Regierungsführung in den vergangenen zehn Jahren verstärkt. Insbesondere in den Jahren 2000 bis 2004 haben sich die Mittel für diesen Bereich fast verdreifacht, ausgehend aber von einem sehr niedrigen Niveau: von 80 Millionen auf 220 Millionen (OECD 2006, 51). Seither stagniert diese Summe allerdings. Angesichts der Tatsache, dass Gute Regierungsführung mit 31 Partnerländern als ein Schwerpunkt deutscher EZ vereinbart wurde, relativiert sich die Summe nochmals. Insbesondere in Afrika soll Good Governance eine bedeutende Unterstützung erhalten: In 13 afrikanischen Ländern bezieht sich einer der geförderten Schwerpunkte deutscher EZ auf Regierungsführung (darunter zum Beispiel Äthiopien, Ghana und Sambia). Darüber hinaus werden in 11 weiteren Ländern Sub-Sahara Afrikas Programme und Projekte zur Verbesserung von Governance gefördert, viele davon im Bereich Dezentralisierung.

Die meisten Geber haben sich inzwischen von diesen Ansätzen zumindest konzeptionell verabschiedet (der Prozess von einem konzeptionellen Wandel bis zum Auslaufen der definitiv letzten Phase von Projekten kann durchaus 10-15 Jahre benötigen). Die Aufwertung der *Governance*-Thematik und die starke Debatte über Harmonisierung der Geberpolitik haben in den vergangenen zehn Jahren zu einer zweiten Generation von *Governance*-Ansätzen geführt, die sich in einer Reihe von Reformpaketen in einzelnen Ländern zeigen. Diese zeichnen sich im Vergleich zu den früheren Projekten im wesentlichen durch zwei Unterschiede aus: erstens einen umfangreichen, übersektoralen, auf Strukturen und Institutionen abzielenden Ansatz und zweitens durch eine koordinierte Unterstützung durch mehrere Geber. Beispiele sind das Programm *Public Expenditure Management and Financial Accountability (PEMFA)* in Sambia; das *Democratic Institutions Program (DIP)* in Äthiopien oder das *Public Sector Management Reform Programme (PSMRP)* in Ghana. Trotz der Abstimmung solcher Programme mit den Regierungen in den Empfängerländern entsteht vielerorts der Eindruck, dass die *Governance*-Reformen weitgehend von Gebern angestoßen und angetrieben werden. Ganze Reformpakete werden von A bis Z von den Gebern erdacht, konzipiert und durch EZ-Berater umgesetzt. Zweifelhaft ist, wie sehr sich Regierungen der Entwicklungsländer mit den Geber-getriebenen Reformen identifizieren *(ownership)*. Wie nachhaltig die Anstrengungen sind, ist deshalb in diesen Fällen höchst fragwürdig (zum Fallbeispiel Sambia vgl. Mutesa 2005).

Eine mögliche dritte Generation von *Governance*-Ansätzen, die über die Fixierung auf staatliche Institutionen hinausgeht und demokratische Aushandlungsprozesse in Gesellschaften thematisiert, blitzt hier und da in Stellungnahmen und Konzepten staatlicher Geber auf, ist allerdings noch weit von einer systematischen Umsetzung entfernt. Obwohl die Ansätze der Geber in den vergangenen Jahren deutlich stärker auch auf das Umfeld des unmittelbaren Regierungshandelns abzielen, die Parlamente stärker in den Blick nehmen und die Arbeit von zivilgesellschaftlichen Akteuren in politischen Prozessen fördern, bleibt all dies in der realen EZ marginal. Der Schwerpunkt der *Governance*-Arbeit der Geber liegt noch immer auf der institutionellen Stärkung der Regierungsadministration. Dies gilt auch für die deutsche EZ. Von Ausnahmen in der BMZ-Programmarbeit abgesehen (z. B. Förderung zivilgesellschaftlicher Arbeit in Sambia), sind allenfalls die politischen Stiftungen und einige Nichtregierungsorganisationen mit recht geringen finanziellen Möglichkeiten in diesem Feld tätig. Immerhin zeigen jüngere Grundsatzpapiere des BMZ, dass mit der Einführung menschenrechtlicher Ansätze der EZ ein Perspektivwechsel denkbar wird. Das deutsche Entwicklungsministerium hat 2009 ein neues *Governance*-Konzept vorgelegt, das menschenrechtlich begründet ist und damit nicht die staatlichen Institutionen zum Ausgangspunkt aller Überlegungen macht, sondern vielmehr die Frage, wie politische, wirtschaftliche, soziale und kulturelle Rechte der Menschen gesellschaftlich realisiert werden können (BMZ 2009). Dieser Ansatz weist progressiv in die Richtung einer dritten Generation von *Governance*-Konzepten der Geber. Die tatsächliche Umsetzung der Ideen in die Praxis der deutschen EZ wird kritisch zu verfolgen sein, insbesondere die Frage, ob diese Förderansätze künftig (weiterhin) ein Dasein am Rande fristen oder zu einem gewichtigen Schwerpunkt werden.

### Unterstützt Budgethilfe demokratische Politik?

Nach Normsetzungen, politischen Dialogen und spezifischen Programmen ist hier noch kurz auf ein neues EZ-Instrument zu verweisen, das nicht ausdrücklich zur Förderung demokratischer Regierungsführung gedacht ist, sich aber erheblich darauf auswirken könnte: die Budgethilfe, also der direkte Zufluss von Entwicklungsgeldern in die Regierungshaushalte (zu den finanziellen Aspekten des Instruments im nächsten Abschnitt ausführlicher).

Das Aufstellen von Haushaltsplänen der Regierung und ihre Umsetzung waren noch vor wenigen Jahren alleinige – und häufig völlig intransparente – Sache der Regierungen. Parlamente verabschiedeten die Budgets zwar, hatten aber kaum die Möglichkeit, diese zu diskutieren, geschweige denn zu gestalten. Auch die Kontrolle der tatsächlichen Ausgaben glich eher einer Farce. Nicht zuletzt mit der Vergabe von Budgethilfe und der damit einhergehenden Fokussierung auf haushaltspolitische Prozesse hat sich dies verändert: Die Kontrollfunktion der Parlamente gerät nun deutlich ins Blickfeld. Die Notwendigkeit einer parlamentarischen Aufsichtsfunktion wird gleich an mehreren Stellen der *Accra Agenda for Action* betont.

Ein wichtiger, für demokratisches Regieren ganz und gar nicht zu unterschätzender positiver Effekt von Budgethilfe ist ferner die deutlich stärkere öffentliche Debatte von haushaltspolitischen Entscheidungen, vor allem befördert durch zivilgesellschaftliche Akteure. In Sub-Sahara Afrika ist in den vergangenen Jahren ein signifikanter Zuwachs an haushaltspolitischen Gruppen zu verzeichnen, wie in Kapitel 5 ausführlicher dargestellt wurde. In den vergangenen Jahren haben Geber begonnen, dieses haushaltspolitische Engagement der Zivilgesellschaft zu unterstützen, allerdings – im Vergleich zu anderen Förderbereichen – mit sehr geringen Mitteln.

Fazit

Anders als Grundsatzerklärungen es glauben machen, verfolgt die tatsächliche EZ vieler Geber noch immer einen eher technokratisch-bürokratischen Ansatz von *Guter Regierungsführung*, der auf die Regierungsadministration ausgelegt ist und sich auf Reformen der öffentlichen Verwaltung bzw. der Regierungsstruktur insgesamt konzentriert. So unverzichtbar die Stärkung von Regierungsadministrationen ist, greift der Ansatz doch zu kurz. Die Unterstützung von Parlamenten, Medien, Gewerkschaften oder anderen zivilgesellschaftlichen Akteuren – mit anderen Worten: die Unterstützung von demokratischer Gewaltenteilung, Transparenz und gesellschaftlicher Kontrolle – wird zwar in politischen Erklärungen inzwischen häufiger als wichtig bezeichnet, in der Realität hat sie dagegen bislang nur untergeordnete Bedeutung.

## Mehr finanzielle Mittel – auch durch Budgethilfe

Die Industrieländer verpflichteten sich in den vergangenen Jahren, ihre finanziellen Anstrengungen zur Unterstützung der Armutsbekämpfung deutlich auszuweiten. Das ist an sich nichts Neues: Schon in den 1970er Jahren erklärten Industrieländer die Absicht, ihre Leistungen für die Entwicklungszusammenarbeit auf mindestens 0,7 Prozent ihres jeweiligen Bruttosozialprodukts zu erhöhen. Diese Absichtserklärung wurde aber über Jahrzehnte nicht verbindlich festgelegt und nicht mit Zeitvorgaben versehen. Lediglich einige kleinere europäische Länder, darunter Norwegen, Schweden, Dänemark und die Niederlande, erreichten das 0,7 Prozent-Ziel frühzeitig (und halten es bis heute). Größere Industrieländer waren stets deutlich von der Zielmarke entfernt. Deutschland hatte in den frühen 1980er Jahren einen Anteil von etwa 0,4 Prozent erreicht, dieser sank dann bis Ende der 1990er Jahre auf 0,26 Prozent. Seit einigen Jahren steigt dieser Wert wieder, allerdings auch unter Einbeziehung fragwürdiger Leistungen (z. B. dem Erlass großer, de facto längst abgeschriebener Forderungen an den Irak, siehe Textbox 21).

Die Frage der Finanzierung der Millenniumsziele belebte diese Diskussion erneut. Auf der UN-Konferenz zur Entwicklungsfinanzierung in Monterrey 2002 wurde eine breite Palette von Finanzierungsinstrumenten diskutiert und empfohlen. Aber auch die Ausweitung der öffentlichen Entwicklungshilfe wurde als unverzichtbares Element benannt; das alte 0,7-Prozent-Ziel wieder als Forderung erhoben. Verbindliche Verpflichtungen formulierten die Industrieländer vor diesem Hintergrund im Kreis der acht wirtschaftsstärksten Industrieländer (G-8) sowie im Rahmen der EU. Die G-8 verpflichtete sich 2005, ihre Entwicklungsfinanzierung für Afrika bis zum Jahr 2010 zu verdoppeln. Die Mitgliedsstaaten der Europäischen Union kamen im selben Jahr überein, das 0,7-Ziel nun endlich verbindlich anzustreben: bis 2015 soll es erreicht werden. Für den Weg dahin wurde ein Stufenplan beschlossen: bis 2010 will die EU 0,56 Prozent des Bruttonationaleinkommens als Entwicklungshilfe verausgaben (EU 2005).

## 21
### Deutschland: Mit fragwürdigen Schuldenerlassen zum 0,7-Prozent-Ziel?

Auch Deutschland ist vom zugesagten 0,7 Prozent-Ziel weit entfernt, obwohl sich der deutsche Wert in den vergangenen Jahren verbesserte. Die Bundesregierung hat es inzwischen auf etwa die Hälfte dieses Quotenziels gebracht. Deutschlands Entwicklungshilfeleistungen lagen im Jahr 2007 bei neun Milliarden Euro. Ein erheblicher Teil der gesamten deutschen Entwicklungshilfe entfällt allerdings auf Schuldenerlasse (2005-2008: etwa ein Viertel). Dies war seit 2005 insbesondere ein außergewöhnlich umfangreicher Schuldenerlass für den Irak, der über mehrere Jahre verteilt auf die deutsche Entwicklungshilfe angerechnet wird. Während aber Schuldenerlasse für viele afrikanische Länder, die ihre Schulden zuvor tatsächlich bedienten, in den vergangenen Jahren für Entlastung und damit für zusätzliche Mittel gesorgt haben, waren die irakischen Schulden seit vielen Jahren nicht bedient worden. Der Schuldenerlass für den Irak fand also nur auf dem Papier statt. Von Entlastung und zusätzlichen Mitteln für die Armutsbekämpfung kann hier nicht die Rede sein.

Die Beschlüsse zur Entwicklungsfinanzierung stellen eine Abkehr von den unverbindlichen Absichtserklärungen früherer Dekaden dar. Das wird von vielen begrüßt. Ob die politisch gesetzte Zielmarke sinnvoll ist, wird allerdings sehr kontrovers diskutiert. Während einige meinen, dass die damit erzielte Summe bei weitem nicht genüge, um die Erreichung der Millenniumsziele zu finanzieren (so zum Beispiel der schon erwähnte Jeffrey Sachs in seinem Bericht), sind andere skeptisch, dass die angestrebten Summen überhaupt sinnvoll abfließen können und fürchten einen Anstieg von Korruption und Misswirtschaft sowie zahlreiche Millionen schwere, aber für die Armutsbekämpfung unsinnige Großprojekte.

Doch es ist auch noch keinesfalls gesichert, dass die Mittel für die Entwicklungszusammenarbeit tatsächlich in dem angekündigten Maße steigen werden. Zwar bekräftigte die UN-Konferenz über Entwicklungsfinanzierung in Doha im Dezember 2008 die vereinbarten Ziele, lobte den EU-Stufenplan und forderte auch andere Industrieländer auf, sich entsprechend verbindlich zu erklären. Doch schon bevor die dunklen Wolken der Finanzkrise aufzogen, stellte die OECD (2008a) in ihrem jährlichen Bericht über die Leistungen der Entwicklungszusammenarbeit fest, dass die meisten Geber nicht auf einem guten Weg seien, ihren Verpflichtungen bis 2010 nachzukommen. Die Versprechen zu erreichen, erfordere außerordentliche Anstrengungen.

Die bisher vorliegenden Zahlen lassen aber schon seit einiger Zeit Zweifel daran aufkommen, ob EU und G-8 zu diesen Anstrengungen bereit sind. Während die Summe der Entwicklungshilfeleistungen aller Geberländer im Jahr 2005 einen Höhepunkt erreichte (der Anstieg basierte vor allem auf ungewöhnlich hohen Schuldenerlassen), sanken die Werte für die Folgejahre wieder (siehe Tabelle 14). Diesen Rückgang verzeichnete auch die EU: Zwischen 2006 und 2007 sank die öffentliche Entwicklungshilfe der Mitgliedsstaaten wieder – entgegen dem eigenen Stufenplan.[74]

| Tabelle 14 | | | | | | | | |
|---|---|---|---|---|---|---|---|---|
| **Entwicklungshilfe in Prozent des Bruttosozialprodukts** | | | | | | | | |
| (Ziele: Alle Geber bis 2015: 0,7 %/EU bis 2010: 0,56 %) | | | | | | | | |
| | 2001 | 2002 | 2003 | 2004 | 2005 | 2006 | 2007 | 2008 |
| Deutschland | 0,27 | 0,27 | 0,28 | 0,28 | 0,36 | 0,36 | 0,37 | 0,38 |
| Industrieländer gesamt | 0,22 | 0,23 | 0,25 | 0,26 | 0,33 | 0,31 | 0,28 | 0,30 |
| G 7-Staaten | 0,18 | 0,20 | 0,21 | 0,22 | 0,30 | 0,27 | 0,23 | 0,25 |
| EU | 0,33 | 0,35 | 0,35 | 0,35 | 0,44 | 0,43 | 0,39 | 0,42 |
| Quelle: OECD DAC Statistiken (Webseite http://stats.oecd.org, April 2009) | | | | | | | | |

Die Finanzkrise 2009 verschärft die Situation noch weiter: Italien und Irland haben ihre Entwicklungshilfebudgets bereits offiziell nach unten korrigiert. Der tatsächlich in Entwicklungsländern ankommende Wert der britischen Leistungen fällt aufgrund der Abwertung des Pfund deutlich niedriger aus als in den Vorjahren. In mehreren Industrieländern wird der zu erwartende Rück-

---

[74] Für die Detailanalyse der Entwicklungshilfeleistungen ist ferner zu berücksichtigen, was alles in diese Kategorie eingerechnet wird. So führten Schuldenerlasse, die teilweise nur auf dem Papier stattfanden (Beispiel Irak, siehe Textbox zu Deutschland), zu erheblichen Verzerrungen. Neuerdings zählen einige Länder auch Maßnahmen zum globalen Klimaschutz zu den Entwicklungshilfeleistungen – schließlich profitieren ja auch Entwicklungsländer davon. Das ist zwar nicht falsch, führt aber insbesondere beim Vergleich mit Vorjahren zu verzerrten Ergebnissen. Auch die Einrechnung von Studienplatzkosten von Studierenden aus Entwicklungsländern oder der Aufenthaltskosten von Flüchtlingen in Europa wird kritisiert (vgl. Hayes 2007).

gang des Bruttosozialprodukts zu weiteren Verzerrungen führen: So kann es sein, dass der angestrebte prozentuale Anteil am Bruttosozialprodukt in einigen Ländern unverändert bleibt oder sogar leicht steigt – die tatsächlichen Auszahlungen (in Euro oder Dollar gerechnet) werden bei schrumpfenden Volkswirtschaften gleichwohl zurückgehen. Hinzu kommt, dass Regierungen im Norden durch die Finanz- und Wirtschaftskrise kaum in Legitimationsnöte geraten, wenn die Entwicklungshilfe unter diesen Rahmenbedingungen nicht steigt, sondern stagniert oder gar sinkt. Auch die Bindung von Entwicklungshilfe an Aufträge für Firmen im eigenen Land (»Lieferbindungen«) – eine überwunden geglaubte alte Sünde der EZ, die den realen Wert von EZ-Zahlungen schmälert – erfährt eine Neuauflage, wie im Falle Spaniens besonders deutlich zu beobachten ist. Trotzige Appelle der Entwicklungspolitiker, die Länder des Südens in Zeiten der Krise nicht zu vergessen, könnten da schnell verhallen.

Budgethilfe an afrikanische Länder nimmt zu

Unabhängig davon, wie sich die Gesamtausgaben künftig darstellen, vollzieht sich jedoch innerhalb der Entwicklungsfinanzierung für Afrika ein signifikanter qualitativer Wandel. In Zukunft soll der größere Teil der internationalen Entwicklungsgelder direkt den Regierungen des Südens zur Verfügung stehen, insbesondere auch in Afrika. Das schon erwähnte Zauberwort heißt Budgethilfe.

Die Budgethilfe ist ein vergleichsweise junges Instrument der EZ und wird als solches seit Jahren intensiv diskutiert. Sie ist eine der verschiedenen Möglichkeiten im Rahmen sogenannter *Programmorientierter Gemeinschaftsfinanzierungen (PGF)*. Anstatt finanzielle Mittel an einzelne EZ-Projekte oder kleinere Programme zu koppeln, zahlen die Geber gemeinsam in »Töpfe« ein. Das können beispielsweise gemeinsam gespeiste Fonds zur Finanzierung von Ausgaben in bestimmten Sektoren sein, z. B. Gesundheit, Bildung oder Infrastruktur (Sektorbudgethilfe). Die Mittel können aber auch gänzlich ungebunden vergeben werden. Dann wird von genereller oder direkter Budgethilfe gesprochen. Die Empfängerregierungen lassen diese Gelder direkt als Einnahmen in den Regierungshaushalt einfließen, als Beitrag zur Finanzierung der Gesamtpolitik einer Regierung. Der Erfolg der EZ wird dann nicht an der Durchführung einzelner Projekte gemessen, sondern zum Beispiel an Fortschritten im Sozialbereich insgesamt.

In den vergangenen Jahren haben eine Reihe von Gebern wachsende Teile ihrer Entwicklungsgelder im Rahmen der PGF vergeben, einschließlich direkter Budgethilfe. Vorreiter und eifrigster Verfechter ist die Europäische Kommission. Sie weitet die allgemeine Budgethilfe, insbesondere für afrikanische Staaten, gegenwärtig deutlich aus.[75] Auch die Weltbank zahlt rund ein Drittel ihrer Mittel in Form von Budgethilfe aus. Die bilateralen Geber waren lange zögerlicher, doch in der Pariser Erklärung haben sich bilaterale und multilaterale Geber gemeinsam verpflichtet, die direkte Unterstützung von Regierungen erheblich auszubauen. Dies wurde 2008 in der *Accra Agenda* bestätigt. Ab 2010 sollen zwei Drittel aller Hilfe im Rahmen einer Gemeinschaftsfinanzierung zur Verfügung stehen, der größte Teil davon (50 Prozent aller Entwicklungsleistungen) durch sektoral orientierte oder direkte Budgethilfe. Die europäischen Geber sind Vorreiter in Sachen Budgethilfe. Im *European Consensus on Development* (EU 2005) wird dies explizit als wesentlicher Beitrag zur Qualitätssteigerung von EZ im Sinne der Pariser Erklärung genannt. Das deutsche BMZ legte bei den Gemeinschaftsfinanzierungen ebenfalls zu, liegt aber im Vergleich mit anderen Gebern zurück: Im Jahr 2007 wurden nur 15 Prozent der bilateralen Hilfe durch ein PGF-Instrument bereit gestellt (knapp acht Prozent als Budgethilfe, ein Anteil, der 2008 nicht einmal erreicht wurde).

Für eine Reihe von afrikanischen Ländern ist die Budgethilfe inzwischen zu einer wichtigen Finanzierungsquelle geworden. Uganda erhält fast 40 Prozent der gesamten Entwicklungshilfe in Form von direkter Budgethilfe ausgezahlt, Tansania fast 50 Prozent. In absoluten Zahlen ist Tansania größter Empfänger von Budgethilfe in Afrika: 2007 stellten die Geber dem Land rund 745 Millionen US-Dollar zur Verfügung. Die Budgethilfe für Ghana machte zwar »nur« rund ein Drittel aller EZ-Zahlungen an dieses Land aus, aber: Alle Formen der programmorientierten Hilfe zusammen stellen im Falle Ghanas fast 70 Prozent der Hilfe dar (siehe Tabelle 15). Ein zentrales Argument für die Budgethilfe ist schon im vorangegangenen Abschnitt diskutiert worden: Bei gleichzeitiger Unterstützung demokratischer Haushaltspolitik (z. B. durch die ernsthafte Einbindung der Parlamente in die Haushaltsprozesse und transparente, öffentliche Debatten) kann sie als wichtiges, vielleicht sogar als das wichtigste Instrument der Stärkung von demokratischer Regierungsführung in Afrika betrachtet werden. Darüber hinaus argumentieren die Befürworter, dass das neue Instrument die administrative und finanzielle Handlungsfähigkeit der nationalen Regierungen stärke.[76] Budgethilfe trägt auch zur makroökonomischen Stabilität der Länder bei. Ein wichtiges Argument ist ferner die Planbarkeit von Auszahlungen der Entwicklungshilfe (verbindliches Geberverhalten vorausgesetzt). Regierungen haben mehr Spielräume für armutsorientierte Ausgaben. So sind in vielen Län-

---

[75] Im Rahmen des 10. Europäischen Entwicklungsfonds (2008-2013) soll die allgemeine und sektorbezogene Budgethilfe von 25 auf 44 Prozent der programmierbaren Mittel gesteigert werden (Europäische Kommission 2008, 26).

[76] Vgl. hierzu und zum folgenden zum Beispiel Europäische Kommission 2008; verschiedene Beiträge in Koeberle 2006; University of Birmingham 2006.

dern, die Budgethilfe erhalten, die Ausgaben für Bildung und Gesundheit deutlich gestiegen (dies ist allerdings auch eine Bedingung der Europäischen Kommission für Budgethilfe). Budgethilfe senkt die sogenannten Transaktionskosten der Entwicklungshilfe: Statt einer Vielzahl von Verhandlungen zwischen Gebern und Nehmerregierung über eine unüberschaubare Vielfalt von Einzelprojekten wird der Verhandlungs- und Bearbeitungsaufwand für Regierungen der Empfängerländer im Falle von Budgethilfe deutlich begrenzt. Budgethilfe trägt auch zu einer besseren Koordinierung der Geber bei. Diese und andere Argumente haben zum Beispiel die EU und andere Verfechter des Ansatzes dazu geführt, ihre Budgethilfe schon jetzt deutlich auszuweiten und in Zukunft sogar als wichtigste Form der EZ etablieren zu wollen.

Die Kritik an der Budgethilfe kommt im wesentlichen aus zwei Richtungen: Eine Gruppe der Kritiker sieht vor allem die Gefahr, dass Budgethilfe von korrupten oder inkompetenten Regierungseliten missbraucht wird. Eine andere befürchtet dagegen, dass Budgethilfe die ohnehin schon starke Einflussnahme von Gebern auf die Politik afrikanischer Regierungen weiter erhöht.

Der Einfluss von Gebern auf Regierungen ist durch Budgethilfe in der Tat größer geworden.[77] Verschiedene Mechanismen sind dafür verantwortlich: Budgethilfe setzt in der Regel den Abschluss und die strikte Einhaltung eines auflagenreichen IWF-Abkommens voraus (im Rahmen der *Poverty Reduction and Growth Facility, PRGF*). Sodann müssen die diversen Konditionalitäten bedient werden, die mit der Vergabe von Budgethilfe durch die einzelnen Geber verknüpft sind. Dazu gehört zunächst der für das Mittelvolumen entscheidende und auch in seiner Signalfunktion für andere Geber wichtige Bewertungsmechanismus der Weltbank (*Country Policy and Institutional Assessment, CPIA*), der mit guten Werten zu bestehen ist. Danach steuert ein Bewertungsrahmen für die aktuelle Regierungspolitik (das sogenannte *Performance Assessment Framework, PAF*) die jährliche Vergabe und Auszahlung der Budgetmittel. Die PAF werden regelmäßig zwischen Regierung und Budgethilfegebern diskutiert. Das alles sichert den Einfluss der Geber – und zwar nicht nur auf eine korrekte Abwicklung der Budgethilfe, sondern auf politische Inhalte. Die gegenwärtige Budgethilfepraxis widerspricht damit dem hehren Ziel der eigenverantwortlichen Gestaltung von Entwicklungsstrategien *(ownership).*[78]

---

[77] Vgl. zum Beispiel Auclair/Eberlei 2007; Booth et al 2006 (besonders zu den Bewertungen im Rahmen der PAF); Gerster 2006.

[78] Dies gilt auch für die Politik des deutschen Entwicklungsministeriums. So belegt der Bundesrechnungshof in einem Gutachten zur Budgethilfe 2008, wie sehr dem BMZ daran gelegen war, durch Budgethilfe Einfluss zu gewinnen. Das Ministerium sei z. B. im Falle Ghanas auch von dem Motiv getrieben worden, im Kreis der Budgethilfe-Geber »die zukünftige Politik Ghanas mitzuformulieren«.

Tabelle 15
**Die größten Empfänger Programmorientierter Gemeinschaftsfinanzierungen in Sub-Sahara Afrika**

|  | **Programmorientierte Gemeinschaftsfinanzierungen (PGF, 2007)** | | | **Entwicklungshilfe gesamt (2007)** | Anteil PGF |
|---|---|---|---|---|---|
|  | Insgesamt (in Mio. USD) | davon Budgethilfe (Mio. USD) | andere PGFs (in Mio. USD) | (in Mio. USD) | (in Prozent) |
|  | a (=b+c) | b | c | d | e = a/d |
| Äthiopien | 1303 | 0 | 1303 | 1986 | 66% |
| Tansania | 1141 | 745 | 395 | 1877 | 61% |
| Uganda | 837 | 435 | 402 | 1275 | 66% |
| Ghana | 755 | 378 | 377 | 1097 | 69% |
| Mosambik | 740 | 461 | 278 | 1595 | 46% |
| Burkina Faso | 473 | 269 | 204 | 827 | 57% |
| Sambia | 430 | 182 | 248 | 919 | 47% |
| Mali | 329 | 212 | 118 | 811 | 41% |
| Madagaskar | 303 | 99 | 204 | 697 | 44% |
| Ruanda | 297 | 213 | 84 | 774 | 38% |
| Senegal | 270 | 96 | 174 | 695 | 39% |
| Kenia | 225 | 0 | 225 | 738 | 30% |
| Malawi | 217 | 85 | 132 | 517 | 42% |
| Kongo, DR | 212 | 200 | 12 | 1019 | 21% |
| Niger | 210 | 85 | 124 | 428 | 49% |
| Kamerun | 205 | 51 | 154 | 518 | 40% |
| Benin | 192 | 139 | 53 | 392 | 49% |
| Sudan | 162 | 16 | 147 | 846 | 19% |
| Liberia | 144 | 40 | 104 | 675 | 21% |
| Mauretanien | 127 | 6 | 122 | 363 | 35% |
| Sub-Sahara Afrika gesamt | **8925** | **3872** | **5054** | **20090** |  |

Zusammenstellung auf Basis von OECD 2008b, S.87

Darüber hinaus unterläuft diese Praxis der Konditionalisierung auch die allseits als wichtig erachtete demokratische Regierungsführung: Die Rechenschaftspflicht der Regierungen wird durch die aktuelle Praxis der Budgethilfe konsequent auf die Geber ausgerichtet – und das parlamentarische Kontrollrecht damit faktisch ausgehöhlt. Parlamente sind weder an den Verhandlungen über die Abkommen mit dem IWF beteiligt, noch werden sie von der Weltbank in das jährlich erfolgende Ranking (CPIA) eingebunden. Auch die Diskussionen zwischen Regierungen und Budgethilfegebern über die Bewertung der Regierungspolitik findet hinter verschlossenen Türen ohne Beteiligung der Parlamente statt. All dies ist Wasser auf die Mühlen jener Kritiker, die Budgethilfe lediglich als ein Instrument der fortgesetzten Einflussnahme durch Geber ansehen.

Die erstgenannte Gruppe der Kritiker von Budgethilfe hat mit Gebereinfluss dagegen kein Problem. Im Gegenteil: Sie fürchtet, dass die Kontrollfähigkeit der Geber durch Budgethilfe sinkt und die Verschwendung von nicht projektgebundenen Entwicklungshilfegeldern ansteigt – sei es eher ungewollt durch schlampige oder inkompetente Mittelverwendung, sei es durch gezielte Korruption. Diese Stimmen sind in jüngster Zeit gerade in Deutschland laut geworden. Sehr undifferenziert und populistisch formuliert das zum Beispiel der *Bonner Aufruf (2008)*, der vor allem von CDU- und FDP-Politikern unterzeichnet wurde: »Politische Beschlüsse, die Entwicklungshilfe für Afrika zu verdoppeln, sind unvernünftig und gefährlich. Gleiches gilt für die Tendenz, immer mehr Geld als ›Budgethilfe‹ zu vergeben. Damit werden Korruption und Unterschlagung erleichtert.«

Nicht so explizit, aber deutlich vernehmbar regte sich auch im deutschen Bundestag in den vergangenen Jahren zunehmend Kritik an der Position der Bundesregierung, Budgethilfe zu leisten. Getragen von der FDP und Teilen von CDU/CSU nahmen sowohl der Entwicklungs- als auch noch mehr der Haushaltsausschuss immer häufiger skeptische Positionen zur Budgethilfe ein. Der Haushaltsausschuss forderte schließlich den Bundesrechnungshof auf, die Rechtmäßigkeit der Budgethilfe zu überprüfen. Dessen im Februar 2008 vorgelegtes Gutachten hält die Budgethilfe für durchaus mit den gesetzlichen Rahmenbedingungen vereinbar, fordert aber sowohl eine stärkere Kontrolle des Bundestages als auch verstärkte Unterstützung für Kontrollmaßnahmen in den Empfängerländern (siehe Textbox 22).

## 22
### Bundesrechnungshof billigt Budgethilfe

Nach Auffassung des Bundesrechnungshofes ist Budgethilfe mit deutschem Haushaltsrecht vereinbar – obwohl keine Verwendungsnachweise geliefert werden können. In seinem fast 120 Seiten starken, nicht öffentlich zugänglichen Gutachten fordert der Bundesrechnungshof aber vom Entwicklungsministerium eine Reihe von Reformen (Bundesrechnungshof 2008). Die Vergabe von Budgethilfe müsse im Einzelfall wesentlich stärker geprüft werden. Die Auswahl dürfe sich nicht auf Prüfverfahren multilateraler Geber wie der Weltbank stützen, sondern müsse auf der Basis eigener, noch aufzubauender Expertise erfolgen, so das Gutachten. Das heißt: Die vom BMZ geplante starke Ausweitung der Budgethilfe wird so schnell nicht möglich sein.

Der Rechnungshof unterstreicht die Bedeutung von öffentlich kontrollierten Haushalten in den Partnerländern und die Rechenschaftspflicht von Regierungen gegenüber Gebern, aber auch gegenüber Parlamenten sowie Bürgerinnen und Bürgern. Zwar hat das BMZ in jüngster Zeit verstärkt Rechnungshöfe, Parlamente, Medien und die Zivilgesellschaft in Partnerländern unterstützt, nach Auffassung der Gutachter reichen die bisherigen Anstrengungen aber bei weitem nicht, um die mit der Budgethilfe verbundenen erheblichen »treuhänderischen Risiken« zu beherrschen.

Interessanterweise kommt ein fast zeitgleich erstelltes Gutachten des britischen Rechnungshofes zu einer sehr ähnlichen Empfehlung für die britische Regierung: DFID solle Parlamente, Rechnungshöfe und die Zivilgesellschaft in den Empfängerländern stärker fördern als bisher, damit diese inländischen Institutionen Rechenschaft von der Regierung fordern könnten.

---

Die bisher evaluierten Erfahrungen mit Budgethilfe deuten darauf hin, dass dieses Instrument nicht korruptionsanfälliger ist als andere Formen der Hilfe.[79] Gleichzeitig zeigen Einzelfälle aber, dass die Befürchtungen aus Reihen afrikanischer Zivilgesellschaften in verschiedenen Ländern ernst zu nehmen sind, eine Ausweitung von Budgethilfe könne von ihren Regierungen für andere Zwecke als vorgesehen benutzt werden: z. B. für einen Anstieg der Militärausgaben, die Finanzierung einer unangemessenen Bürokratisierung, Vergünstigungen für Regierungsangestellte (z. B. durch den wachsenden »Workshop-Tourismus«) oder sogar eindeutige persönliche Bereicherungen. Zu berücksichtigen ist dabei, dass Budgethilfe bislang noch immer Pilotcharakter hat. In Pilotphasen und den bislang ausgewählten Pilotländern in Afrika, in denen die Qualität der Regierungsführung im Vergleich zu anderen afrikanischen Staa-

---

[79] Das ist zum Beispiel ein Ergebnis der bisher umfangreichsten Evaluierung zur Budgethilfe (University of Birmingham 2006, vgl. hier: *Joint Evaluation Briefing* 3, 5).

ten relativ gut ist, kann von einem vergleichsweise niedrigen Korruptionslevel ausgegangen werden. Die zum Beispiel von der EU geplante deutliche Ausweitung der Budgethilfe wird das *Risiko* von Korruption und Misswirtschaft erhöhen, das nur durch begleitende Maßnahmen begrenzt werden kann.

## 23

### Budgethilfe für Ghana

Ghana zählt zu den größten Empfängern von Budgethilfe in Afrika. Insgesamt haben die Geber Ghana im Jahr 2007 bereits rund ein Drittel der gesamten Entwicklungshilfe als Budgethilfe ausgezahlt. Durch den sogenannten *Multi Donor Budget Support (MDBS)* ist es durchaus gelungen, die zuvor verwirrende und oft widersprüchliche Vielzahl von Einzelprojekten und –programmen von Gebern drastisch zu begrenzen. Die Regierung wird durch die Budgetfinanzierung dabei unterstützt, eine kohärente und koordinierte Entwicklungspolitik zu betreiben. Trotz mancherlei Kritik bescheinigten Beobachter dies der Regierung auch (vgl. Newiger-Addy 2008).

Budgethilfe leistet ferner einen Beitrag, den Verwaltungsaufwand von internationaler EZ aufseiten der Regierungen zu verringern (was allerdings dazu führt, dass der Aufwand zur Abstimmung auf Geberseite größer wird). Statt z. B. Projekt- und Finanzberichte für Tausende von Projekten anfertigen zu müssen, die dann an eine Vielzahl internationaler Geber zu schicken sind, beschränkt sich die ghanaische Regierung auf Fortschrittsberichte bei der Umsetzung ihrer Gesamtstrategie. Die ghanaische Regierung begrüßte diesen Ansatz ausdrücklich.

Auf Geberseite gibt es unterschiedliche Standpunkte: Einige Geber (z. B. die USA) leisten auch in Ghana weiterhin keine Budgethilfe. Andere Geber sind dabei, ihr gesamtes Programm auf Budgethilfe umzustellen. Dazwischen liegt eine Gruppe von Gebern, darunter auch Deutschland, die bereit sind, einen Teil ihrer EZ in Form von Budgethilfe zu geben. Deutschland hat in den Jahren 2004-2007 rund 32,5 Millionen Euro Budgethilfe an Ghana zugesagt und weitgehend auch ausgezahlt. Ein anderer Teil der Gebergelder wird aber weiterhin durch Programm- oder Projektansätze abgewickelt. Darin spiegelt sich – auch im Falle Ghanas, das als demokratisches Vorzeigeland in Sub-Sahara Afrika gilt – eine gewisse Skepsis, ob die erhoffte Wirksamkeit tatsächlich erreicht wird oder ob diese allgemeinen, nicht zweckgebundenen Mittelzuflüsse nicht doch zu Korruption, Missbrauch oder Misswirtschaft führen (vgl. z. B. Killick/Lawson 2007).

---

Wer die Budgethilfe nicht grundsätzlich ablehnt, wird Chancen und Risiken der Budgethilfe in die Bewertung einbeziehen müssen. Die genannten Chancen der Budgethilfe sind in verschiedenen Ländern tatsächlich genutzt worden (siehe Textbox 23). Die *Chancen* sind aber nicht etwa automatisch auftretende *Vorteile* der Budgethilfe, sondern bedürfen bestimmter Voraussetzungen. Die tatsächliche Identifizierung der politischer Regierungsspitze mit den offiziell erklärten politischen Zielen und der politische Wille, diese auch eigenverantwortlich zu verfolgen, wird in allen vorliegenden Studien zur Budgethilfe als wichtige oder wichtigste Voraussetzung für wirkungsvolle Budgethilfe genannt. Darüber hinaus werden die *Transparenz* des Regierungshandelns, eine in den politischen Strukturen des Landes verankerte *Rechenschaftspflicht* der Regierung gegenüber ihren Bürgerinnen und Bürgern sowie institutionalisierte *Beteiligungsmöglichkeiten* für Parlamente und Zivilgesellschaft üblicherweise als unerlässliche Voraussetzungen für Budgethilfe angesehen – kurz: Budgethilfe setzt *demokratische Regierungsführung* voraus.

Demokratische Regierungsführung kann die von beiden genannten Kritikergruppen genannten Risiken minimieren: Eine starke und demokratisch legitimierte Einforderung von Rechenschaft, insbesondere durch Parlamente und Zivilgesellschaften, kann die Verschwendung oder Missverwendung von Geldern durch effektive Kontrollmechanismen wirksam begrenzen. Ebenso verdeutlicht eine demokratisch im Land verankerte Rechenschaftspflicht die Prioritäten: Regierungen sind in erster Linie ihren Bevölkerungen verpflichtet, nicht ausländischen Geldgebern.

Nun ist demokratische Regierungsführung in kaum einem Niedrigeinkommensland in voll befriedigender Weise realisiert. Die Befürworter der Budgethilfe argumentieren deshalb, dass Budgethilfe auch dazu beitrage, einen Reformprozess in Richtung guter Regierungsführung zu unterstützen. Erste Studien stützen dieses Argument *(z. B. University of Birmingham 2006)*. Aber: Welches Mindestmaß an guter Regierungsführung ist notwendig, um überhaupt mit Budgethilfe zu beginnen? Die Antwort auf diese schwierige Frage, die auf vielen politischen Einschätzungen beruht, kann nur darin liegen, qualitative Mindeststandards für den Einstieg in die Budgethilfe zu definieren (insbesondere zu Transparenz, Rechenschaftspflicht und Partizipation). In jedem einzelnen Fall wird eine qualitativ zu begründende Entscheidung nötig sein, ob, in welcher Form und in welchem Umfang Budgethilfe geleistet werden soll. Sinnvoll erscheint überdies ein verlässliches Anreizsystem, das Fortschritte in Richtung demokratischer Regierungsführung durch zusätzliche Mittel belohnt (die Europäische Kommission arbeitet in diese Richtung).

Umgekehrt sollten Kriterien und Prozedere für einen möglichen Ausstieg aus der Budgethilfe definiert sein. Eine *Exit-Strategie* oder die Drohung mit deutlicher Reduzierung der Budgethilfe, wenn der Pfad in Richtung demokratischer Regierungsführung verlassen wird, muss aber glaubwürdig sein. Mit dem Fall Äthiopien haben sich die Budgethilfegeber in den vergangenen Jahren dieser Glaubwürdigkeit mehr oder minder beraubt. Nach den blutig niedergeschlagenen Protesten gegen die manipulierten Wahlen in Äthiopien im Jahr 2005 und der Inhaftierung oppositioneller Politiker stellten die Geber zwar ihre Budgethilfe ein (als vermeintliches Zeichen des Protests), zahlten der Regierung die zugesagten Summen aber auf anderen Wegen. Äthiopien erhält aktuell keinen Euro Budgethilfe, ist inzwischen aber der größte Entwicklungshilfe-Empfänger in Sub-Sahara Afrika (siehe Tabelle 15).

## WIRKUNGEN DER ENTWICKLUNGSZUSAMMENARBEIT

Um die Erwartungen direkt zu dämpfen: Ob die in Kapitel 3 geschilderten sozio-ökonomischen Trends in Afrika auch auf Wirkungen der Entwicklungszusammenarbeit zurückzuführen sind, dazu liegen keine gesicherten Erkenntnisse vor. Und das, obwohl seit nunmehr fast 15 Jahren von Gebern proklamiert wird, nicht mehr in erster Linie fragen zu wollen, *was getan* wurde, sondern *was erreicht* wurde. Immerhin, diese noch immer neue Perspektive ist wichtig. Denn evaluiert werden EZ-Projekte seit Jahrzehnten. Dabei fanden aber in der Regel nur die ordnungsgemäße Umsetzung der Planung und die korrekte Verwendung der Finanzmittel das Interesse der Prüfer – nicht die Wirkungen eines Projekts, schon gar nicht die Nebenwirkungen. Heute soll die Entwicklungszusammenarbeit ergebnisorientiert sein, soll auf *outcome* und *impact* abzielen, wie die Pariser Erklärung über die Wirksamkeit der EZ es einfordert (zu den Begriffen *outcome* und *impact* siehe Textbox 11 in Kapitel 4).

Der Nachweis darüber, dass anhaltende Wirkungen erzielt oder auch nicht erzielt werden, ist bisher jedoch nicht gesichert zu erbringen. Das gilt für die Befürworter der EZ, aber auch für ihre Kritiker. In den ersten Jahrzehnten ihrer Existenz wurde staatliche Entwicklungshilfe zwar unterschiedlich bewertet, gelegentlich belächelt, in Fachzirkeln auch kritisch diskutiert, gesellschaftlich jedoch nicht prinzipiell in Frage gestellt. Das änderte sich in den 1980er Jahren als Wirkungen und Nebenwirkungen der EZ zunehmend in die Kritik gerieten. Der britische Ökonom Lord P. T. Bauer etwa hielt staatliche Entwicklungshilfe unter Hinweis auf die seiner Ansicht nach verfehlte Wirtschaftspolitik vieler Entwicklungsländer für völlig kontraproduktiv. Nicht aus neoliberaler, sondern eher aus einer Perspektive der »Zielgruppen« von EZ schrieb Brigitte Erler ihre Streitschrift *Tödliche Hilfe* und erklärte darin: »Entwicklungshilfe schadet allen, denen sie angeblich nützen soll, ganzen Ländern wie einzelnen Betroffenen. Sie muss deshalb sofort beendet werden« (1985, 8). Die Diskussion über EZ hat seit dieser Zeit kein Ende gefunden. Aktuelle Beispiele fundamentaler Kritik an der EZ liefern der kenianische Ökonom James Shikwati (2006), der von »Fehlentwicklungshilfe« für Afrika spricht, oder die aus Sambia stammende Bankerin Dambisa Moyo (2009), die ihr Buch über die Entwicklungszusammenarbeit mit Afrika mit *Dead Aid* betitelt.

Der Wissenschaftler Reinhard Stockmann aus Saarbrücken, der seit vielen Jahren zum Thema EZ-Evaluierung arbeitet, bemängelte schon vor einiger Zeit die selektive Wahrnehmung vieler EZ-Kritiker. Diese griffen nicht auf die Ergebnisse fundierter Evaluationen zurück, sondern formulierten »Betroffenheitsberichte, in denen Einzelbeobachtungen unsystematisch aneinander gereiht werden« (2002, 138). Stockmann verhehlt aber auch nicht, dass er die meisten »Erfolgsberichte« von EZ-Agenturen für PR-Maßnahmen hält (er hat hier insbesondere das deutsche BMZ, die GTZ und KfW vor Augen).

Die Einschätzungen, was Entwicklungshilfe leisten kann, gehen also weit auseinander. Die Weltbank-Ökonomen Craig Burnside und David Dollar (2000) haben in einer einflussreichen Studie zur Wirksamkeit von Entwicklungshilfe die These aufgestellt, Entwicklungshilfe führe dann zu wirtschaftlichem Erfolg, wenn die politischen Rahmenbedingungen in den Empfängerländern stimmten. William Easterly, Wissenschaftler aus New York und ebenfalls früherer Weltbank-Mitarbeiter, widerspricht dieser These vehement. Auf der Basis von Daten aus fünf Jahrzehnten ist sein Ergebnis: Entwicklungshilfe hat keinen nachweisbaren Einfluss auf das Wirtschaftswachstum von Ländern (2006a, 50). Jörg Faust und Stefan Leiderer (2008) vom *Deutschen Institut für Entwicklungspolitik* – immerhin das Beratungsinstitut des BMZ – bestätigen diese Sichtweise. Allerdings sehen sie ein »Makro-Mikro-Paradoxon«: Während der Einfluss der EZ auf makroökonomische Entwicklungen nicht nachgewiesen werden könne, gebe es eine Vielzahl von positiven Evaluationsberichten über Mikro-Interventionen der EZ. Die Erklärung für diese Kluft zwischen Mikro und Makro könnte, so die beiden Wissenschaftler, durch nicht-intendierte Gesamtwirkungen der EZ hervorgerufen werden, darunter eine Schwächung der internationalen Wettbewerbsfähigkeit sowie eine Schwächung des politisch-institutionellen Rahmens in den Empfängerländern.

Andere Beobachter raten unter Verweis auf die im Vergleich mit internationalen Kapitalströmen geringen EZ-Mittel zu mehr Bescheidenheit. Der Duisburger Wissenschaftler Franz Nuscheler schreibt:

> Aufschlussreich ist auch der Vergleich der Nord-Süd-Transferleistungen mit den innerdeutschen West-Ost-Transferleistungen nach der deutschen Wiedervereinigung. Letztere waren und blieben bis heute wesentlich höher, obwohl sich die bankrotte DDR im internationalen Vergleich nicht im Zustand eines Entwicklungslandes befand. Sie liefern auch einen Anschauungsunterricht, wie schwierig es ist, auch mit viel Geld einen strukturellen Transformationsprozess zu gestalten. (2008, 8)

Die Bescheidenheit ist wohl auch angesichts der tatsächlichen oder vermeintlichen Erfolge der EZ auf Mikroebene vonnöten. Wenn das BMZ (2000) in einer Querschnittsevaluierung zu den langfristigen Wirkungen deutscher Entwicklungszusammenarbeit zu dem Ergebnis kommt, dass 75 Prozent der Projekte ihr Ziel gut bis sehr gut erreicht hätten, so rufen solche Erfolgsmeldungen Stirnrunzeln bei erfahrenen EvaluatorInnen hervor. Stockmann konstatiert nüchtern ein »Qualitätsproblem, nicht nur in der EZ, sondern auch in der Evaluation der EZ« (2002, 139) und belegt dies mit einer ausführlichen Auflistung zahlreicher Defizite der Evaluationspraxis.[80] Neben den von Stockmann benannten methodischen Problemen werden einige strukturelle Defizite bisheriger Wirkungsevaluationen immer deutlicher:

Erstens: Evaluationen nach bisherigem Muster werden der neuen Komplexität von Entwicklungszusammenarbeit, die beispielsweise Strukturreformen mit Budgethilfe verknüpft, nicht mehr gerecht. Die traditionellen »Missionen«, in deren Rahmen zwei oder drei Gutachter 15 bis 20 Tage »im Feld« verbrachten, um ein Projekt zu evaluieren, haben zunehmend ausgedient. Teams von interdisziplinär und international zusammengesetzten, in Theorie, Methoden und Praxis gleichermaßen geschulten ExpertInnen sind nötig, um neue Ansätze der EZ zu begutachten (vgl. die umfangreiche Evaluierung von Budgethilfe unter Federführung der *University of Birmingham* 2006).

Zweitens: Die bis dato noch immer anzutreffende Geheimhaltungspolitik im Bereich von EZ-Evaluationen muss beendet werden, wenn tatsächlich eine qualifizierte Debatte über Wirkungen der EZ einsetzen soll. Nuscheler hat Recht, wenn er schreibt, es herrsche »kein Mangel an Evaluierung, sondern ein Mangel an Transparenz ihrer Ergebnisse« (2008, 11). Man muss nur einmal versuchen, sich auf den Webseiten von EU, Weltbank oder BMZ zu den Evaluationen vorzuarbeiten, um zu erkennen, dass jene Surfer, die diesem Geschäft nicht hauptberuflich nachgehen, schnell verloren sind. Die EZ lebt einmal mehr davon, dass niemand mehr mit vertretbarem Aufwand einen Überblick gewinnen kann. Bei ansteigendem Druck auf die EZ-Mittel – durch die Finanzkrise erneut angewachsen – wird das in Zukunft nicht genügen.

Drittens: Bisher sind Evaluationen fast ausschließlich in den Institutionen der Geberorganisationen verankert und gehen in der Regel über die Köpfe der Partnerländer hinweg. Angesichts der Selbstverpflichtungen in der Pariser Erklärung, aber auch im Blick auf die nachhaltige Verankerung von Monitoring und Evaluierung müssen insbesondere die Kapazitäten der Entwicklungslän-

---

[80] Dass diese Defizite in den Jahren seit Erscheinen des Aufsatzes von Stockmann nicht wesentlich kleiner geworden sind, zeigen in jüngster Zeit verschiedene Veröffentlichungen aus der Feder von MitarbeiterInnen des BMZ und BMZ-naher Institutionen (vgl. z. B. Zintl 2006, Faust 2009, Neubert/Walraf 2009).

der gestärkt werden, Prozesse in ihren eigenen Ländern auszuwerten – einschließlich der Interventionen der Geber. Dass bei der Accra-Konferenz 2008 vereinbart wurde, die statistischen Ämter und Kapazitäten des Südens zu stärken, ist ein Schritt in die richtige Richtung.

## 24

### Unabhängige Evaluation der britischen Entwicklungszusammenarbeit

Im Jahr 2007 hat die britische Regierung das *Independent Advisory Committee on Development Impact (IACDI)* ins Leben gerufen. Ziel ist es, die Unabhängigkeit der Evaluierung der britischen Entwicklungszusammenarbeit zu sichern sowie die tatsächliche Verwendung von Evaluierungsergebnissen zu überprüfen. Insgesamt sollen damit die Leistung und Wirkung der britischen EZ verbessert werden.

Das IACDI bewilligt den Arbeitsplan und die Prioritäten für Evaluierungen der britischen EZ. Das Komitee identifiziert Lücken bei der Planung des Evaluierungsprogramms und macht Vorschläge für neue Bereiche und benennt Prioritäten. Es prüft ferner, ob relevante Standards (wie z. B. des Entwicklungsausschusses der OECD) angewandt wurden und kommentiert die Gesamtqualität der Durchführung des Evaluierungsprogramms.

Nach dem ersten Arbeitsjahr hat das Independent Advisory Committee on Development Impact (IACDI) bereits einige Ergebnisse aufzuweisen. Dazu zählen unter anderem die Erarbeitung neuer Evaluierungsrichtlinien *(evaluation policy)* und eines entsprechenden Umsetzungsplans sowie die Einführung jährlicher Berichte, welche die Evaluierungsqualität, die Verwendung und die Berücksichtigung der Ergebnisse im Rahmen der britischen EZ in den Mittelpunkt rücken.

Quelle: Zusammenstellung auf Basis der Webseite www.iacdi.independent.gov.uk/

Schließlich viertens: Notwendig ist eine unabhängige Wirkungsforschung, die sich zumindest von den bürokratischen Eigeninteressen der Geber frei machen kann. Beispiel deutsche Entwicklungszusammenarbeit: Die vom BMZ initiierten und gesteuerten Evaluationen sind naturgemäß interessengeleitet. Dass in diesen Berichten deutliche Kritik geäußert wird, ist selten. Zumindest die vom BMZ veröffentlichten »Kurzfassungen« von Evaluationsberichten sind redaktionell so geglättet, dass sich niemand ernsthaft Sorgen machen muss – die ausführlichen Evaluationsberichte bleiben im Giftschrank. Die Berichte zur deutschen EZ, wie die OECD sie erstellt, unterstreichen die Vorzüge und benennen Schwächen. Sie sind aber ebenfalls *peer reviews,* Berichte unter Gleichgesinnten, nicht frei von politischen Interessen. Wissenschaftliche Studien beziehen sich allenfalls auf Einzelfälle. Eine unabhängige Analyse und

Bewertung von fünf Jahrzehnten deutscher EZ mit Afrika steht demnach noch aus. Angesichts der Summe geflossener Steuergelder ist es mehr als überraschend, dass der *Bund der Steuerzahler* nicht längst lautstark dagegen protestiert hat, dass das BMZ selber evaluiert und beurteilt, was es tut. Abhilfe schaffen könnte eine unabhängige Wirkungsforschung zur deutschen EZ, die dem Parlament und der Öffentlichkeit über Wirkungen deutscher EZ berichtet. Seit Jahren wird diese Forderung erhoben (vgl. z. B. Stockmann 2002). Wieder einmal könnte die britische EZ als Vorbild für einen ersten Schritt dienen: Dort wurde jetzt ein unabhängiger Kontrollausschuss eingesetzt, der die Evaluierungen der britischen EZ steuert und überwacht (vgl. Textbox 24).

Im BMZ werden solche Ansätze bisher nicht aufgegriffen. Immerhin wird inzwischen die »Evaluierung aus einem Guss« propagiert, also die Harmonisierung der diversen Evaluationsansätze deutscher staatlicher EZ-Institutionen und darüber hinaus die häufigere Durchführung von wirkungsorientierten Evaluationen mit anderen Gebern (vgl. Zintl 2006). Dies ist ein Fortschritt gegenüber den bisherigen Ansätzen – er bleibt gleichwohl innerhalb des Systems stecken. Von einer unabhängigen Evaluation ist nicht die Rede. So behält das BMZ die Kontrolle über die Bewertung ihrer eigenen Arbeit – aus dem Blickwinkel institutioneller Eigeninteressen ein absolut rationales Verhalten. Ob all die neuen Ziele, Grundsätze, Prinzipien und Instrumente aber nachhaltige Wirkungen auf die Armutssituation in Afrika haben, darüber gibt es – eine ernüchternde Erkenntnis – bisher nur wenige gesicherte Informationen. Und das gilt beileibe nicht nur für die deutsche Entwicklungszusammenarbeit.

# Kapitel 7

# Die Armutsfalle öffnen

*Afrikas Armutsfalle* ist real. Vielfältige strukturelle Hindernisse begrenzen die Entwicklungschancen des Kontinents. Sub-Sahara Afrika ist und bleibt das Armenhaus der Welt. Die soziale und ökonomisch messbare Lage der Region offenbart eine gigantische Kluft zu den Industrieländern. Selbst im Vergleich mit Lateinamerika und weiten Teilen Asiens ist die extrem schwierige Situation Afrikas unübersehbar. Soweit die schlechte Nachricht, die jeden Anflug von vorschnellem Optimismus, die *African Renaissance* (Thabo Mbeki) sei kurzfristig zu realisieren, auf die harten Fakten der Realität verweist.

Doch *Afrikas Wege aus der Armutsfalle* sind ebenso real. Während einige Länder des Kontinents in jeder Hinsicht stagnieren oder sogar Rückschritte zu verzeichnen haben, sind seit einigen Jahren aus einer Reihe von Ländern beachtliche Entwicklungsfortschritte zu berichten. Das gilt für ökonomische Erfolge, zum Beispiel dem über Jahre anhaltenden hohen Wirtschaftswachstum in zahlreichen Ländern. Es gilt aber ganz besonders auch für Fortschritte hinsichtlich Armutsbekämpfung und menschlicher Entwicklung: In Tansania gehen heute doppelt so viele Kinder zur Schule wie noch vor zehn Jahren. In Ghana hat sich der Anteil der Menschen in extremer Armut halbiert. In Ruanda, Uganda und anderen Ländern haben Mädchen heute die gleiche Chance wie Jungen, eine Grundbildung zu erhalten. In Malawi ist die Kindersterblichkeit innerhalb weniger Jahre um mehr als ein Viertel gesenkt worden. In Mosambik konnte die Zahl der jungen Frauen, die durch Komplikationen während der Schwangerschaft oder Geburt ihr Leben ließen, halbiert werden. Ganz offensichtlich ist es auch in Afrika möglich, die Gitterstäbe der Armutsfalle zu durchbrechen und sich einen Weg hinaus zu bahnen. Wie? Was sind die *Bedingungen der Möglichkeit*, die Armutsfalle zu öffnen?

Das vorliegende Buch argumentiert, dass entwicklungspolitische Weichenstellungen zur Millenniumswende wichtigen Einfluss auf die positiven wirtschaftlichen und sozialen Entwicklungen der vergangenen Jahre hatten. Kapitel 2 hat dabei zunächst auf die Millenniumsziele verwiesen: Erstmals in der Geschichte der Entwicklungspolitik haben sich Regierungen in Nord und Süd gemeinsam auf überprüfbare Ziele zur Armutsbekämpfung geeinigt. Diese sind in der *UN-Millenniumserklärung* menschenrechtlich verwurzelt. Die etwa gleichzeitige Einführung der Armutsstrategieprozesse in fast allen afrikanischen Ländern (und weiteren ärmsten Ländern weltweit) hat den Millenniumszielen eine reale politische Basis in den Entwicklungsländern gegeben. Parallel dazu haben die Industrieländer sich auf eine weitreichende Reform ihrer Entwicklungspolitik eingelassen: neue Ziele, neue Prinzipien, neue Instrumente, mehr Mittel (einschließlich substantieller Schuldenerlasse, aber auch zusätzlicher neuer Finanzflüsse).

Kapitel 3 zieht eine sozio-ökonomische Bilanz der Jahre seit der Millenniumswende. Im Vergleich zu den 1980er und 1990er Jahren, Afrikas *verlorenen Dekaden*, weist diese jüngste Phase signifikante Verbesserungen auf. Afrikanische Regierungen und Gesellschaften stemmen sich mit sehr viel Kraft gegen die Begrenzungen der Armutsfalle – und können die schon beschriebenen Erfolge verbuchen. Zwar verpasst die aktuelle Weltwirtschaftskrise diesem Trend einen schwerwiegenden Dämpfer, doch langfristig aufhalten, so die Prognose, wird sie ihn nicht.

Die positive Bilanz gilt nun keineswegs allüberall. Ein differenzierender Blick auf die 47 Länder Sub-Sahara Afrikas macht Erfolge, aber auch Stagnationen oder katastrophale Rückschritte sichtbar. Afrika befindet sich nicht auf *einem* Entwicklungspfad. Die einflussmächtigen Akteure des Kontinents haben sich für unterschiedliche Wege entschieden. Die Analyse vorliegender Daten über ökonomische und soziale Entwicklungen unterstreicht die These, dass Fortschritte nicht nur, aber ganz entscheidend durch eine nachhaltig verankerte armutsorientierte Politik von Regierungen beeinflusst werden. Damit sollen jene Ursachen von Armut und schwacher Entwicklung, die nicht von Afrika, sondern von den Industrieländern zu verantworten sind, nicht kleingeredet werden: von Kolonialismus und militärischem Interventionismus zu Zeiten des Kalten Krieges über ungleiche Welthandelschancen bis hin zum Klimawandel leidet Afrika bis heute unter dem politischen und wirtschaftlichen Verhalten der Industrieländer. Aber: Unter diesen für alle Staaten ähnlichen Rahmenbedingungen lassen sich innerhalb des Kontinents große Unterschiede in der Qualität und den Zielen von Regierungsführung beobachten.

Das lenkt das Augenmerk auf politische Trends in Sub-Sahara Afrika, die in Kapitel 4 analysiert wurden. In einer Mehrzahl von afrikanischen Ländern hat sich die Qualität der Regierungsführung in den vergangenen zehn Jahren verbessert, genauer: die Qualität demokratischer Regierungsführung und armutsorientierter Regierungspolitik. Auch hier gilt wieder: Diese politische Entwicklung verläuft weder linear, noch widerspruchsfrei. Versagende Staatlichkeit (wie in Teilen des Kongo), despotische Regime und menschenfeindliche Politiken (wie in Simbabwe und im Sudan), gewaltsame Machtübernahmen (wie in Mauretanien oder Madagaskar), autoritäre Trends (wie in Äthiopien) oder Regierungskrisen (wie in Kenia) – die Kette der *bad news* aus Afrika wird auch in Zukunft so schnell nicht abreißen. Diese Rückschritte oder stagnierenden Momente in einzelnen Ländern dürfen aber nicht den Blick auf die Mehrzahl der Länder des Kontinents verstellen, in denen sich die Qualität der Regierungsführung im Vergleich zu den früheren Dekaden signifikant verbessert hat.

Eine verbesserte Regierungsführung aber wirkt sich auf die Armutsbekämpfung aus. Die Ansätze der strategischen Armutsbekämpfung haben sich dort, wo sie nicht zu bloßen Plänen erstarrten, sondern zu anhaltenden politischen Prozessen wurden, als nützliche Instrumente erwiesen, als Katalysatoren einer armutsorientierten Politik. Diese schlägt sich in vielen fruchtbringenden politischen Maßnahmen nieder, die die Lebenslagen von Menschen konkret verbessern.

Die Veränderungen von armutsorientierter Regierungspolitik lassen sich aber nicht allein und nicht zuerst auf den neuen Ansatz der Armutsstrategieprozesse zurückführen. Sie ist auch nicht und schon gar nicht primär das Ergebnis von Forderungen der internationalen Geberagenturen nach *Guter Regierungsführung*. Ebenso wenig findet sie ihre tiefere Ursache in einem plötzlichen Sinneswandel afrikanischer Eliten. An großen Visionen und hehren Zielen hat es afrikanischen Regierungen auch in der Vergangenheit nicht gemangelt. Auch weitsichtige Führungspersönlichkeiten, die sich aufrichtig der Entwicklung ihrer Länder und der Armutsbekämpfung zuwendeten, hat es immer wieder in Afrika gegeben. Sie konnten sich am Ende selten durchsetzen oder verloren ihre ursprünglichen Ziele aus dem Blick.

Die neue Qualität von Regierungspolitik hat ihre grundlegende Basis in der Demokratisierung Afrikas in den späten 1980er und 1990er Jahren und dem Entstehen einer pluralistisch denkenden politischen Öffentlichkeit, einer Zivilgesellschaft (die weit über die spezifische Gruppe der nicht-staatlichen Entwicklungsorganisationen hinausgeht). Dieses zivilgesellschaftliche Erwachen schafft eine Binnennachfrage nach entwicklungsorientierter Politik. Die Forderung nach einer Politik, die den Armen dient, kann sich dabei auf die wachsende Verankerung menschenrechtlichen Denkens auch in Fragen wirtschaftlicher und sozialer Entwicklung stützen. Die menschenrechtliche Perspektive erhebt die früher zu Zielgruppen und Hilfeempfängern degradierten Armen zu Trägern von Rechten – und verpflichtet die Regierungen, aktiv an der Befriedigung dieser Rechte zu arbeiten.

Vor über 150 Jahren formulierte Frederick Douglass, der selber in sklavischen Verhältnissen geboren wurde und später einer der einflussreichsten Vorkämpfer der Anti-Sklaverei-Bewegung war, eine wichtige Erkenntnis aus seinen politischen Auseinandersetzungen: dass die Mächtigen niemals freiwillig etwas abgeben. (»*Power concedes nothing without a demand. It never did and it never will.*«) Für diese Erkenntnis finden sich auch in Afrika viele Beispiele: negativ in dem Beharrungsvermögen mancher politischer und ökonomischer Eliten, die sozialen Wandel in ihren Ländern nur dann zulassen oder gar fördern, wenn sie nichts von ihrer Macht und ihrem Reichtum abgeben müssen; positiv in den zunehmenden Beispielen dafür, dass politisches *empowerment* afrikanischer Gesellschaften den Politikwandel einfordert.

Ist das eine zu optimistische Einschätzung? In Kapitel 5 sind eine Vielzahl von Beispielen für das aktuelle zivilgesellschaftliche Wirken in Sub-Sahara Afrika gegeben worden. Dabei wurde deutlich, dass die politische Arbeit dieser Akteure noch immer durch viele institutionelle Schwächen und mangelnde Ressourcen begrenzt ist. Gleichwohl lässt der längerfristige Vergleich keinen Zweifel daran aufkommen, dass der gesellschaftliche Ruf nach mehr Transparenz, mehr Beteiligung und nach einer armutsorientierten Politik heute ein ganz anderes Volumen hat als noch vor zehn oder gar zwanzig Jahren.

Zu Beginn dieses Jahrzehnts formulierte der Afrikawissenschaftler Gero Erdmann die Hoffnung, dass sich die Voraussetzungen für eine »Lösung der sozialen Frage« in Afrika – nämlich »die Befreiung von Armut und Abhängigkeit« – durch die Demokratisierung verbessert hätten (2001, 45 f.). Diese Hoffnung kann inzwischen durch eine Anzahl von Beispielen untermauert und erneuert werden. Dass die Armutsfalle weiter von innen geöffnet wird, setzt allerdings voraus, dass der Prozess der Demokratisierung bis tief in die politischen Arenen eindringt und sich nicht nur auf oberflächliche Errungenschaften wie formal korrekte Wahlen beschränkt. Es bleibe abzuwarten, »ob Demokratie die grundlegende Kategorie von Selbstbestimmung und Kontrolle über das eigene Schicksal sein soll oder eine Herrschaftstechnik zur Sicherung der Kontrolle einheimischer Eliten und internationaler Hegemonie«, schrieb der Duisburger Politologe Jochen Hippler schon vor dem Hintergrund der *Third Wave of Democratization* Anfang der 1990er Jahre (1994, 39). In manchen Ländern Afrikas ist es seither ganz gut gelungen, eine in diesem Sinne umfassende demokratische Regierungsführung – *democratic governance* – auf den Weg zu bringen. Andere stehen immer noch am Anfang solcher Bemühungen.

Die internationale Entwicklungszusammenarbeit hat bislang nicht genug dazu beigetragen, demokratisches Regieren in Afrika zu unterstützen, wie Kapitel 6 verdeutlichte. Die Forderung nach und Förderung von *Guter Regie-*

*rungsführung* bleibt bisher zu sehr auf einer technischen Ebene. Verhaftet in der klassischen Logik internationaler Kooperation zwischen Regierungsapparaten und weiterhin von dem Gedanken beseelt, dass internationale Experten nun einmal am besten wüssten, was für Afrika gut ist, entwickeln sich nur sehr, sehr langsam Ansätze zur Förderung inländischer Rechenschaftspflicht, tatsächlicher Beteiligung, *empowerment* der armen Bevölkerungsmehrheiten. Es fällt den Geberagenturen offensichtlich schwer, aller Rhetorik zum Trotz, ihre reale Macht mit afrikanischen Regierungen, Parlamenten und Zivilgesellschaften zu teilen und sie letztlich ganz abzugeben. Dennoch: Die in den vergangenen Jahren initiierten, längst überfälligen Reformen der Entwicklungszusammenarbeit, die Einführung neuer Prinzipien und Verfahren und auch die zusätzlich fließenden Entwicklungsmittel sind wichtig und weisen in die richtige Richtung. Insofern sollte der in den vergangenen Jahren bereits geleistete und zukünftig mögliche Beitrag der internationalen Entwicklungsarbeit nicht zerredet werden. Gerade in der aktuellen wirtschaftlichen Krise wird es darauf ankommen, die Anstrengungen zur Unterstützung positiver afrikanischer Entwicklungsprozesse nicht zu verringern. Im Gegenteil: Es gilt, diese noch weiter zu verstärken. Dies gebieten nicht nur menschenrechtliche Perspektiven, sondern auch die legitimen politischen und ökonomischen Eigeninteressen insbesondere Europas, den Nachbarkontinent nicht wieder gänzlich in Elend und Chaos versinken zu lassen.

Zu Beginn des 21. Jahrhunderts erlebt Afrika in weiten Teilen beachtliche Aufbrüche und Umbrüche. Die Stagnation der *verlorenen Dekaden* scheint überwunden. Der Kontinent entdeckt eigene *Wege aus der Armutsfalle*.

# Quellenverzeichnis[81]

Accra Agenda for Action (AAA) 2008 (Abschlussdokument des 3. High Level Forum on Aid Effectiveness, Sept. 2-4, 2008 in Accra, Ghana). Accra (Deutsche Übersetzung durch das BMZ, Online: <www.oecd.org/dataoecd/62/34/42564567.pdf>).

Ackerman, John M. 2005: Human rights and Social Accountability. (=Social Development Papers, 86). Washington D. C.: The World Bank (Web).

The Advisory Board for Irish Aid 2008: Good governance, aid modalities and poverty reduction. From better theory to better practice. Final Synthesis Report. Overseas Development Institute (ODI). London (Web).

African Charter 1990: African Charter for Popular Participation in Development and Transformation (Arusha Declaration). Online: <www.un.org/issues/docs/documents/a-45-427.html>, Zugriff 26.09.2008.

African Development Bank (ADB), OECD, UNECA 2008: African Economic Outlook 2007-2008. Tunis und andere.

African Union 2007: African Charter on Democracy, Elections and Governance. Adopted by The Eighth Ordinary Session of The Assembly, held In Addis Ababa, Ethiopia On 30th January 2007 (Web).

Afrimap 2007: Governance in the European Union Africa Strategy: Submission from Afrimap. Johannesburg/London (Web).

Alexander, Nancy 2004: Judge and Jury: The World Bank scorecard for borrowing governments. Washington D. C. (Citizens' Network on Essential Services) (Web).

Allah-Mensah, Beatrix 2005: Women in politics and public life in Ghana. Accra (Web).

Amin, Samir 2006: The Millennium Development Goals: A Crititique from the South. In: Monthly Review, Jg. 57, Nr. 10 (Internetfassung ohne Seitenangaben).

African Peer Review Mechanism (APRM) 2005: Country Review Report of the Republic of Ghana. Midrand/South Africa (Web).

African Peer Review Mechanism (APRM) Secretariat 2003: Objectives, Standards, Criteria, Indicators for the APRM (Web).

African Peer Review Mechanism (APRM) Secretariat 2008: APRM Newsletter September 2008. Midrand/South Africa (Web).

Arndt, Christiane/Oman, Charles 2006: Uses and Abuses of Governance Indicators. (OECD Development Centre Studies). Paris.

---

[81] Alle mit (Web) gekennzeichneten Quellen waren bei Redaktionsschluss (30.04.2009) im Internet verfügbar. Da Texte über die Eingabe des Titels in gängige Suchmaschinen sofort auffindbar sind, wird hier auf die jeweilige Angabe der URL verzichtet (Ausnahme: Konferenzdokumente). Die Links finden sich außerdem auf der Webseite zum Buch www.eberlei.de/afrika

Asche, Helmut 2006: Durch einen Big Push aus der Armutsfalle? Eine Bewertung der neuen Afrika-Debatte (Dt. Inst. für Entwicklungspolitik/Discussionpaper 5/2006) Bonn (Web).

Auclair, Denise 2006: The EU's Good Governance Agenda in Development: Europe should prioritise national accountability. World Economy & Development in Brief, 25 September.

Auclair, Denise/Eberlei, Walter 2007: The EU's Footprint in the South. Does European Community development cooperation make a difference for the poor? Brussels (Web).

Banjul Charta 1981: African Charter on Human and Peoples' Rights. Adopted June 27, 1981, OAU Doc. CAB/LEG/67/3 rev. 5, 21 I.L.M. 58 (1982). Online: <http://www1.umn.edu/humanrts/instree/z1afchar.htm>, Zugriff 26.09.2008

Berg-Schlosser 2008: Determinants of democratic successes and failures in Africa. In: European Journal of Political Research, 47, 269-306.

Bericht der Nord-Süd-Kommission 1980 (»Brandt-Bericht«): Das Überleben sichern. Gemeinsame Interessen der Industrie- und Entwicklungsländer. Köln.

Bierschenk, Thomas/Chauveau, Jean-Pierre/Olivier de Sardan, Jean Pierre 2002: Local Development Brokers in Africa. The rise of a new social category. (= Arbeitspapiere des Instituts für Ethnologie und Afrikastudien, 13). Mainz.

Bissio, Roberto 2008: Paris Declaration on Aid Effectiveness. In: The Reality of Aid Management Committee (ed.): The Reality of Aid 2008. Aid Effectiveness: Democratic Ownership and Human Rights. Quezon City, 126-134

Blackburn, James/Holland, Jeremy (Hg.) 1998: Who Changes? Institutionalizing Participation in Development. London: ITDG Publishing.

Bliss, Frank/Neubert, Stefan 2007: Zur Partizipationsdiskussion in der internationalen Entwicklungszusammenarbeit. »State of the Art« und Herausforderungen. Bonn: Politischer Arbeitskreis Schulen (PAS).

Booth, David (Hg.) 2003: Fighting Poverty in Africa. Are PRSPs making a difference? London: Overseas Development Institute.

Booth, David/Christiansen, Karin/de Renzio, Paolo 2006: Reconciling Alignment and Performance in Budget Support Programs: What Next? In: Koeberle, Stefan et al. (ed.): Budget Support as More Effective Aid? Recent Experiences and Emerging Lessons. Washington D. C.: The World Bank, 193-211.

Bonner Aufruf 2008: Eine andere Entwicklungspolitik! Bonn (Web). (Eine erweiterte Fassung des Aufrufs erschien im Frühjahr 2009.)

Bratton, Michael/van de Walle, Nicolas 1997: Democratic Experiments in Africa. Regime Transitions in Comparative Perspective. Cambridge: Cambridge University Press.

Brinkerhoff, Derick W./Goldsmith, Arthur A. 2001: Macroeconomic Policy, PRSPs, and Participation. Washington D. C.: The World Bank.

Boeckh, Andreas 1992: Entwicklungstheorien: Eine Rückschau. In: Nohlen, Dieter/Nuscheler, Franz (Hg.): Handbuch der Dritten Welt. Band 1. Bonn, 110-130.

Brock, K./McGee, R./Gaventa, J. (Hg.) 2004: Unpacking Policy: Knowledge, Actors and Spaces in Poverty Reduction in Uganda and Nigeria. Kampala/Uganda: Fountain Publishers.

Brüne, Stefan 2007: Case Study Ethiopia: The New Africa Strategy of the European Union. In: Christodoulos Yiallourides (ed.): The Role of the United Nations in the 21st century. Athens.

Bundesministerium für wirtschaftliche Zusammenarbeit und Entwicklung (BMZ) 2000: Langfristige Wirkungen deutscher Entwicklungszusammenarbeit und ihre Erfolgsbedingungen. Eine Ex-post-Evaluierung von 32 abgeschlossenen Projekten. Bonn.

Bundesministerium für wirtschaftliche Zusammenarbeit und Entwicklung (BMZ) 2001: Armutsbekämpfung – eine globale Aufgabe. Aktionsprogramm 2015. Der Beitrag der Bundesregierung zur weltweiten Halbierung extremer Armut. Beschlossen vom Bundeskabinett am 4. April 2001. Bonn (Web).

__2005: Armutsorientierung der deutschen Entwicklungszusammenarbeit – Querschnittsauswertung. Kurzfassung der Evaluierung. Bonn (Web).

__2006: Berücksichtigung von Genderfragen in der deutschen EZ: Förderung der Gleichberechtigung und Stärkung der Frauen. Kurzfassung der Evaluierung (BMZ-Evaluierungsberichte 018), Bonn (Web).

__(Hg.) 2007: Fragile Staaten – Beispiele aus der entwicklungspolitischen Praxis. Baden-Baden.

__2008: Die Implementierung der Pariser Erklärung: Fallstudie Deutschland. Kurzfassung der Evaluierung. (= BMZ Evaluierungsberichte 040). Bonn (Web).

__2009: Förderung von Good Governance in der deutschen Entwicklungspolitik (= BMZ Konzepte 172). Bonn/Berlin (Web).

Bundesrechungshof 2008: Budgethilfen im Rahmen der bilateralen Entwicklungszusammenarbeit. Bericht an den Haushaltsausschuss des Deutschen Bundestages nach § 88 Abs. 2 BHO. Potsdam (unveröffentlicht).

Burnside, Craig/Dollar, David, 2000: Aid, Policies, and Growth. In: American Economic Review, American Economic Association, vol. 90(4), 847-868.

Chabal, Patrick/Daloz, Jean-Pascal 1999: Africa Works. Disorder as Political Instrument. Oxford/Bloomington.

Chen, Shaohua/Ravaillon, Martin 2008: The Developing World Is Poorer Than We Thought, But No Less Successful in the Fight against Poverty. (= World Bank Policy Research Working Paper, 4703). Washington D. C. (Web).

Cheru, F. 2002: African Renaissance. Roadmaps to the challenge of globalization. London and New York.

Chikwanha, Annie Barbara 2007: The APRM: A case study in democratic institution building? (Institute for Security Studies (ISS) Paper 151). Tshwane (Pretoria) (Web).

CIDSE 2006: Governance and Development Cooperation: Civil Society Perspectives on the European Union Approach. A CIDSE Background Paper. Brussels (Web).

Collier, Paul 2008: Die unterste Milliarde. Warum die ärmsten Länder scheitern und was man dagegen tun kann. München.

Cook, Sarah/Gu, Jing 2009: China and the Global Financial Crisis: Implications for Low-income Countries. (IDS In Focus Policy Briefing, 7). Brighton/Sussex (Web).

Cooke, Bill/Kothari, Uma (Hg.) 2001: Participation – The New Tyranny? London, New York.

Crawford, Gordon 2008: Decentralization and the Limits to Poverty Reduction: Findings from Ghana. In: Oxford Development Studies, Vol. 36, No. 2, June 2008, 235-258

Crawford, Gordon/Hartmann, Christof (Hg.) 2008: Decentralisation in Africa. A Pathway out of Poverty and Conflict? Amsterdam

Dahl-Østergaard, Tom et al 2005: Lessons learned on the use of Power and Drivers of Change Analyses in development cooperation. Review commissioned by the OECD DAC Network on Governance (GOVNET). Final Report. Paris.

Deaton, Angus et al 2006: An Evaluation of World Bank Research, 1998 – 2005. Washington D. C. (Web).

Debiel, Tobias/Lambach, Daniel/Reinhardt, Dieter 2007: »Stay Engaged« statt »Let Them Fail«. Ein Literaturbericht über entwicklungspolitische Debatten in Zeiten fragiler Staatlichkeit, INEF-Report 90. Duisburg: Institut für Entwicklung und Frieden (Web).

Deutsche Welthungerhilfe/terre des hommes 2006: Die Wirklichkeit der Entwicklungshilfe. 14. Bericht 2005/2006. Eine kritische Bestandsaufnahme der deutschen Entwicklungspolitik, Bonn/Osnabrück.

Department for International Development (DFID) 2006: White Paper: Making governance work for the poor. London (Web).

Dietvorst, Désirée 2001: Participation in sector reform. Tentative guidelines based on field experience from sub-Saharan Africa. Eschborn.

Easterly, William 2006a: Wir retten die Welt zu Tode. Für ein professionelleres Management im Kampf gegen die Armut. Frankfurt/New York.

Easterly, William 2006b: The Big Push Déjà Vu: A Review of Jeffrey Sachs's The End of Poverty: Economic Possibilities for Our Time. Journal of Economic Literature Vol. XLIV (March 2006), pp. 96-105.

Easterly, William 2007: An ivory tower analysis of real world poverty, The Lancet, vol. 370, 1475/1476, 27.10.2007. New York/London.

Eberlei, Walter 2001: Institutionalised Participation in Processes beyond the PRSP. Study commissioned by GTZ. Eschborn 2001.

\_\_\_2002: Partizipation in der Armutsbekämpfung. Mindeststandards für zivilgesellschaftliche Beteiligung in nationalen PRS-Prozessen. (= Schriftenreihe Gerechtigkeit und Frieden der Deutschen Kommission Justitia et Pax, ARB 96). Bonn (Web).

\_\_\_2007a: Accountability in Poverty Reduction Strategies: The Role of Empowerment and Participation. (= World Bank Social Development Paper, 104). Washington D. C. (Web).

___(Hg.) 2007b: Stakeholder Participation in Poverty Reduction. (INEF-Report 86/2007). Duisburg (Web).
___2007c: Participation in PRS Review Processes. In: Eberlei, W. (Hrsg.), Stakeholder Participation in Poverty Reduction. (= INEF-Report 86). Duisburg: Institut für Entwicklung und Frieden, 31-48 (Web).
___2007d: Fördert die Mittelverteilung der Weltbank die Armutsbekämpfung? Das Performance Based Allocation System (PBA) auf dem Prüfstand. (= Misereor Diskussionspapier). Aachen (Web).
Eberlei, Walter/Siebold, Thomas 2002: Armutsbekämpfung in Afrika: Neue Ansätze oder alte Konzepte? (= INEF-Report 64) Duisburg (Web).
Eberlei, Walter/Henn, Heike 2003: Parlamente in Subsahara Afrika: Akteure der Armutsbekämpfung? Eschborn: GTZ (Web).
Eberlei, Walter/Führmann, Bettina 2004: Die Bekämpfung von Armut und Korruption. Zur Verankerung von Korruptionsbekämpfung in den Poverty Reduction Strategies – Analyse und Empfehlungen für die Entwicklungszusammenarbeit. Eschborn: GTZ (Web).
Eberlei, Walter/Meyns, Peter/Mutesa, Fred (Hg.) 2005: Poverty Reduction in a Political Trap? The PRS Process and Neopatrimonialism in Zambia. Lusaka.
European Commission (EC) 2003: Governance and Development. Brüssel. (Web).
ECDPM 2009: State of EPA Negotiations in January 2009. Briefing note. Prepared by ECDPM, Maastricht (The Netherlands), 09 January 2009 (Web).
Ehrenpreis, Dag (ed.) 2007: Does aid work for the MDGs? (= Poverty in Focus, Oct 2007). Brasilia.
Erdmann, Gero 2001: Demokratisierung und Demokraten in Afrika – Zwischenbilanz nach einem Dezennium. In: Hofmeier, R./Jakobeit, C. (Hrsg.), Afrika-Jahrbuch 2000. Opladen, 36-47.
___ 2003: Neopatrimoniale Herrschaft – oder: Warum es in Afrika so viele Hybridregime gibt, in: Bendel, Petra et al. (Hg.): Zwischen Demokratie und Diktatur. Opladen, 323-342.
___ 2007: Demokratie in Afrika. GIGA Focus 10/2007. Hamburg (Web).
Erdmann, Gero/von Soest, Christian 2008: Diktatur in Afrika. GIGA Focus 8/2008. Hamburg (Web).
Erler, Brigitte 1985: Tödliche Hilfe. Bericht von meiner letzten Dienstreise in Sachen Entwicklungshilfe. Freiburg.
Erklärung von Paris über die Wirksamkeit der Entwicklungszusammenarbeit 2005. Deutsche Fassung online: <www.oecd.org/dataoecd/37/39/35023537.pdf> – Original: Paris Declaration 2005: Paris Declaration on Aid Effectiveness (2005). Online: <www.oecd.org/dataoecd/11/41/34428351.pdf>
Espejo, Alberto/Unigovskaya, Anna 2008: Debt Relief Bringing Benefits to Africa. in: IMF Survey Magazine, March 2008, Vol.37, 3, S.37 (Web).
Europäische Kommission 2008: Die allgemeine Budgethilfe — Eine Frage des gegenseitigen Vertrauens. Luxemburg.

Europäische Union 2005: The European Consensus on Development. Joint statement by the Council and the representatives of the governments of the Member States meeting within the Council, the European Parliament and the Commission. Brussels (signed 20.12.2005) (Web).

Evans, P. B. et al 1985: Bringing the State Back in. Cambridge.

Faust, Jörg 2006: Die Dividende der Demokratie: Politische Herrschaft und gesamtwirtschaftliche Produktivität. In: Politische Vierteljahresschrift, 47. Jg., Heft 1, 62-83.

Faust, Jörg 2009: Zuverlässige Wirkungsbelege. In: E+Z, Jg. 50, Heft 1, 14-17 (Web).

Faust, Jörg/Leiderer, Stefan 2008: Zur Effektivität und politischen Ökonomie der Entwicklungszusammenarbeit. In: Politische Vierteljahresschrift PVS, 49 (2008) 1:129-152.

Ferguson, Niall 2007: The Least Among Us. New York Times online, July 1, 2007. New York (Web).

Forum Umwelt und Entwicklung (Hg.) 2006: Magere Bilanz – Deutsche Hungerpolitik zehn Jahre nach dem Welternährungsgipfel, Bonn.

Francisco, A. A. d. S./Matter, K. 2007: Poverty Observatory in Mozambique: Final Report. Richterswil (Web).

Freyhold, Michaela v. 2002: Partizipation als Leitvorstellung von Nicht-Regierungsorganisationen und die Kritik daran. In: Peripherie, Nr. 87, 22. Jg., 271-292.

Fues, Thomas 2007: Die Nackten kleiden: Globale Herausforderungen der Armutsbekämpfung. Ökumenische Vorträge zum Elisabeth-Jahr in Eisenach (Manuskript 31.8.2007, Web).

Führmann, Bettina 2006: Wirtschaftspolitik und Armutsbekämpfung in den PRS von Äthiopien, Ghana, Sambia und Senegal, Düsseldorf (Fachhochschule; unveröffentlichtes Manuskript).

Gemeinsame Konferenz Kirche und Entwicklung (GKKE) 2005: Millenniumsziele auf dem Prüfstand. Vierter GKKE-Bericht zur Halbierung der extremen Armut. Berlin.

Gerster, Richard 2006: Brennpunkt Budgethilfe, in: Österreichische Forschungsstiftung für Entwicklungshilfe – ÖFSE (Hg.): Mehr Wirksamkeit in der EZA – Quantensprung oder Rhetorik? (= Österreichische Entwicklungspolitik – Analysen, Informationen. Ausgabe 2006.) Wien, 47-60.

Gould, Jeremy 2005: Conclusion: the politics of consultation. In: Gould, Jeremy (2005) (Hg.): The New Conditionality. The Politics of Poverty Reduction Strategies. London/New York: Zed Books., 134-151.

Goldberg, Jörg 2006: BMZ und Afrika: Profilbildung als Rolle rückwärts. Abschied von der Armutsbekämpfung? In: »Weltwirtschaft & Entwicklung«, April 2006 (Online-Fassung).

Goldberg, Jörg 2008: Überleben im Goldland. Afrika im globalen Kapitalismus. Köln.

Grega, Pierre/Garbarino, Sabine/Tshionza Mata, Georges/Eggen, Manuel 2008: Citizens Voice and Accountability. Democratic Republic of Congo Country Case Study. Final Report. Walhain (Web).

Grill, Bartholomäus 2005: Ach, Afrika. Berichte aus dem Inneren eines Kontinents. München, 2. Auflage

Grimm, Sven/Mashele, Prince 2006: Der Afrikanische Peer Review-Mechanismus (APRM): Wie weitreichend, wie gut? (DIE Analysen und Stellungnahmen 2/2006). Bonn (Web).

Grimm, Sven/Nawrath, Kristin 2007: Der African-Peer-Review-Mechanismus – eine Abkehr vom Krähenprinzip? (GIGA Fokus 3/2007). Hamburg (Web).

Grinspun, Alejandro (Hrsg.) 2001: Choices for the Poor. Lessons from National Poverty Strategies. New York: UNDP.

Habermas, Jürgen 1992: Faktizität und Geltung. Beiträge zur Diskurstheorie des Rechts und des demokratischen Rechtsstaats. Frankfurt/M.

Hayes, Lucy 2007: Hold the Applause! EU governments risk breaking aid promises. Brussels (Web).

Hearn, Julie 2001: The »Uses and Abuses« of Civil Society in Africa. Review of African Political Economy 87: 43-53.

Hippler, Joachen 1994: Die Demokratisierung der Dritten Welt nach dem Ende des Kalten Krieges. In: ders. (Hg.) 1994: Demokratisierung der Machtlosigkeit. Politische Herrschaft in der Dritten Welt. Hamburg, 11-45.

Hudock, Ann 2003: Hearing the Voices of the Poor: Encouraging Good Governance and Poverty Reduction through Media Sector Support. Washington D. C.

Hyden, Goran et al. 2004: Making Sense of Governance. Empirical Evidence from 16 Developing Countries. Boulder/London.

IDA/IMF 2008: Heavily Indebted Poor Countries (HIPC) Initiative and Multilateral Debt Relief Initiative (MDRI)—Status of Implementation. Prepared by the Staffs of IDA and IMF. Washington D. C. (Web).

Imboela, Bruce 2005: Implementing the PRSP in Agriculture – The Fertilizer Support Programme and Poverty Reduction in Kaoma District. In: Eberlei, Walter et al (eds.) (2005): Poverty Reduction in a Political Trap? The PRS Process and Neopatrimonialism in Zambia. Lusaka, 169-188.

International Monetary Fund (IMF) 1998: External Evaluation of the ESAF. Report by a Group of Independent Experts, Washington D. C. (Web).

International Monetary Fund (IMF) 2009a: The Implications of the Global Financial Crisis for Low-Income Countries. Washington D. C. (Web).

International Monetary Fund (IMF) 2009b: Regional Economic Outlook. Sub-Saharan Africa. (= World Economic and Financial Surveys.) Washington D. C. (Web).

International Monetary Fund (IMF)/World Bank 2005: 2005 Review of the Poverty Reduction Strategy Approach: Balancing Accountabilities and Scaling Up Results, Washington D. C.

Johnson, Dominic 2008: Kongo. Kriege, Korruption und die Kunst des Überlebens. Frankfurt/M.

Joseph, Richard 1998: Africa, 1990-1997: From Abertura to Closure. In: Journal of Democracy, Vol 9, No 2, April 1998, 3-17.

Kappel, Robert 2008: Die Economic Partnership Agreements – kein Allheilmittel für Afrika. (= Giga Focus 6/2008). Hamburg (Web).

Kasekende, Louis et al 2009: Impact of the Global Financial and Economic Crisis on Africa. (= African Development Bank Working Paper Series, 96). Tunisia (Web).

Kaufmann, D./Kraay, A. 2008: Governance indicators: Where are we, where should we be going? The World Bank Research Observer 23 (1): 1-30 (Web).

Kaufmann, D./Kraay, A./Mastruzzi, M. (2008): Governance Matters VII: Governance Indicators for 1996-2007. Washington D. C. (Web).

Killick, Tony/Lawson, Andrew 2007: Budget support to Ghana: A risk worth taking? By providing aid as budget support donors have taken risks and made important contributions, ODI Briefing Paper 24, London (Web).

Klingebiel, Stephan 2003: Der internationale Diskussionsstand über Programmorientierung: Schlussfolgerungen für die deutsche Entwicklungszusammenarbeit. (DIE, Berichte und Gutachten 5/2003). Bonn (Web).

Klingebiel, Stephan 2005: Wie viel Hilfe hilft Afrika – Wege aus der »Armutsfalle« durch einen big push? (Dt. Inst. für Entwicklungspolitik/Analysen und Stellungnahmen 5/2005). Bonn (Web).

Koeberle, Stefan et al. (ed.) 2006: Budget Support as More Effective Aid? Recent Experiences and Emerging Lessons. Washington D. C. (Web).

Kohlmeyer, Christoph 2006: 40 Jahre entwicklung & ländlicher raum: Die Zukunft des ländlichen Raumes, in: »Entwicklung und Ländlicher Raum«, 3/2006, S. 18 (Web).

Kößler, Reinhart/Melber, Henning 1993: Chancen internationaler Zivilgesellschaft. Frankfurt/M.

Krafchik, Warren/Renzio de, Paolo (o. J.): Public Spending: Holding Governments Accountable. Can civil society have an impact? o. O. (Web).

Leftwich, Adrian 2000: States of Development. On the Primacy of Politics in Development. Cambridge.

Lewis, D. 2002: Civil Society in African Contexts: Reflections on the »Usefulness« of a Concept. Development and Change 33 (4): 569-586.

Mair, Stefan 1999: In Afrika hat die Demokratie eine Chance. der überblick 35 (2): 50-54.

Martens, Jens 2007: Armutszeugnis. Die Millenniumsentwicklungsziele der Vereinten Nationen. Halbzeitbilanz, Defizite, Perspektiven. Bonn/Osnabrück (Web).

McCulloch, Neil et al 2009: The Global Financial Crisis, Developing Countries and Policy Responses (IDS In Focus Policy Briefing, 7). Brighton/Sussex (Web).

Meyns, Peter 2006: Afrika zwischen Autokratie und Demokratie. In: Aus Politik und Zeitgeschichte, H. 32-33/2006, 3-8 (Web).

Misereor 2006: Erdölförderung im Golf von Guinea und in anderen Ländern Sub-Sahara Afrikas. Eine Anregung zur Diskussion. Aachen (Web).

Mkandawire, Thandika 1999: Crisis Management and the Making of »Choiceless Democracies«. In: Joseph, R. (ed.): State, Conflict and Democracy in Africa. Boulder/London 1999, 119-136.

___2001: Thinking about developmental states in Africa. In: Cambridge Journal of Economics 25: 289-314.
___2004: Good Governance – Werdegang einer Idee. In: E+Z 10/2004 (Web).
Müller-Goldenstedt, J. 2007: Beteiligung zivilgesellschaftlicher (insbesondere kirchlicher) Organisationen an haushaltspolitischen Prozessen in Afrika. Vorstudie im Auftrag der GKKE. Düsseldorf: Fachhochschule Düsseldorf, Forschungsstelle Entwicklungspolitik (unveröffentlicht).
Morazán, Pedro 2008: Entwicklung wirksam gestalten. Ein Beitrag zur Debatte über die Effektivität der Entwicklungszusammenarbeit. Hrsg. vom Evangelischen Entwicklungsdienst (EED). Bonn (Web).
Moyo, Dambisa 2009: Dead Aid: Why Aid is Not Working and How There is a Better Way For Africa. London
Mutasa, Charles 2007: Accountability and policy dialogue. African Forum & Network on Debt & Development (AFRODAD). o. O. (Web).
Mutesa, Fred 2005: The Nexus between Public Resources Management Reforms and Neopatrimonial Politics. In: Eberlei, Walter et al 2005 (eds.), Poverty Reduction in a Political Trap? The PRS Process and Neopatrimonialism in Zambia, Lusaka, 57-88.
Narayan, Deepa (Hg.) 2002: Empowerment and Poverty Reduction. A Sourcebook. Washington D. C.
Neubert, Susanne/Walraf, Rita 2009: Zweifelhafte Zahlen. In: E+Z, Jg. 50, Heft 1, 18-19 (Web).
Newiger-Addy, Griet 2008: Abstimmung mit hohem Aufwand. In Ghana bringen neue Wege in der Entwicklungshilfe erste Fortschritte. In: weltsichten 12/2008, 18-21.
Nohlen, Dieter/Nuscheler, Franz (Hg.) 1974: Handbuch der Dritten Welt. Hamburg (weitere Auflagen 1982/1992)
Nuscheler, Franz 2008: Die umstrittene Wirksamkeit der Entwicklungszusammenarbeit. (= INEF Report 93/2008). Duisburg.
Nuscheler, Franz/Roth, Michèle (Hg.) 2006: Die Millennium-Entwicklungsziele. Entwicklungspolitischer Königsweg oder ein Irrweg? (= Eine Welt, Bd. 20). Bonn.
Organisation for Economic Co-operation and Development (OECD) 2001: The DAC Guidelines on Poverty Reduction, Paris (Web).
___2006: DAC Peer Review Germany, Paris (Web).
___2008a: Development Co-operation Report 2008. Paris (Web).
___2008b: 2008 Survey on Monitoring the Paris Declaration: Making Aid More Effective by 2010. Paris (Web).
___2008c: Survey of Donor Approaches to Governance Assessment. Paris. (Web).
Paris Declaration/Pariser Erklärung, siehe: Erklärung von Paris über die Wirksamkeit der Entwicklungszusammenarbeit.
Rauch, Theo 2007: Von Basic Needs zu MDGs Vier Jahrzehnte Armutsbekämpfung in Wissenschaft und Praxis und kein bisschen weiter. In: Peripherie, Zeitschrift für Politik und Ökonomie in der Dritten Welt Nr. 107 27.Jg. September 2007, 216-245.
Reporters without borders 2008: Annual Report Africa. Paris (Web).

Riddell, Roger C. 2007: Does Foreign Aid Really Work? Oxford (Zusammenfassung: Riddel, Roger C. (2007): Effective aid requires new structures. In: Ehrenpreis, Dag (ed.): Does aid work for the MDGs? (= Poverty in Focus, Oct 2007). Brasilia).

Rieken, Martina 2006: Rohstoffhandel: Afrikas Zivilgesellschaft greift ein. In: e.velop – das entwicklungs-magazin, Nr.47, 12/2006 (herausgegeben vom Presse- und Informationsamt der Bundesregierung). Berlin (Web).

Rodenberg, Birte 2007: Stakeholder Participation in PRS Processes Recommendations for Practitioners. In: Eberlei 2007b, 49-67 (Web).

Sachs, Jeffrey 2005: Das Ende der Armut: Ein ökonomisches Programm für eine gerechtere Welt. München.

Sachs, Jeffrey D. 2007: The Poverty Trap. New York Times online, July 22, 2007. New York (Web).

Schade, Jeanette 2002: »Zivilgesellschaft« – eine vielschichtige Debatte. (= INEF Report, 59). Duisburg (Web).

Schmidt, Siegmar 2006: Wie viel Demokratie gibt es in Afrika? In: Aus Politik und Zeitgeschichte, H. 32-33/2006, 9-14 (Web).

Sen, Amartya 1999: Development as Freedom. New York.

Siebold, Thomas 2007: Participation in PRS Processes – A Review of the International Debate. In: Eberlei, W. (ed.), Stakeholder Participation in Poverty Reduction. (= INEF-Report, 86), Duisburg: Institut für Entwicklung und Frieden, 13-30 (Web).

_____ 2008: Armutsorientierte Entwicklung mithilfe von PRSPs? Eine Zwischenbilanz für Subsahara-Afrika. (= INEF-Report 95/2008). Duisburg (Web).

Shikwati, James 2006: Fehlentwicklungshilfe. Mit eigenständigen Lösungen kann Afrika eine neue Rolle spielen. In: Internationale Politik, April 2006 (Web).

Ssewakiryanga, Richard 2005: The making of Uganda's poverty Eradication Action Plan. Politics and processes, in: Eberlei, Walter et al 2005 (eds.), Poverty Reduction in a Political Trap? The PRS Process and Neopatrimonialism in Zambia, Lusaka, 293-321.

Stockmann, Reinhard 2002: Herausforderungen und Grenzen, Ansätze und Perspektiven der Evaluation in der Entwicklungszusammenarbeit. In: Zeitschrift für Evaluation, Heft 1/2002, 137-150 (Web).

Steiner, Susan 2005: Schuldenerlass für die ärmsten Länder. Spielt Good Governance wirklich eine Rolle? (Afrika im Blickpunkt, 2, Herausgegeben von Institut für Afrikakunde). Hamburg (Web).

Terres des hommes/Welthungerhilfe 2006: Die Wirklichkeit der Entwicklungshilfe, Bonn/Osnabrück (Web).

Tetzlaff, Rainer 2003: Good Governance und Neopatrimonialismus in Afrika südlich der Sahara – ein Widerspruch? In: Nord-Süd aktuell, Vol. 17, Nr. 3, 478 – 486.

Tetzlaff, Rainer/Jakobeit, Cord 2005: Das nachkoloniale Afrika. Politik – Wirtschaft – Gesellschaft. Wiesbaden.

The Reality of Aid 2008: Aid Effectiveness: Democratic Ownership and Human Rights. Quezon City.

Thiel, Reinold 2001: Neue Ansätze zur Entwicklungstheorie. (= Deutsche Stiftung für Internationale Entwicklung. Themendienst, 10). Bonn.
Third High Level Forum on Aid Effectiveness 2008: Roundtable Summaries. Accra/ Paris (Web).
United Nations 2007: Africa and the Millennium Development Goals. 2007 update. New York.
United Nations 2008a: The Millennium Development Goals Report 2008. New York (Web).
United Nations 2008b: Official list of MDG indicators. New York (Web).
United Nations Economic Commission for Africa (UNECA)/African Union 2009: The global financial crisis: impact, responses and way forward. Prepared for the Meeting of the Committee of Experts of the 2nd Joint Annual Meetings of the AU Conference of Ministers of Economy and Finance and ECA Conference of Ministers of Finance, Planning and Economic Development, Cairo (2-5 June 2009) (Web).
United Nations MDG Africa Steering Group 2008: Achieving the Millennium Development Goals in Africa. Recommendations of the MDG Africa Steering Group. New York (Web).
United Nations Millennium Project 2005: Investing in Development. A Practical Plan to Achieve the Millennium Development Goals, New York (Web).
UNCTAD 2002: Least Developed Countries Report. Escaping the Poverty Trap. Genf.
UNDP/European Commission (EC) (Hg.) 2004: Governance Indicators: A Users' Guide. (Web).
UNDP (jährlich): Human Development Report. New York (Web).
UNDP 2007: Ghana Human Development Report 2007. Towards a more inclusive society. (Web).
UNICEF 1989: Anpassung mit menschlichem Gesicht. Wege aus der Schuldenkrise. Bielefeld. Engl. Original: Adjustment with a Human Face. Oxford 1987.
University of Birmingham 2006: Evaluation of General Budget Support – Nicaragua Country Report. Joint Evaluation of General Budget Support 1994-2004. April 2006.
VENRO 2008: Armutsbekämpfung als Ziel der neuen Entwicklungsarchitektur stärken. Positionspapier zum III. High Level Forum zur Wirksamkeit der Entwicklungszusammenarbeit in Accra, 2. bis 4. September 2008. Berlin.
Van de Walle, Nicolas 2001: African economies and the politics of permanent crisis, 1979-1999. Cambridge.
Waldenhof, Beatrix 2005: The participation of civil society – potential for fighting poverty and challenging Neopatrimonial practices. In: Eberlei, Walter et al (eds.), Poverty Reduction in a Political Trap? The PRS Process and Neopatrimonialism in Zambia. Lusaka, 139-166.
Waeyenberge, Elisa van 2006: The Missing Piece: Country Policy and Institutional Assessment at the Bank. o. O. (Web).
Wichterich, Christa 2005: Ein entwicklungspolitischer Katechismus. Die Millenniumsziele als globales Ethos unter neoliberalem Vorzeichen. In: iz3w, Heft 285, Juni 2005, S.20-22. (Web).

World Bank (jährlich): World Development Report. Washington D. C.

World Bank o. J.: World Development Indicators. (Online Datenbank).

World Bank o. J.: What is our approach to governance? Washington D. C. (Web).

World Bank 1989: From Crisis to Sustainable Growth. Washington, D. C.: The World Bank.

World Bank 2006: Country Policy and Institutional Assessment. Frequently Asked Questions. Washington D. C. (Web)

World Bank 2007a: Selectivity and Performance: IDA's country assessment and development effectiveness. Washington D. C. (February 2007) (Web)

World Bank 2007b: A decade of measuring the quality of governance. Governance Matters 2007. Worldwide Governance Indicators 1996-2006. Washington D. C.

World Bank 2008: Governance Matters 2008 (Online Datenbank). Worldwide Governance Indicators 1996-2007. Washington D. C.

Zintl, Michaela 2006: Von Wirkungen und Nebenwirkungen. Evaluierung nach der Millenniumserklärung und der Pariser Erklärung. In: eins entwicklungspolitik, Heft 9/2006 (Online-Ausgabe ohne Seitenzahlen).

# Länderrregister

Angola: 58, 60-62, 65, 69, 70, 89, 126
Äquatorialguinea: 70
Äthiopien: 14, 46, 49, 51-53, 55, 60, 62, 64, 76, 81, 89, 91, 92, 93, 95, 96, 97, 100, 103, 104, 108, 118, 120, 125, 126, 128, 132, 143, 151, 153, 161, 162, 163, 171, 175, 176, 183
Benin: 45, 52, 53, 55, 59, 60, 70, 89, 100, 103, 126, 133, 171
Botsuana: 13, 14, 56, 64, 70, 126
Burkina Faso: 49, 53, 60, 88, 89, 100, 103, 104, 106, 109, 120, 126, 135, 171
Burundi: 60, 64, 69, 108, 126
Côte d'Ivoire: 60, 126
Eritrea: 49, 60, 70, 126
Gabun: 89, 126
Gambia: 50, 51, 60, 103, 104, 126
Ghana: 14, 25, 39, 40, 41, 44-51, 53, 59, 60, 62, 64, 70, 84, 85, 88-97, 100, 103, 104, 106, 108, 109, 118, 120, 126, 131-134, 151, 154, 160, 162, 163, 169, 170, 171, 174, 181
Guinea: 60, 70, 126,
Guinea-Bissau: 60, 69, 126
Kamerun: 45, 54, 55, 59, 60, 70, 89, 100, 104, 109, 118, 126, 136, 143, 171
Kapverden: 45, 51, 53, 60, 64, 70, 100, 103
Kenia: 14, 48, 51, 53, 54, 59, 60, 62, 64, 84, 85, 89, 100, 108, 109, 118, 120, 126, 133, 134, 135, 136, 171, 183
Komoren: 53, 60, 126
Kongo (Demokratische Republik): 22, 53, 58, 60, 69, 70, 126, 134, 171, 183
Kongo (Republik): 54, 60, 69, 70, 89, 126
Lesotho: 45, 51, 60, 70, 89, 101, 120, 126,
Liberia: 60, 64, 69, 101, 126, 171
Madagaskar: 48, 49, 51, 59, 60, 103, 104, 126, 155, 171, 183
Malawi: 44, 45, 46, 49, 50, 51, 52, 53, 54, 56, 59, 60, 64, 89, 100, 103, 104, 106, 108, 118, 122, 123, 126, 135, 142, 171, 181
Mali: 53, 54, 60, 70, 89, 109, 123, 126, 171

Mauretanien: 50, 51, 60, 62, 64, 76, 89, 100, 120, 126, 145, 171, 183
Mauritius: 13, 14, 70, 89, 126
Mosambik: 44, 45, 48, 54, 56, 59, 60, 64, 89, 104, 106, 118, 120, 123, 124, 126, 142, 155, 171, 181
Namibia: 56, 70, 126
Niger: 45, 49, 59, 60, 103, 108, 126, 133, 171
Nigeria: 60, 61, 65, 88, 89, 126, 135,
Ruanda: 24, 48, 49, 50, 51, 54, 56, 60, 64, 70, 89, 96, 104, 106, 120, 126, 171, 181
Sambia: 14, 40, 45, 48, 49, 50, 56, 59, 60, 64, 66, 79, 84, 85, 86, 89, 91, 92, 93, 95, 96, 97, 103, 104, 106, 108, 118, 120, 122, 123, 124, 126, 128, 131, 134, 135, 136, 143, 145, 146, 149, 150, 151, 154, 160, 162, 163, 171, 177
Sao Tomé und Principe: 70, 126
Senegal: 14, 46, 49, 50, 54, 60, 70, 89, 93, 100, 104, 108, 109, 126, 134, 151, 171
Seychellen: 126
Sierra Leone: 24, 53, 58, 60, 64, 89, 126, 133, 136
Simbabwe: 58, 60, 69, 70, 126, 128, 132, 152, 183
Somalia: 58, 60, 62, 69, 70, 126, 161
Südafrika: 14, 56, 70, 89, 126
Sudan: 53, 58, 60, 61, 69, 70, 89, 126, 171, 183
Swasiland: 60, 70, 126
Tansania: 14, 46, 48, 49, 50-54, 56, 59, 60, 64, 89, 103, 104, 106, 108, 109, 114, 116, 118, 120, 123-126, 134, 154, 155, 160, 169, 171, 181
Togo: 60, 89, 108, 126
Tschad: 51, 53, 54, 55, 58, 60, 61, 70, 101, 126, 135, 136
Uganda: 14, 32, 50, 51, 54, 56, 59, 60, 64, 84, 85, 88, 89, 96, 103, 104, 106, 108, 109, 118, 120, 122-126, 134, 135, 169, 171, 181
Zentralafrikanische Republik: 60, 126

# Die Staaten Afrikas